Inhalt

1. Grundbegriffe

Das Bildnis

Im ersten Teil seines Tagebuches 1946–1949 stellt Max Frisch unter dem Titel «Du sollst dir kein Bildnis machen» einige Eintragungen zusammen, deren Thema für sein Denken und Schaffen von grundlegender Bedeutung ist. Sie schließen mit den Worten: «Du sollst dir kein Bildnis machen, heißt es, von Gott. Es dürfte auch in diesem Sinne gelten: Gott als das Lebendige in jedem Menschen, das, was nicht erfaßbar ist. Es ist eine Versündigung, die wir, so wie sie an uns begangen wird, fast ohne Unterlaß wieder begehen – Ausgenommen wenn wir lieben.» (II, 374)

Der Mensch soll sich von Gott kein Bildnis machen, weil kein von ihm geschaffenes Bild imstande ist, Gott in seiner absoluten Fülle und grenzenlosen Unbedingtheit zu erfassen. Gott als das Wesen der Transzendenz ist jenseits von Zeit und Raum und damit jenseits des menschlichen Erkenntnisbereiches. Jeder Versuch, ihn in einem Bildnis zu fassen, scheitert an der zeiträumlichen Bedingtheit des menschlichen Sehens und Erkennens.

Max Frisch verlegt Gott in den Menschen, er ist «das Lebendige in jedem Menschen», sein innerstes Wesen und Gesetz, seine Entelechie, aus der die Gestaltung und Umgestaltung seines Lebens, seine geistigen, seelischen und leiblichen Metamorphosen hervorgehen und bestimmt werden. Dieses göttliche Gesetz ist nicht erfaßbar, kann nicht in vernünftige Worte gefaßt werden, ohne daß die Fülle seines Wesens eingeengt und verfälscht würde; so gilt das Bildnisverbot auch und gerade für Gott im Menschen.

Nur die Liebe ist fähig, die Fülle des Lebendigen im Menschen zu ahnen und anzunehmen, sie befreit vom Bildnis: «So wie das All, wie Gottes unerschöpfliche Geräumigkeit, schrankenlos, alles Möglichen voll, aller Geheimnisse voll, unfaßbar ist der Mensch, den man liebt –» (II, 369) Wenn aber die Liebe schwindet, dann endet auch die Offenheit für die lebendige Bewegtheit und Wandelbarkeit des anderen Menschen. Sie verschließt sich ihm, und an ihre Stelle tritt das fertige Bildnis, nach dem der andere nun geformt werden soll; der vormals Liebende wirft sich nun zum

Verfasser, zum Schöpfer des anderen auf, indem er ihn in die Grenzen eines festen Bildnisses bannt. «Das ist das Lieblose, der Verrat.» (II, 370) Der Bildner wird so verantwortlich für die Gestaltung der Anlagen des anderen, er steht seiner freien Entfaltung im Wege, er fesselt und würgt ihn, so daß dieser sein Opfer wird, wie er selber das Opfer eines anderen werden kann. Max Frisch vergleicht das Bildnis mit dem antiken Orakel, das ja auch mit diesem arbeitet und Schicksalsgewalt über die Menschen erlangen kann: »Man wird ein Orakel nicht los, bis man es zur Erfüllung bringt.» (II, 370f.) Ganz ähnlich übt das fertige Bildnis auf den betroffenen Menschen eine suggestive Wirkung aus und erzwingt sich schließlich seine Verwirklichung. Das zeigt Max Frisch mit der Tagebuch-Geschichte, welche den Titel «Der andorranische Jude» (II, 372ff.) trägt. Es ist die Geschichte vom andorranischen Findelkind, das für einen Juden gehalten wird, und überall erwartet nun den heranwachsenden jungen Menschen das fertige Bildnis vom Juden, das so stark auf ihn einwirkt, daß er tatsächlich zu dem wird, den das Bild vorgeprägt hat. Erst nach seinem grausamen Tode erweist sich die Wahrheit, daß er ein Andorraner gewesen ist wie die, welche ihn durch ihr Bildnis zu ihrem Opfer gemacht haben.

Max Frisch weist auch auf die Bedeutung des Bildnisses in der Prophetie hin: Das Künftige wird in den Worten des Propheten als Bildnis entworfen, welches dann die Verwirklichung vorbereitet und ermöglicht. Dennoch bleibt das Wunder: «Es bleibt noch immer das Wunder des Wortes, das Geschichte macht: – ‹Im Anfang war das Wort.›» (II, 370) Wunderbar also ist die Tatsache, daß der göttliche Logos Wirklichkeit und Geschichte werden kann. Aber in der Hand des Menschen begrenzt sich das einst göttliche Wort und kann Gefahren in sich bergen, denn »jedes Wort ist falsch und wahr, das ist das Wesen des Worts». (III, 525) Das Wort, welches das Unsagbare, das Eigentliche nicht ausdrücken kann, kann andererseits geradezu das Gefäß des Vorurteils sein.

Im Nachkriegsberlin hörte Max Frisch die Begebenheit von der deutschen Frau, die, um ihren aus der Gefangenschaft entwichenen und im Keller versteckten Gatten zu retten, sich dem im Hause wohnenden russischen Obersten hingibt, worauf zwischen den beiden, die nicht miteinander reden können, eine echte Liebe entsteht. Daraus entstand dann das Stück *Als der Krieg zu Ende war*. Was Max Frisch bei dieser Geschichte so ungemein fesselt, ist einmal die Erfahrung, daß die Liebe Vorurteil und daraus entstehendes Bildnis durchdringt und den Menschen in seiner unverstellten Lebendigkeit erfaßt, dann aber ganz besonders die Tatsache, daß die Liebe in ihrer Regelwidrigkeit nur aus der Sprachlosigkeit der Begegnung dieser beiden Menschen entstehen konnte. In einer Welt der Vorurteile und schablonenhaften Bildnisse ist auch die Sprache heillos geworden «als Gefäß des Vorurteils . . .». «Keine menschliche Sprache, sondern eine Sprache der Sender und eine Sprache der Zeitungen, eine Sprache, die hinter dem tierischen Stummsein zurückbleibt.» (II, 537) Eine zutiefst beunruhigende Erscheinung, denn der Mensch als denkendes Wesen kann ohne Sprache gar nicht auskommen, sie ist das eigentliche Instrument des erkennenden Geistes und der ordnenden Vernunft.

Im Stück *Die Chinesische Mauer* sagt der Heutige zu der chinesischen Prinzessin Mee Lan: «Nicht die Wahrheit, sondern wir sind so beschaffen, daß wir uns in Zeit und Raum zu erleben vermögen.» (St. I, 178) Er bezeichnet damit die Relativität des menschlichen Erlebens und Erkennens. Die Erkenntnis des Menschen ist nur in Zeit und Raum möglich. Das menschliche Erkennen, Urteilen, Denken und Planen ist an ganz bestimmte Grundformen gebunden, nach denen sich die Gegenstände der Erkenntnis richten müssen, durch die sie recht eigentlich geformt werden. Innerhalb der Gegebenheiten dieser Grundformen bildet sich das menschliche Denken gewisse Schemata aus zur Erfassung und Bewältigung der Wirklichkeit, zur Erleichterung der ordnenden Tätigkeit von Vernunft und Verstand. Jedes Ordnen der Wirklichkeit bedeutet aber zugleich immer eine Vereinfachung der Fülle der Erscheinungen, eine Adaptierung der erscheinenden Vielfalt an die Formen und Schemata erkennenden Geistes.

Und damit ist die Gefahr gegeben, daß die Denkschemata zu Klischees, zu Schablonen erstarren. Die Schaffung und Verwendung von Bildern ist ein erkenntnistheoretisches Problem und mit dem Wesen des Menschen gegeben. Nicht nur vom Menschen macht sich der Mensch Bildnisse, sondern von der Welt und ihren Erscheinungen, von Geschehnissen, Vorgängen und Verhaltensweisen überhaupt: von allem, was er als Subjekt des Erkennens erfaßt. Das Bildnis wird dann zur tödlichen Gefahr, wenn es unkritisch gegen das Ich und das Du verwendet wird, als gängige Münze, als Klischee, dessen Wahrheitsgehalt unbezweifelt übernommen und nicht mehr kritisch überprüft wird. So erstarrt das Bildnis und wird zur Fratze, seine Verwendung ist eine Versündigung, die am Ich wie am Du begangen wird.

Die Identität

Das Bildnis und seine Auswirkungen können besonders verhängnisvoll werden, wenn sie den Individuationsprozeß des Menschen beeinflussen und bestimmen. Der Prozeß der Individuation ist der Entwicklungsgang eines Menschen zu sich selbst, zu seinem Ich, zu jenem eigentlichen Wesen, das Max Frisch im Tagebuch als das mit Worten nicht faßbare Lebendige, als Gott im Menschen bezeichnet. Der Weg zum Ich, zum entelechischen Wesen des intelligiblen Ichs ist nichts anderes als das Identischwerden des empirischen mit dem intelligiblen Ich, des erscheinenden Ichs mit der Idee des Ichs. Dieser Weg ist schwierig und gefahrvoll, denn das werdende Ich ist einer wahren Flut von Bildern ausgesetzt, die in Geschichte und Gegenwart von Familie, Gesellschaft und Staat gebildet worden sind und Anspruch auf alleinige Richtigkeit und Gültigkeit erheben. Gegenüber der gefährlichen und fast suggestiv wirkenden Formkraft dieser Bilder erhebt sich mit Notwendigkeit die Forderung nach der Erforschung des eigenen Wesens, nach Selbsterfahrung und Selbsterkenntnis. Daraus erfolgt dann die Annahme seiner selbst, seines eigenen Wesens. Max Frisch ist überzeugt, daß jeder Mensch seine unverwechselbare Individualität besitzt, die in sich berechtigt ist und verwirklicht werden muß. Nur im einzelnen Ich vollzieht oder verfehlt sich das menschliche Leben. (V, 68) Der Selbstannahme und der aus ihr folgenden Selbstverwirklichung kommt daher die größte Bedeutung zu. Sie ist ein Akt der Freiheit. «Die Würde des Menschen, scheint mir, besteht in der Wahl . . . Sogar Gott, der Allmächtige, läßt ihm die Wahl, ob er seinen guten oder seinen bösen Engeln folgen will.» (II, 488) In der Selbstwahl manifestiert sich die Würde des freien Menschen. Sie ist indessen nicht ein einmaliger Akt, sondern muß immer neu vollzogen werden. Immer wieder muß hinter allen Bildnissen das wahre Ich erkannt und immer neu gewählt werden. Das verlangt eine ständige Anstrengung: es erfordert auch die Liebe zum eigenen Ich, das so, wie es ist, angenommen werden soll. Max Frisch wird eine geheime Angst nie los, das Ich könnte verpaßt und damit das Leben verfehlt werden. Der Gedanke taucht schon in der Jugenderzählung *Antwort aus der Stille* auf; Jürg Reinhart in *Die Schwierigen* hat Angst, weil etwas in seinem Leben nicht stimmt und stellt kurz vor seinem Ende fest, «daß ein einzelnes Dasein nicht ausreicht, um so etwas wie ein ganzer Mensch zu werden.» (I, 588) Es ist für Max Frisch ein existentielles Erlebnis, das den Fünfundzwanzigjährigen, der nochmals auf die Schulbank zurückkehrt und damals Kellers *Grünen Heinrich* liest, wie ein Schock überfällt: «Daß das Leben mißlingen kann.» (II, 587) Und jedes solche Mißlingen ist für Max Frisch zurückzuführen auf eine nicht erfolgte oder mißglückte Selbstwahl: der Mensch kann unter den vielen Möglichkeiten seines Ichs eine falsche wählen und darin erstarren; er kann eine einmalige Wahl als endgültig auffassen, sich festlegen und jeder Erneuerung verschließen. Der Selbstentwurf, der der Wahl vorausgeht, kann falsch, dem Ich inadäquat sein, beeinflußt und bestimmt durch das Bildnis, das andere oder der Mensch selbst sich von sich macht, und er wird dann zu Leistungen gezwungen, die ihm nicht entsprechen und die er nicht erbringen kann; oder er kann auf eine Wahl überhaupt verzichten, um völlig frei zu bleiben im Reiche der zahllosen Möglichkeiten. Immer aber ist die Folge der mißlungenen Wahl, des Verfehlens des Ichs die Entfremdung. Es ist das Fremdsein des Menschen in sich selbst und in der Welt. Ihm fehlt die innere Einheit, weil das intelligible und das empirische Ich voneinander getrennt sind, weil das Ich nicht zu sich selbst gekommen ist. Die Folgen dieser Selbstspaltung sind Unsicherheit, Langeweile und Angst.

Max Frischs erstes Theaterstück *Santa Cruz* hat gleich schon die Problematik von Ichwerdung und Ichspaltung zum Gegenstand. Der Rittmeister ist ein reich angelegter Mensch voller Möglichkeiten: ein geordneter, pflichtbewußter Edelmann, erfüllt vom Bewußtsein der Verantwortung gegenüber dem überlieferten Erbe, dem inneren wie dem äußeren, aber zugleich voller Liebe für die unendliche Offenheit des Lebens, das nur Weg und nicht Ziel sein soll, unaufhörliche Ferne. Und wie ihn die geliebte Frau verläßt, da bricht er auf aus aller Tradition in das andere Leben der Ferne. – Elvira, die ihn verlassen hat und mit einem anderen in den Rausch der Weite geflohen ist, kann ihrem Pelegrin in die rastlose Bewegtheit seines abenteuerlichen Lebens nicht mehr folgen: sie sucht einen festen Ort der Ordnung und der Sicherheit für sich und ihr Kind. In diesem Augenblick erscheint der Rittmeister als Retter: er kehrt mit Elvira zurück in sein ererbtes Schloß, welches nun das Schloß der Ehe wird.

Die Entscheidung des Rittmeisters ist eine Selbstwahl, aber er vollzieht sie ein für allemal, und so wird das Schloß der Väter, das Schloß der Ehe zum Schloß der Ordnung, das zum Gefängnis erstarrt. Auch Elvira hat eine Selbstwahl vorgenommen, sie hat die Treue zum Gatten und zum Kind gewählt. Aber beide, Elvira und der Rittmeister, leben nicht in wahrer Identität, beider Ich ist reicher. Beim Rittmeister ist seit der Wahl jede Erneuerung ausgeschlossen, er unterdrückt seine Sehnsucht und erstarrt in der Ordnung. Und Elvira hat nur einen Teil ihres Ichs angenommen, und so wird aus der Treue eine Lüge, und immer träumt sie denselben Traum. Beide, der Rittmeister und Elvira, leben im Zustande der Entfremdung: die Folge ist die Langeweile in einer eingefrorenen und verschneiten Ordnungswelt und die Angst in einer verlogenen und doch nur halb wahren Treue. Beide aber haben mit ihrer Wahl den Schritt in die Verantwortung in der Wirklichkeit getan.

Pelegrin vollzieht die Selbstwahl nicht, er kann den Schritt aus der Offenheit aller Möglichkeiten in die Festlegung nicht tun und verharrt in der ungebundenen Freiheit des Vagantentums. Er ist der Abenteurer ohne Verantwortung, er kennt nur das andere Leben, ein Leben ohne Bindung und ohne wahre Wirklichkeit, damit auch ohne wahre Liebe. Die Ehe ist ihm ein Sarg für die Liebe, daher wird ihm die Beziehung zwischen Mann und Frau zum unlösbaren Widersinn. So ist der Abenteurer ständig auf der Flucht, die letztlich eine Flucht vor dem Ich und der Identität ist, die er nicht vollziehen kann.

Auch der Rittmeister und Elvira sind während der siebzehn Jahre ihrer Ehe nicht zur Identität gelangt, verhindert durch die tyrannischen Bilder von Ordnung und Pflichterfüllung und der Treue, wobei diese Bildnisse wechselseitig das Ich und das Du bestimmen und fesseln. Die wahre Liebe aber ist fähig, den Bannkreis des Bildnisses zu sprengen und die Fülle des Du wie des Ichs zu anerkennen; das ist der Sinn von Elviras Worten: «Das Leben ist anders, die Liebe ist größer, die Treue tiefer, sie muß unsere Träume nicht fürchten, wir müssen die Sehnsucht nicht töten, wir müssen nicht lügen.» (II, 73f.)

Der Vorgang, der in *Santa Cruz* dargestellt wird, ist der Prozeß der Selbstwerdung, die Überwindung der Selbstentfremdung, die Erlösung aus dem Zwang des Bildnisses durch die Liebe und damit das Identischwerden mit sich selbst und letztlich das Vordringen zum wirklichen Leben.

Leben und Tod

Während Stiller im Gefängnis für die Verteidigung sein Leben aufzuzeichnen versucht, macht er die Erfahrung, daß es außerordentlich schwierig ist, sein wirkliches Leben zu erzählen, d. h. in Worte zu fassen. Doch sagt er dann seinem Verteidiger: «Daß ein Leben ein wirkliches gewesen ist, es ist schwer zu sagen, worauf es ankommt. Ich nenne es Wirklichkeit, doch was heißt das! Sie können auch sagen: daß einer mit sich selbst identisch wird. Andernfalls ist er nie gewesen.» (III, 417) Nach seinem mißlungenen Selbstmord schreibt Stiller: «Ich durfte mich entscheiden, ob ich noch einmal leben wollte, jetzt aber so, daß ein wirklicher Tod zustande kommt.» (III, 727) Diese beiden Aussagen gehören innerlich zusammen und bedingen sich gegenseitig. Leben und Tod sind aufeinander bezogen: ein wirklicher Tod kann nur aus einem wirklichen Leben entstehen. Das wirkliche Leben aber entsteht aus der Wahl des Ichs, aus dem immer neu vollzogenen freien Akt der Selbstwahl und der Selbstannahme. Wenn die Selbstwahl mißlingt und die Identität des Ichs mit sich selbst nicht hergestellt werden kann, dann kann kein wirklicher Tod zustandekommen; Selbstentfremdung führt zu einem unwirklichen, einem falschen Tode. Was ist der Tod? «Ein Zustand wie jetzt: nur daß wir keine Augen mehr haben, keine Hände, womit wir uns greifen können, keine Zeit, die abläuft. Ein Zustand für immer, ein Wachsein ohne Ermüdung, ohne das Erbarmen eines Schlafes, ohne Vergessen, ohne Hoffnung auf einen Tod, der alles verändert; der Tod ist nichts als die Reue, das unabdingbare Wissen, daß wir den einzigen Weg zur Erlösung, das Leben, versäumt haben – . . . Das ist die Angst vor dem Tod: daß der Tod nicht einfach ein Ende ist, sondern das Endlose ohne Veränderung. Nur das Leben hätte uns befreien können von unserer Geburt, die Frist unsres Lebens;

nachher bleibt alles wie eh!» (CM I, 17f.) Was den Zustand des Todes kennzeichnet, ist das Zusammen von vollkommener Ohnmacht und vollkommenem Wachsein. Max Frisch hat diesen Zustand immer wieder beschrieben. Einmal im *Gantenbein* hat einer einen Autounfall, und während der Wagen gleitet und sich dreht und der Fahrer jede Einwirkungsmöglichkeit verloren hat, schaut er dem Geschehen zu: «Ich sah nur, wie das Dorf sich drehte. Ich sah zu. Ohnmächtig, dabei vollkommen wach.» (V, 24). Eine Todesvision! Leben heißt wirken. Einwirken auf das Geschehen der Welt, sein eigenes Schicksal gestalten. Im Tode ist es wie in Pompeji: «Alles noch vorhanden, bloß die Zeit ist weg.» (V, 20) Die Zeit ist das Medium der Veränderung, der menschlichen Tat; Zeit und Leben gehören zusammen. Das Leben aber ist der Weg zur Erlösung, und Erlösung heißt bei Max Frisch immer wieder Befreiung vom Zwang des Bildnisses, Selbstwerdung durch ständig erneute Selbstwahl, Identischwerden und Identischsein mit sich selbst als immer neuer Vollzug. Eine Erlösung nach dem Tode ist ausgeschlossen. Der Gedanke erscheint zwar einmal bei Max Frisch: In *Nun singen sie wieder* sagt der Pope zum toten Hauptmann: «Ich glaube, wir alle sind da, bis wir das Leben kennenlernen, das wir zusammen hätten führen können. Solange sind wir da. Das ist die Reue, unsere Verdammnis, unsere Erlösung.» (II, 123) Somit würde das bewußte Leben nach dem Tode so lange dauern, bis diese Toten das, was sie im Leben falsch gelebt haben, überwunden haben, von ihrem falschen, unwirklichen Leben erlöst sind und dann in den wirklichen Tod eingehen können. Aber dieser Gedanke verschwindet dann aus Max Frischs Werk; bereits in der ersten Fassung der *Chinesischen Mauer,* die ein Jahr später geschrieben worden ist, findet er sich nicht mehr, geblieben sind nur die Reue und die Verdammnis. Damit ist der Mensch völlig auf sich selbst und auf sein Leben angewiesen, und es ergibt sich die ungeheure Bedeutung des Lebens und seiner richtigen, wirklichen Gestaltung als Selbsterlösung in der Zeit. Denn nur im Leben, das zeitlich, kann der Mensch reif werden zum Tode, der zeitlos ist. Erst aus dieser Sicht kann Max Frischs Auffassung vom Bildnis und von der Identität in ihrer vollen Bedeutung erfaßt werden. In der Selbstwerdung, im Zu-sich-selbst-Kommen des Menschen realisiert sich zugleich sein Verhalten zum Tode. Nur der ganz zu sich gekommene, mit sich selbst identische Mensch ist wahrhaft frei, gewinnt also auch die Freiheit dem Tode gegenüber. Die Würde des Menschen besteht in der Freiheit, welche ihm die Wahl verschafft. Ein Leben ohne Wahl ist «Leben als Verdammnis» (II, 504), und solches Leben ist begleitet von der Angst, die letztlich immer Angst vor dem Tode ist, vor dem Tod als Verdammnis. Wer sich selbst gewählt und damit von allen Bildnissen erlöst hat, wahrt seine menschliche Würde auch gegenüber dem Tode, der als wirklicher Tod aus dem wirklichen Leben hervorgehen wird.

2. Das Bildnis als Schicksal

Don Juan oder Die Liebe zur Geometrie

Im dramatischen Schaffen von Max Frisch nimmt *Don Juan oder Die Liebe zur Geometrie* eine Sonderstellung ein. Es ist das einzige Stück, für das er einen vielfach vorgeformten, jahrhundertealten Stoff von mythischer Bedeutung gewählt hat, das einzige, das er eine Komödie nennt. Und es ist wirklich, formal und inhaltlich, eine Komödie mit einer brillanten und reichen, in sich geschlossenen äußeren Handlung.[1] Frisch verzichtet fast völlig auf die Mittel der modernen nachbrechtischen Dramaturgie: es gibt hier kein Übersprechen der Rampe, keine Unterbrechung und Spannungsaufhebung durch den Verfremdungseffekt der herkömmlichen Art. Die Personen des Stückes bilden ein gegliedertes Ganzes von einer beziehungsreichen Konfiguration, woraus sich denn auch ein richtig komödienhafter Dialog voll von Spannungen und geistreichen Pointen ergibt. So bietet Max Frisch hier eigentliches dramatisches Theater, in welchem einzig die Celestina-Intermezzi ein episch retardierendes Element bilden: sie exponieren, enthüllen und kommentieren satirisch aus einer anderen Optik, aber formal verbleiben sie völlig im dialogisch Handlungsmäßigen. Auch in der Gestaltung der Bühne unterscheidet sich die Don Juan-Komödie von den übrigen Stücken von Max Frisch mit ihrer oft puritanischen Kargheit: hier findet man überall reiche optische Schau, repräsentative Säle, prunkvolle Gartenterrassen mit allen Möglichkeiten illusionistischer Prachtentfaltung, die dem Stück angemessen ist; im V. Akt wird das Schwelgen des Architekten in der Gestaltung eines irdischen Paradieses unmittelbar spürbar: «All diese Höfe, Durchblick um Durchblick, diese Fluchten voll traulicher Kühle, und die Stille darin wird nicht zum Grab, sie bleibt voll Geheimnis der verblauenden Ferne hinter zierlichen Gittern, man wandelt und labt sich am Schatten, aber die Kühle bleibt heiter vom milden Spiegelschein einer besonnten Mauer.» (III, 162) Da tut sich die Bühne des Illusionstheaters auf. Aber Max Frisch übernimmt eben mit dem Stoff, der von Tirso de Molina bis Mozart und von Mozart bis Jean Anouilh einige hundert Male gestaltet worden ist, auch dessen historisch-mythischen Schauplatz: die Schloß- und Parklandschaft der spanischen Adelswelt.

Mit dem Stoff übernimmt Max Frisch auch den Helden, der «aus der Hölle der Literatur» (St. I, 165) stammt, eine der bekanntesten jener Gestalten, die das abendländische Bewußtsein bevölkern; und mit ihm übernimmt er auch das Bildnis, das zu ihm gehört und das ihm während dreier Jahrhunderte angedichtet worden ist. Und wenn nun auch Max Frisch ein neues Bildnis hinzudichtet, so bleibt doch das überlieferte ständig präsent: im Autor, beim Publikum und sogar bei den Gestalten der neuen Komödie selbst. Damit ergibt sich die Möglichkeit zu einem hintergründigen Spiel, aus dem heraus sich nun doch eine einzigartige, höchst komödiantenhafte Art der Verfremdung der neuen Don Juan-Gestalt ergibt. «Wir arbeiten mit Überlieferung –», (III, 152) und von dieser Überlieferung hebt sich der neue Don Juan ab, ohne indessen ganz von ihr loszukommen. So erwartet Vater Tenorio in seinem Sohn ganz selbstverständlich den Lebemann und Frauenhelden und findet nun entrüstet einen Geometer, der im Bordell Schach spielt; Elvira behandelt ihn aber gemäß dem überlieferten Bildnis und verführt ihn, in ihr Bett und zu jenem Bildnisse; der Schnurrbart, der im IV. Akt fallen muß, ist nicht «allzuberühmt» (III, 150) wegen der zwölf abenteuerlichen Jahre, die zwischen dem III. und IV. Akt verstreichen, sondern wegen der Überlieferung, wie auch der gezückte Degen und das seidenweiße Gewand, die sich aus dem Spanien des 17. Jahrhunderts über Mozart-Da Ponte und Slevogt auch in *Don Juan oder Die Liebe zur Geometrie* eingeschlichen haben. All das ist natürlich ein bewußtes Spiel, das der (gebildete) Zuschauer amüsiert mitmacht, ohne sich indessen über Gebühr aus der Handlung reißen zu lassen.

Max Frisch hat einen ausführlichen Kommentar «Nachträgliches zu ‹Don Juan›» verfaßt, der länger ist als alles Vergleichbare zu anderen Stücken und der nicht wie bei *Andorra* aufführungspraktische Fragen behandelt, sondern nur die Don Juan-Gestalt angeht. Es stellt sich natürlich die Frage, warum der Autor das nachträgliche Bedürfnis empfand, seine eigene Gestalt zu erklären, ob sie ihm etwa nicht deutlich genug aus der verwirrend reichen Handlung seines Stückes hervorzugehen schien. Wie dem auch sei: der Deuter wird nicht über das Stück schreiben können, ohne sich auch ernsthaft mit dem «Nachträglichen» zu befassen, und das trotz der fast entschuldigenden Schlußgebärde des Autors: «Natürlich sind es nicht diese (nachträglichen) Gedanken gewesen, die den Verfasser bewogen haben, das vorliegende Theaterstück zu schreiben – sondern die Lust, ein Theaterstück zu schreiben.» (III, 175)

Dieser Lust hat sich Max Frisch in vollem Maße hingegeben. Das eigentlich Neue in seiner Bearbeitung des alten Stoffes ist, daß er Don Juan nicht als eine fertige und nicht mehr veränderliche Figur, sondern als einen Werdenden darstellt, d. h. als jungen Menschen im Stadium der Selbstwerdung. Dem bekannten Don Juan-Bildnis stellt er gleich zu Beginn der Handlung ein Anti-Bild entgegen: Don Juan als Mathematiker und Schachspieler, der mitten in der Schlacht kühlen Herzens die Ausmaße der feindlichen Festung berechnet. Dieser Don Juan sieht die Welt und ihr Geschehen als ein notwendig und gesetzmäßig geordnetes, berechenbares Gebilde. Dieser Verehrer der Geometrie wird am Vorabend seiner Hochzeit mit der Wirklichkeit des Lebens konfrontiert, und was er findet, ist Herrschaft des Zufalls und der Gesetzlosigkeit: im nächtlichen Schloßpark liebt er zum ersten Mal und aus reinem Zufall, und ohne es zu wissen, noch sie zu kennen, hat er seine Braut umarmt; Miranda mischt sich in das vorhochzeitliche Maskentreiben, überzeugt, daß ihre Liebe Don Juan finden wird, und sie erkennt ihn an seinen Händen – doch es ist Roderigo; und als nach dem tollen Hochzeitstage die Braut sich Don Juan verschleiert naht, da verkündet er hingerissen: «Sie und keine andere ist meine Braut, sie die . . . noch einmal erschienen ist vor dem Verirrten, damit ich sie erkenne, und ich habe sie erkannt.» (III, 138 f) – doch es ist Miranda.

Wie nun der junge Geometer, dessen Welt stimmen muß, in der Wirklichkeit nur die Herrschaft des blinden Zufalls findet, da fordert er diese Welt und ihren Gott zum Zweikampf und stürzt sich in den Strom des Abenteuers.

Die Akte I, II und III schließen je mit einem erregenden Moment: der erste mit Elviras Ruf nach Anna, die sich aber im Park mit Don Juan vereint, der zweite mit der Umarmung von Elvira und Juan, welche die erste Abenteuerfolge einleitet, und der dritte mit der Herausforderung des Himmels. Diese drei Akte sind dramatisch eng miteinander verzahnt. Der vierte Akt setzt dann nach 12 Jahren voll von Abenteuern ein: Don Juan möchte nun endlich Ruhe und Muße für die Geometrie haben, und so führt er den eingeladenen verlassenen Verführten (die legendäre Zahl 1003 ist durch Streichung zweier Nullen auf 13 reduziert) seine eigene Höllenfahrt vor. Die Handlung in Max Frischs Komödie ist zweigipflig: in den drei ersten Akten führt die Handlung steil empor zum ersten Gipfel, wo Don Juan zum ersten Male in seinem ganzen Übermut «wie ein Erdbeben oder wie ein Blitz» (III, 138) erscheint, der wie ein zerstörender Meteor in die Welt fährt; der vierte Akt erhebt sich dann rasch zum zweiten Gipfel, zu der Parodie der Höllenfahrt, wo das jüngste Gericht als Theatercoup inszeniert wird. Dieser Akt endet mit Lopez' Worten: «Jetzt hat er's erreicht . . .» (III, 158), womit er recht behält: der Geometer hat richtig gerechnet, die Welt glaubt ihm und schaut sich gläubig das Theaterstück von seinem Untergange an, und damit wäre er frei für die Geometrie – und der fünfte Akt zeigt Don Juan als Ehemann, angelangt am Punkt, wo das Ungewöhnliche «dem Gewöhnlichen verzweifelt ähnlich sieht«. (III, 166)

Don Juan als Werdender: die ersten drei Akte zeigen die Entwicklung vom Geometer zum Abenteurer. Wichtig ist der Übergang: Der mathematisch geschulte Geist hat in einer rein geistigen Welt strenger Ordnung und logischer Konsequenz gelebt, ungestört und unberührt von der wirklichen Welt: im Bordell spielt er Schach und im Krieg nimmt er ohne Betreten des feindlichen Kampfplatzes die Berechnung einer Festung vor. Mit der Hochzeit und der nachfolgenden Ehe soll er in die wirkliche Welt und ihre Gesellschaft eintreten; doch bereits an deren Schwelle findet er die Herrschaft von Willkür und Zufall. Ihr unterliegt durchaus seine Liebe zu Donna Anna, der daher keine Dauer beschieden sein kann: «Es gibt keine Wiederkehr», (III, 131) denn sie wäre leere Wiederholung. Zugleich kommt sich Don Juan in der bloßen Zufälligkeit seines ersten Liebesabenteuers «als ein Stück Natur vor, blind, lächerlich, vom Himmel verhöhnt als Geist-Person». (III, 170) In einer solchen Welt kann es für ihn keine Festlegung und keine Selbstverwirklichung geben, so gilt ihr denn sein entschiedenes «Nein, ich kann nicht», (III, 118) weil er fürchtet, sich in ihr zu verlieren. Jenseits dieser Welt aber öffnet sich vor ihm die Weite der Möglichkeit, wo noch alles offen ist. So ist der Sprung aus dem Fenster der Liebeskammer zwar ein Ausweg zu sich selbst, der aber nicht zum wahren Ich führt, sondern in eine subjektive Isolation, in die Flucht vor der Festlegung der Person in der Wirklichkeit hinaus in das Spielfeld der freien Möglichkeiten. Es ist der Sprung in die Rolle. Statt wirklich zu leben, beginnt er, die Rolle des abenteuernden Verführers zu spielen. Sie liegt bereit im traditionellen Bildnis Don Juans, dessen Stimmigkeit sich in den Erlebnissen mit Elvira und Inez eben neu erwiesen hat, obgleich es auf einem Mißverständnis seitens der Damen beruht: «Was ihn unwiderstehlich macht, . . . ist durchaus seine Geistigkeit, sein Anspruch auf männliche Geistigkeit, die ein Affront ist, indem sie ganz andere Ziele kennt als die Frau und die Frau von vornherein als Episode einsetzt.» (III, 168) Auf diese Weise glaubt er der Wiederholung zu entgehen, die immer zur öden Langeweile der Alltäglichkeit führt, während ihm die Bewegung im nicht festgelegten Sein als erregendes Spiel erscheint.

Dieses Spiel mit den Möglichkeiten kann Selbstflucht, aber auch Selbstsuche sein, die indessen vergeblich bleiben muß, weil ja der Bereich des Wirklichen völlig vermieden wird.

Der Verführer ist nicht Don Juan selbst, es ist eine Rolle, die er spielt, mit der er sich aber nicht identifiziert. Darum erscheint er auch als Hochstapler. (vgl. III, 171 f.) In *Mein Name sei Gantenbein* wird ein Diplomat erwähnt, der zusammenbricht unter der Last der Selbsterkenntnis, daß er gar nicht wirklich die Exzellenz ist, für die ihn die Welt hält. «Aber er tritt nicht zurück». Er wählt das Größere: die Rolle. Und während er bloß spielt, «leistet er nicht nur Ordentliches wie bisher, sondern Außerordentliches». (V, 119) Wie dieser Botschafter ist auch Don Juan ein Hochstapler und Scharlatan, denn er spielt ein Leben, das es in Wirklichkeit gar nicht geben kann, «das Leben eines Nur-Mannes, womit er der Schöpfung unweigerlich etwas schuldig bleibt». (III, 17)

Die Rolle, die einer spielt, kann selbst-entworfen sein wie etwa die Blindenrolle von Gantenbein, sie kann aber auch durch ein vorhandenes Bildnis geschaffen werden. Max Frischs Don Juan übernimmt ein bereitliegendes Bildnis und spielt es als seine Rolle; und wenn er sich auch bis zur Selbstverleugnung schauspielerisch verstellt, so identifiziert er sich doch nie mit ihr und bleibt frei im Spiel. Es ist möglich, daß er dabei sich selbst sucht, es kommt aber tatsächlich zu keiner Selbstfindung, sondern vielmehr zu einem fortgesetzten Selbstverlust. Das erscheint dann Don Juan selbst als ein Frevel: zwölf Jahre seines Lebens hat er vertan, seines unwiederholbaren Lebens, das den einzigen Weg der Erlösung darstellt; das ist kein wirkliches Leben, aus dem ein wirklicher Tod entstehen könnte. Aber nun faßt er den Entschluß, seines wirklichen Weges zu gehen: «Don Juan ist tot. Ich habe meine Ruhe zur Geometrie» (III, 151). Die Rolle wird auf die Höllenfahrt geschickt, damit das Ich seinen wirklichen Weg zu sich selbst beschreiten kann. Im *Stiller* steht der Satz: «Man müßte imstande sein, ohne Trotz durch ihre Verwechslung hindurchzugehen, eine Rolle spielend, ohne daß ich mich selber je damit verwechsle, dazu aber müßte ich einen festen Punkt haben –» (III, 590) Dieser feste Punkt ist für Don Juan die Geometrie, welche für ihn das Wissen ist, welches stimmt.

Was er Geometrie nennt, ist reiner, bloß männlicher Geist, den er absolut setzt. Mit diesem einen Geist identifiziert er sich und schafft so sein Bildnis einer Welt, die durchwaltet ist vom klaren, heiteren, durchsichtigen Geiste. In dieser Welt ist der Mann allein, ohne das Weib, der Mensch. Die Geometrie ist sein Gott, und wenn er sie ganz beherrscht, dann ist er selber Gott, sein Ich wird zum absoluten Ich. Also: Die Welt als reiner Geist, der Geometer Mann als Mensch schlechthin, erhoben zum absoluten Ich, das ist nun das Bildnis, mit dem sich Don Juan identifiziert.

Dieses Bildnis aber ist ein Trugbild, eine Lüge, und Don Juan weiß es letztlich auch: «Wenn wir wissen wollen, wer wir sind . . ., dann hört unser Sturz nicht mehr auf, und es saust dir in den Ohren, daß du nicht mehr weißt, wo Gott wohnt.» (III, 133) Der Sturz in den Abgrund der eigenen Seele zeigt erst den Menschen, wie er ist; unter dem klaren Spiegel des Geistes, erst dort findet sich die Fülle des Lebendigen, das nicht erfaßbar ist im Bildnis. Aber gerade in dieser Tiefe der lebendigen Fülle des menschlichen Lebens erkennt Don Juan eine Bedrohung seines an sich gefährdeten Wesens; (vgl. III, 169) das nicht Berechenbare der eigenen Seelentiefe, das nicht Berechenbare im Wesen der Frau und der Liebe bedeutet für ihn eine Gefährdung, welcher er aus dem Radikalismus seines Wesens entflieht in die Geometrie des absoluten Ichs oder in die Rolle des Abenteurertums der absoluten Offenheit aller Möglichkeiten. Das Bildnis entsteht ihm aus dem eigenen Spiegelbild «voll lieblicher Himmelsbläue ohne Grund», (III, 133) aus dem eigenen Ich als dem Kinde des absoluten Geistes, d. h. des vom Urgrunde der Natur abgelösten, selbstherrlich gewordenen Geistes, des männlich-väterlich-absoluten Geistes, der die weiblich-mütterlich-naturhafte Gefühlstiefe als nicht existent verbannt. Der mit diesem Bildnisse sich identifizierende Mensch ist der in den eigenen Geist verliebte Don Juan, der

Narziß des absoluten Ichs, der ein Ich ohne Du ist: ohne Frau, ohne Freund, ohne Liebe. Das ist Don Juans Hybris, daß er wie Lucifer sein Ich als Geist-Person absolut setzt.

Dieses Bildnis entspricht weder der Wirklichkeit des Menschen noch derjenigen der Welt. Die Wirklichkeit verlangt die Ergänzung und Erfüllung des Ichs durch das Du, die Verbindung des männlichen und des weiblichen Prinzips, des Geistes und der Natur. Die Geometrie versteht nicht das Ganze; eine Wissenschaft, welche stimmt, müßte auch die dunkle Tiefe des Gefühls, auch die Frau mit umfassen. Das Ich, der klare, mathematisch-logische Geist bedarf des Glaubens an das Du, an «Gott als das Lebendige in jedem Menschen», (II, 374) um das Ganze, welches stimmt, zu verstehen; das Ganze, in dem das wahre Selbst sich finden und erlösen kann.

Don Juan wird von Max Frisch als Werdender vorgeführt. In diesem Entwicklungsprozeß stehen das Bildnis des absoluten Ichs und die Rolle des abenteuerlichen Verführers einander gegenüber wie ein Entweder – Oder. Tatsächlich sind aber Bildnis und Rolle miteinander zutiefst verwandt. Max Frisch vergleicht Don Juan mit einem spanischen Stierkämpfer, wie diesem ist ihm das graziös Tänzerische des Spielers eigen. Don Juan spielt immer: als absolutes Ich und als Abenteurer. Als Geometer ist er ein spielender Abenteurer des absoluten Geistes, und als Verführer ist er von derart spielerischer Virtuosität, daß sein Abenteurertum der Sinne einen fast geistigen Aspekt erhält. Immer ist er der Abenteurer, der sich im offenen Feld der Möglichkeiten bewegt, ohne sich durch irgendeine Festlegung in der Wirklichkeit fesseln zu lassen: als Geometer ist er der Geistspieler, der sich im unendlichen Reiche der mathematischen Möglichkeiten bewegt, wo alles zu stimmen scheint, weil keine materielle Wirklichkeit widerstrebt. Und die Verführung der Frauen betreibt er wie ein mathematisches Spiel, in welchem er sich durch keine Wirklichkeit hemmen läßt, indem er die Frau nur als Episode einsetzt und weder Ehe noch Kind kennt. Das Abenteuer des Geistes wie das der Sinne ist ihm ein Spiel ohne Verantwortung und ohne Verstrickung in Wirklichkeit und Geschichte. Aber sowohl mit seiner Rolle wie auch mit seinem Bildnis verfehlt er die wahre Wirklichkeit, so daß ihm sein Leben mißlingen muß. Das kommt zum Ausdruck in seinem Hadern mit dem Wesen der Schöpfung, von dem er sich unheilbar entzweit fühlt: «Mein Unwille gegen die Schöpfung, die uns gespalten hat in Mann und Weib, ist lebhafter als je . . .Welche Ungeheuerlichkeit, daß der Mensch allein nicht das Ganze ist! . Und je größer seine Sehnsucht ist, ein Ganzes zu sein, um so verfluchter steht er da, bis zum Verbluten ausgesetzt dem andern Geschlecht.» (III, 164) Und doch würde sich ihm gerade von diesem verachteten und geschändeten anderen Geschlecht die heilende, versöhnende Wahrheit nahen, sie spricht aus dem Munde der Frau, die ihn liebt: «Du hast immer bloß dich selbst geliebt und nie dich selbst gefunden. Drum hassest du uns. Du hast uns stets als Weib genommen, nie als Frau. Als Episode. Jede von uns. Aber die Episode hat dein ganzes Leben verschlungen. Warum glaubst du nicht an eine Frau, Juan, ein einziges Mal? Es ist der einzige Weg, Juan, zu deiner Geometrie.» (III, 145)

Don Juan fehlt die Liebe, welche das Bildnis vom selbstherrlichen Ich auflöst, die Liebe zum Du, welches das Ich aus seiner verstiegenen Isolation erlösen kann, die Liebe zu der Schöpfung, wie sie in der wirklichen Welt und in den Menschen erscheint. Ihm fehlt aber auch die Liebe zum Ich, wie es hinter allen Rollen und Bildern wirklich ist, daher gelangt er zu keiner Selbstannahme und Selbstverwirklichung in der wirklichen Welt. Sie bleiben ihm verwehrt, weil er nicht vom Bildnis loskommt, das sein Schicksal ausmacht. Max Frisch sagt von Don Juan, er inszeniere seine Höllenfahrt, «als Opfer, als Schwindel, um zu entkommen, gewiß; als Kunst, die etwas Absolutes nur vorgibt, als Poesie, gewiß; aber dann erweist es sich, daß diese Legende, womit er die Welt zum Narren hält, nur die Ausdrucksfigur seines tatsächlichen, seines inneren und anders nicht sichtbaren, doch ausweglos-wirklichen Endes ist». (III, 175). Zuerst ist sie einmal das Ende der Rolle, ihr und dem ganzen mit ihr verbundenen zweifelhaften Ruhm entkommt er. Er entkommt aber nicht seinem Bildnis vom absoluten Geometer, das er als halber Knabe noch für sich geschaffen und in dem er als Einundzwanzigjähriger erstmals erscheint, und mit dem der Dreiunddreißigjährige sich immer noch und wieder neu identifiziert. Er verharrt in der puerilen Selbstherrlichkeit des absoluten Ichs und ist in seinem Selbstwerdungsprozeß nicht um einen Schritt weitergekommen, er hat sich in seiner Geometrie wie in seinen Abenteuern im Kreise um sich selbst gedreht. Auch im fünften Akt ist er in diesem Bildnis als seinem Schicksal gefangen und kann ihm nicht entkommen. Hier ist die Ausweglosigkeit seiner Situation zu sehen: er ist unfähig, aus dem Gefängnis seines puerilen Solipsismus und seiner sterilen Bildnisgebundenheit hinauszutreten in die Wirklichkeit, durch die der einzige Weg zur Selbstverwirklichung führt. Er merkt auch nicht, daß seine Position durch die Weisheit Diegos und die Liebe Mirandas längst aus den Angeln gehoben ist. So lebt er weiter, im Paradies von Ronda, im kreisrunden Garten der Glückseligen, der abgetrennt ist von Leben und Geschichte, von Tat und Verantwortung. Es ist das einzig mögliche Leben, das ihm übrigbleibt: Ronda ist der schlüssige Ausdruck seiner selbstverliebten, in sich verschlossenen Egomanie. Er langweilt sich in seinem irdischen Paradies, das ihm zum Gefängnis wird: es ist der Zustand des nicht zu sich und nicht zur Welt gekommenen, entfremdeten Menschen. Max Frisch sagt, seine Langeweile sei «die Langeweile eines Geistes, der nach dem Unbedingten dürstet und glaubt erfahren zu haben, daß er es nie zu finden vermag.» (III, 173 f) In Ronda ist es vor allem die Langeweile des alternden, nicht zur Reife gelangten Menschen, die Langeweile und schwermütige Trauer über ein mißlungenes Leben.

Don Juan, der wie Prometheus und Luzifer sein Ich absolut setzt und nach dem Unbedingten dürstet, der sich selbstherrlich zum Widersacher der Schöpfung aufwirft: das wäre gewiß ein tragischer Mythos. Aber Max Frisch hat sich zur Komödie entschlossen und das einzige Theaterstück geschrieben, das er wirklich Komödie nennt. Er stellt seinen Fanatiker des Unbedingten in eine bedingte Welt und läßt ihn über deren Schranken stolpern; er verwandelt seinen tragischen Untergang in eine komische Parodie, in der eine alte Hure den apokalyptischen Richter spielt. Er läßt den geschworenen Feind der Geistlichkeit zum Freunde des Bischofs von Cordoba werden, den Weiberhelden und Verführer der Mille e tre unter den Pantoffel einer schönen Frau geraten, die erst noch die ihm angetraute ist; und schließlich besteht die wohlbegründete Aussicht, daß der saturnische Meteor – Vater werde. Durch die komischen Pointen, besonders des fünften Aktes, wird die tragische Unbedingtheit aus den Angeln gehoben; Don Juan bleibt allein mit seinem Unwillen gegen die Schöpfung, allein mit seinem falschen Bildnis, das ihn nicht zu sich selbst hat kommen lassen und das sich nicht nur vor Diego und Miranda, sondern auch vor dem Zuschauer in seiner Unstimmigkeit längst entlarvt hat. Und dieser Zuschauer lacht, gegen den Schluß zu immer herzlicher: er lacht über den in die Enge (mit vierundvierzig Zimmern und einem herrlichen Park) getriebenen Helden, er lacht im neu gestärkten

Glauben, daß ein Ich ohne Du nicht möglich ist, er lacht im Einverständnis mit Mirandas Liebe und ihrer Vorfreude auf das Kind, in der Zuversicht, daß das Leben nur aus der Gemeinschaft des Ichs mit dem Du entstehen kann; er lacht vor dem «Goldgrund der Zuversicht», daß durch die Liebe ein erlösendes Ende möglich werden kann. Das ist der Hintergrund einer ersehnten Weltordnung, durch die es hier noch einmal zu einem wirklichen Lustspiel gekommen ist, der «Goldgrund der Zuversicht, daß Recht geschieht und alles einen Sinn hat, meinetwegen einen ewig-verborgenen, aber einen Sinn». (II, 507) – Und der Vorhang fällt eben noch rechtzeitig, bevor Don Juan wirklich «ein peinlicher Narr» (III, 172) wird.

Homo Faber

Der Maschinen-Ingenieur Walter Faber ist Assistent an der Eidgenössischen Technischen Hochschule in Zürich. Er ist verbunden mit der Kunsthistorikerin Hanna Landsberg, einer Halbjüdin. Sie erwartet ein Kind von ihm, es kommt aber zu keiner Heirat, und sie läßt ihn im Glauben, daß sie ihr Kind nicht zur Welt bringen werde, worauf er eine Stelle in Bagdad annimmt und nichts mehr von ihr hört. Hanna heiratet dann Fabers Freund Joachim Hencke, bekommt eine Tochter, will aber nachher keine Kinder mehr haben, was zur Scheidung von Joachim führt, der in den Krieg geht. Hanna schließt eine zweite Ehe mit einem Kommunisten Piper, von dem sie sich aber auch wieder trennt. Sie erfährt das Emigrantenschicksal und wirkt später als Archäologin in Athen, von wo aus sie ihre zwanzigjährige Tochter auf eine Amerika-Reise schickt. Walter Faber ist nach dem Krieg in leitender Stellung in internationalen Organisationen tätig und im Auftrag der Unesco-Entwicklungshilfs ständig unterwegs. So startet er am 1. April 1957 in New York zu einem Flug nach Caracas, wo er die Montage von Turbinen zu überwachen hat. Ein Motorendefekt zwingt das Flugzeug zu einer Notlandung in der mexikanischen Wüste, und Faber macht die Bekanntschaft mit dem Bruder seines Freundes Joachim, der unterwegs ist, um seinen nun in Guatemala lebenden Bruder zu besuchen. Faber faßt den Blitzentschluß, ihn dorthin zu begleiten.

Die beiden finden Joachim in einer primitiven Pflanzerhütte erhängt vor. Faber fliegt dann nach Caracas, die Turbinen sind aber noch nicht bereit, so fliegt er wieder nach New York zurück, wo er von seiner Freundin Ivy empfangen wird, die mit ihm eine Woche in Manhattan verbringen will. Um ihr zu entkommen, faßt Faber den plötzlichen Entschluß, schon am nächsten Morgen mit einem Dampfer nach Europa zu reisen. Dort macht er die Bekanntschaft mit seiner Tochter, die er natürlich nicht kennt, und anschließend unternimmt er mit ihr eine Ferienreise durch Südfrankreich und Italien nach Griechenland, und sie wird seine Geliebte. In der Nähe von Korinth wird sie von einer Schlange gebissen, stürzt und stirbt in einem Spital in Athen. Dort findet Faber seine ehemalige Freundin Hanna wieder, die Mutter Sabeths, welche ihm eröffnet, daß er seine eigene Tochter zur Geliebten gemacht hat. Faber fliegt nochmals nach den Vereinigten Staaten und nach Caracas, wobei er abermals einen Abstecher nach Guatemala unternimmt. In Caracas erkrankt er, fliegt über Cuba und Portugal nach Düsseldorf, wo er seine auf der Reise mit Sabeth aufgenommenen Filme ansieht, und dann nach Athen zurück, wo er sich im Spital einer Magenoperation unterziehen muß.

Der Roman ist als Tagebuch konzipiert, als zweiteiliger Bericht, den Walter Faber während seines Krankenlagers in Caracas beginnt und im Athener Spital vor der Operation vollendet. Er bringt die Ereignisse nicht in ihrer chronologischen Reihenfolge, sondern setzt am 1. April mit dem Start zum Flug nach Caracas in New York ein und führt von dort bis zum Tode Sabeths in Athen; der zweite Teil setzt mit der zweiten Reise nach Caracas ein und führt bis unmittelbar vor die Operation. Es handelt sich also um eine Rückschau auf vergangene Ereignisse, um eine Art von Rechenschaftsbericht. Die Jugendgeschichte mit Hanna wird bruchstückweise eingeschoben, veranlaßt durch Gespräche mit Joachims Bruder Herbert während der Reise; Hannas spätere Schicksale werden aus gelegentlichen Äußerungen Sabeths bekannt und später durch Hanna selbst ergänzt. Die Vergangenheit wird also allmählich enthüllt. Auch sonst ist der Bericht nicht immer chronologisch, so steht etwa die Schilderung, wie Sabeth in Avignon Fabers Geliebte wird, erst am Schluß der Italienreise, und der Bericht über die Ereignisse um Sabeths tödlichen Unfall erfolgt in drei gestaffelten Rückblicken. Das Ganze ist eine Ich-Erzählung, welche die Begebenheiten aus der Sicht Fabers darstellt, auch die

Einwände und Darlegungen Hannas werden aus seiner Optik dargeboten. Es werden auch immer wieder erläuternde Bemerkungen, Kommentare und Selbstauslegungen, Selbstanklagen und Selbstrechtfertigungen des Berichterstatters eingeschoben. So entstehen verschiedene Zeitebenen: da ist einmal die einfache Vergangenheit der Vordergrundsereignisse vom 1. April bis zur zweiten Hälfte Juli, dann die Vorvergangenheit der Rückblicke über Fabers und Hannas Jugend, und schließlich die Gegenwart der Niederschrift des Tagebuches, die ihrerseits zweigeteilt ist in die beiden Zeitabschnitte in Caracas und in Athen unmittelbar vor der Operation.

Hanna nennt ihren Freund Homo Faber, das ist der Mensch als Techniker: und wirklich ist für Walter Faber die Technik nicht ein Beruf, sondern eine Art, die Welt zu sehen und zu begreifen. Er hält sich an das, was er sieht und ist überzeugt, daß die Dinge so sind, wie er sie sieht, das heißt, daß er die Erscheinungswelt als objektiv gültige Wirklichkeit erkennen und erfassen kann. Dieses Erkannte ist rational erklärbar nach dem Gesetz der Causalität, welches der Erscheinungswelt angehört und somit objektive Gültigkeit besitzt. Diese Welt ist in sich geschlossen, geordnet und total durchschaubar, sie bezieht nichts von außen, es gibt also keinen wunderbaren Eingriff einer höheren oder außenstehenden Macht. Es gibt gewiß den Zufall, aber auch er ist einbezogen in die Erklärbarkeit der Welt: der Zufall ist das Unwahrscheinliche, eine Erfahrungstatsache, die im Wahrscheinlichen schon enthalten ist als Grenzfall des Möglichen. Die Welt ist nicht nur völlig erklärbar, sondern auch berechenbar. Der Homo Faber erweitert sein Unterfangen der Berechnung der Welt durch den Bau des künstlichen Gehirns, des Elektronengehirns, das ohne sich zu irren sogar auch die Zukunft errechnen kann. So wird der Techniker mit allen Tatsachen fertig, ständig erweitert er die Grenzen des Menschen und wird schließlich auch den Tod überwinden. Die Werke der Kunst sind für ihn nichts anderes «als Vorfahren des Roboters. Die Primitiven versuchten den Tod zu annullieren, indem sie den Menschenleib abbilden – wir, indem wir den Menschenleib ersetzen. Technik statt Mystik!» (IV, 77) Fabers Darlegungen über die Kybernetik kommen einem Glaubensbekenntnis gleich: der Techniker ist der Herr der Welt. Die Annullierung des Todes geschieht bei Walter Faber auch durch die Aufhebung der Zeit. Der Mensch erlebt die Zeit als Vergängnis, als Wissen, «daß unserem Dasein stets ein anderes gegenübersteht, ein Nichtsein, das wir als Tod bezeichnen». (II, 499) Dieses Wissen ist bei Faber ausgeschaltet; als homo technicus unternimmt er den Versuch, ohne Tod zu leben, indem er aus dem Continuum der Zeit hinaustritt. Er spricht «über Uhren, die imstande wären, die Zeit rückwärts laufen zu lassen.» (IV, 155) Der Techniker hat das Erlebnis der Vergängnis überwunden und die Zeit zum technisch manipulierbaren Element gemacht.

Der homo technicus ist auch der homo rationalis: er lehnt jedes phantasiebestimmte Erleben der Welt, jedes Erahnen höherer Zusammenhänge und Hoffen auf wunderbare Fügungen ab. Es gibt in der Welt nichts auch noch so Unwahrscheinliches, das Grund zu Verwunderung, Erschütterung oder Mystifikation böte, denn die ganze Welt ist rational und mathematisch erfaßbar: «Der Roboter erkennt genauer als der Mensch, er weiß mehr von der Zukunft als wir, denn er errechnet sie, er spekuliert nicht und träumt nicht, sondern wird von seinen eigenen Ergebnissen gesteuert (feed back) und kann sich nicht irren; der Roboter braucht keine Ahnungen –» (IV, 75) Und vor der Statistik verstummt jeder Aberglaube.

Walter Faber hat eine ausgesprochene Abneigung gegen die Willkür der sich selbst überlassenen Natur, die in ewigem bewußtlosem Kreislauf gebiert und verwest. Es ist für ihn die Pflicht des vernünftig handelnden Menschen, sich zum Beherrscher der Natur zu machen. Angesichts der ihm widerlichen tropischen Natur fällt einmal die ihm höchst willkommene Bemerkung: «Tu sais que la mort es femme! . . . et la terre est femme!» (IV, 69) Als sachlichem Menschen ist ihm das unberechenbar Stimmungs- und Gefühlshafte bei den Frauen unerträglich. Von seiner Geliebten Ivy und ihrer unberechenbaren Sinnlichkeit läßt er sich zwar immer wieder verführen, aber er haßt sie auch gerade deswegen. Techniker ist für Walter Faber ein männlicher Beruf, und tatsächlich ist er selbst ein einseitig männlicher Geist. Dadurch ist auch seine Beziehung zu den Frauen bestimmt. Eine dauernde Bindung erscheint ihm als ausgeschlossen. Der bloße Gedanke an die Ehe verbindet sich ihm mit dem Gedanken an die Fremdenlegion, das heißt an Gefangensein. Er lebt ganz in seiner Arbeit und liebt das Alleinsein mit der Arbeit. So hat die Frau für ihn nur episodische Bedeutung, und eine Verbindung entsteht eigentlich nur durch das Geschlecht. Aber auch in der Umarmung ist er allein. Wenn er Ivy umarmt, denkt er dabei an alles andere; und wenn er dann die Augen schließt, um nur an sie zu denken, die er in den Armen hält, küßt er aus Versehen seinen eigenen Ellbogen. Die Selbstbezogenheit des Mannes ist bei ihm zum Solipsismus gesteigert, zu einer Art Selbstverliebtheit.

So erscheint hier in geschlossener Vollständigkeit das Weltbild des Homo Faber: es sieht eine durch die Technik geleitete, zivilisierbare und völlig berechenbare und durchschaubare Welt vor, deren Herr der Mensch ist; er beherrscht die Natur, er überwindet die Grenzen von Raum und Zeit und macht sich schließlich zum Herrn über Leben und Tod. Dieses Bildnis besitzt für Walter Faber eine selbstverständliche Richtigkeit und Gültigkeit.

Der Homo Faber entmachtet den Zufall durch seine Einordnung in ein mathematisch erfaßbares Weltgefüge. Nun treten aber im Bericht von Walter Faber immer wieder Zufälle auf, ja, man kann geradezu von einer handlungsverknüpfenden Funktion des Zufalls sprechen: der Zufall eines Motorendefektes veranlaßt die Notlandung des Flugzeuges, welche zu einem zufälligen Gespräch mit Herbert über Joachim und Hanna führt, woraus der zufällige und völlig vernunftwidrige Entschluß Fabers zur Reise nach Guatemala entsteht. Zufällig fällt sein Entscheid, statt des Flugzeuges den Dampfer zu benützen für seine Reise nach Paris, ein Zufall ist der Fehler am Rasierapparat, der verursacht, daß er den Anruf wegen seiner Schiffskarte noch erhält und zufällig erfolgt schließlich auch die Begegnung mit Sabeth, in der die durch alle die Zufälle geschaffene Bahn kulminiert.

Die durch die vorangegangenen Zufälle verursachten Enthüllungen und die gelegentlichen Mitteilungen Sabeths über ihre Herkunft müßten Walter Faber den wahren Sachverhalt enthüllen und er müßte erkennen, daß für einmal das völlig Unwahrscheinliche Ereignis geworden ist. Aber das ihm unmöglich Erscheinende paßt nicht in sein Bildnis einer vernünftig geordneten, berechenbaren Welt. Seine Mathematik genügt ihm, und so rechnet er sich die Dinge zurecht, bis sie wieder in dieses Bildnis passen. Dabei müßte er gerade als Mathematiker wissen, daß das Unwahrscheinliche als Grenzfall des Möglichen in der Wahrscheinlichkeit enthalten ist. Er denkt daran: «Natürlich dachte ich daran, aber ich konnte es einfach nicht glauben, weil zu unglaublich.» (IV, 118) Und so beginnt er zu rechnen: «Ich rechnete im stillen pausenlos, bis die Rechnung aufging, wie ich sie wollte: Sie konnte nur das Kind von

Joachim sein! Wie ich's rechnete, weiß ich nicht; ich legte mir die Daten zurecht, bis die Rechnung wirklich stimmte, die Rechnung als solche.» (IV, 121) Ein Stein fällt ihm vom Herzen, denn sein Bildnis der Welt stimmt wieder.

Das Bildnis, nach dem Faber die Welt formt, und der unerschütterliche Glaube an dessen Richtigkeit machen ihn blind für die Wirklichkeit der Welt und ihre wirklichen Geschehensverläufe, machen ihn blind vor allem für das Wesen des Zufalls. Die unvorhergesehenen und unberechenbaren Ereignisse fallen ihm ja nicht nur von außen zu, sie steigen auch aus seinem Inneren empor. Als er Sabeth seinen Heiratsantrag macht, nur um irgendetwas zu sagen, stellt er fest: «Ich hatte gesagt, was ich nie habe sagen wollen.» (IV, 95) Genau gleich ergeht es ihm beim Entschluß, Herbert nach Guatemala zu begleiten: «Ich weiß nicht, was es wirklich war.» (IV, 33) Es sind Entscheidungen, die ihm plötzlich zufallen, ohne daß er deren Herkunft und Sinn erklären kann.

«Das Verblüffende, das Erregende jedes Zufalls besteht darin, daß wir unser eigenes Gesicht erkennen; der Zufall zeigt mir, wofür ich zur Zeit ein Auge habe, und ich höre, wofür ich eine Antenne habe.» (II, 750) Aber Walter Fabers Auge ist blind, er kann sein Gesicht nicht erkennen. Daß überhaupt Zufälle wirksam sind und das Geschehen verknüpfen helfen, fällt ihm erst nach dessen Abschluß auf, als er den ersten Teil seines Berichtes verfaßt, und auch jetzt stellt er nur die Tatsache fest, ohne ihren Sinn und daraus sein Gesicht, seine Situation zu erkennen.

Im Zeitpunkt, mit dem der Bericht beginnt, befindet sich Walter Faber an einem Wendepunkt seines Lebens, das bisher im Zeichen der Technik und des aus ihr hervorgegangenen Welt- und Menschenbildes gestanden hat. Dieses Leben beginnt eben jetzt fragwürdig zu werden, und aus dieser inneren Situation Fabers sind die Zufälle zu verstehen, das, was ihm von außen zufällt und vor allem was aus seinem Inneren dringt. Aber: «Natürlich läßt sich denken, daß wir unser mögliches Gesicht, unser mögliches Gehör nicht immer offen haben, will sagen, daß es noch manche Zufälle gäbe, die wir übersehen und überhören, obschon sie zu uns gehören; aber wir erleben keine, die nicht zu uns gehören. Am Ende ist es immer das Fällige, was uns zufällt» (II, 750) Der mitten im Geschehen stehende Walter Faber übersieht die ihm gehörenden Zufälle, und auch nachher als Berichterstatter stellt er sie zwar fest, erkennt sie aber noch nicht als zu ihm und seiner Situation gehörig.

Das Bildnis, nach dem Faber sich und die Welt gestaltet, schließt alles nicht Berechenbare aus und macht ihn blind für die Kräfte der Liebe, des Gefühls und des irrationalen Erlebens, für das Unbewußte, das sich in seinen Träumen zum Worte meldet. Gerade deswegen ist er diesen Mächten und den mit ihnen in Beziehung stehenden Zufällen schutzlos preisgegeben. Während das technisch-mathematische Weltbild sich als falsch zu erweisen beginnt, hält Faber trotzdem starr an ihm fest und wird von den es widerlegenden Kräften überholt. Damit wird ihm sein Bildnis zum Schicksal und Verhängnis. Schon früh erfolgt allerdings dessen Verknüpfung.

Als junger Mensch opfert Faber die Frau, die er liebt, seiner beruflichen Laufbahn. Die dauernde Verbindung mit Hanna hätte in die Ehe und zum Kind, hätte in die Wirklichkeit und Verantwortung geführt; die Liebe hätte das einseitige Bildnis aufheben und den Weg zum Ich und wahren Leben freilegen können. Aber damals hat die Technik die Liebe getötet, und Hanna ist Faber verloren gegangen. Sein Ich hat damals das Du ausgeschaltet und damit begonnen, sein Leben zu verfehlen. Die Begegnung mit Joachims Bruder Herbert veranlaßt die Reise nach Guatemala. Die Reise, unternommen, «um einem Jugendfreund, der meine Jugendfreundin geheiratet hat, Gutentag zu sagen», (IV, 43) wird zu einer Reise in die eigene Vergangenheit, auf der Walter Faber die verlorene Hanna wiederfindet. Dieser Wiederfindungsprozeß führt ihn zu der wichtigen Feststellung, daß alle seine Beziehungen zu Frauen immer absurd gewesen seien. «Nur mit Hanna ist es nie absurd gewesen.» (IV, 100) Die zweite unvorhergesehene Zufallsreise ist die Dampferfahrt, auf der er Sabeth kennen lernt. Die dritte unvorhergesehene, aber nun gewiß nicht mehr zufällige Reise durch Frankreich und Italien ist die Fahrt, die durch die Liebe in den Tod führt. Auf diesen Reisen verschmelzen Sabeth und Hanna unmerklich, zeitweise zu völliger Identität.[2] Die Reiseunternehmungen stehen im Zeichen des Versuchs, das verfehlte Leben nachzuholen, noch einmal zu leben. Dabei ist er in der aus seinem technischen Weltbild hervorgegangenen Überzeugung, daß Zeit und Alter aufgehoben seien, was schließlich dazu führt, daß der Vater die eigene Tochter heiraten möchte. Nach dem Tode Sabeths, da der Enthüllungs- und Aufklärungsvorgang sich vollendet hat, unternimmt Faber den anderen Versuch, das Verfehlte nachzuholen, indem er jetzt Hanna heiraten will. Aber dieser späte

Entschluß steht schon unmittelbar unter der Drohung des Todes.

Die Zufälle, die sich in den Monaten vor Fabers fünfzigstem Geburtstag häufen, gehören zu ihm, künden die in seinem Leben fällige Wendung an. Aber er übersieht sie, weil sein Weltbild ihm die Sicht verdeckt. Dieses Bildnis wird somit schicksalsbestimmend. Schicksal bedeutet für Walter Faber Fatum, Bestimmung des menschlichen Lebens durch Mächte aus jener höheren Welt, die sein Weltbild ausschließt. In der völlig berechenbaren Welt der Technik bestimmt der Homo Faber als Herr der Welt sein Lebensgeschick selbst. Was er aber nicht sehen kann, ist die wahre Wirklichkeit, in welcher das Schicksal aus menschlichen und außermenschlichen Wirkungen entsteht, als ein Gewebe, aus berechneten und unberechenbaren Fäden gewoben. Überblickt man einmal die Romanhandlung als abgeschlossenes Ganzes, ohne dieses Wesen des Schicksalsgewebes zu durchschauen, so kann es tatsächlich als bloßes Verhängnis, als Fügung einer fremden, unbekannten Macht erscheinen.

Jetzt erst kann die Form des Romans *Homo Faber* in ihrer eigentlichen Bedeutung erfaßt werden. Der Tagebuchbericht ist ein Rückblick, veranlaßt durch die Erschütterung von einem ungeheuren Geschehen. Dieses bereits völlig Vergangene wird in seiner Unabänderlichkeit aufgerollt und in seiner subjektiven und objektiven Bedeutung allmählich enthüllt. An dem Vorgang selbst gibt es nichts mehr zu verändern, man kann sich nur noch verhalten dazu. Die angewendete analytische Form wird nun selber zum Gleichnis für die Unabwendbarkeit des Geschehens: als entsprechendes Gleichnis erscheinen übrigens die Filmspulen von der Reise mit Sabeth, welche, einmal im Apparat, einfach «durchgelassen» werden müssen.

Von hier aus sind auch die mythischen Bezüge zu verstehen. Walter Faber, der homo technicus, der die Welt nach seinem rational mathematischen Bildnis selbstherrlich gestalten will, gerät in einen scheinbar unabwendbaren Geschehensverlauf von solcher Art, daß sich in ihm uralte oder vielmehr zeitlos mythische Geschehensformen von ewig gleichem Ablauf zu wiederholen scheinen: blind wie Ödipus gerät er in seine Inzest-Beziehung, wie Eurydike wird Sabeth vom tückischen Schlangenbiß ereilt, und wie Eurydike vor dem sich nach ihr umwendenden Orpheus, so weicht Sabeth vor dem Geliebten, der sie retten will, zurück und stürzt in den

Tod. Im Bade erwartet der blutbefleckte Walter Faber den tödlichen Axthieb; Hanna geht zwar nicht so weit wie Klytaimnestra, aber auch sie verflucht den Mörder ihres Kindes und schlägt ihn mit ihren kleinen Fäusen ins Gesicht.

Nun erscheint allerdings Walter Fabers Weltbild wie ein Gegenentwurf zum antiken Schicksalsglauben. Auch ist sein Verhalten zum Geschehenen völlig anders als das des Ödipus, der vom ersten Verdachtsmoment an rücksichtlos die Wahrheit zu suchen beginnt, bis alles enthüllt ist. Faber wird viel früher als Ödipus gewarnt, aber entweder erkennt er die Zeichen nicht, oder wenn er sie erkennt, dann glaubt er nicht an die durch sie angedeuteten Möglichkeiten. In einer in den Bericht über die Dampferfahrt eingeschobenen Überlegung seiner eigenen Ahnungslosigkeit sagt Walter Faber: «Wieso Fügung! Es hätte auch ganz anders kommen können.» (IV, 73) Gewiß, aber Faber erkennt es erst, nachdem er falsch gehandelt hat, was er auch zur Zeit der Niederschrift der ersten Station noch nicht eingesehen hat. Ödipus flieht von Korinth nach Theben, um dem Orakel zu entkommen. Walter Faber wird von seinem selbstentworfenen Bildnis der Welt bestimmt wie von einem Orakel, dem er nicht entkommt, das ihn blind macht gegen alle auf ihn eindringenden Warnsignale und ihn schließlich auf den verhängnisvollen Weg von Korinth nach Athen leitet. Noch am Ende seines Zusammenseins mit Sabeth ist er davon bestimmt: er verläßt die Schlafende, um «eine Weile allein zu sein», (IV, 157) und genau während dieser Weile wird sie von der Schlange gebissen, so daß die Hilfe zu spät kommt und sich erst noch verhängnisvoll auswirkt. So kann dann der Geschehensverlauf als unabwendbare Fügung erscheinen, als Wiederholung und Neuvollzug einer mythisch vorgeprägten Schicksalsform. Aber in Max Frischs Roman-Dramaturgie hat die Einführung der mythischen Elemente gerade eine andere, entgegengesetzte Bedeutung. Durch sie wird deutlich gemacht, daß es wirklich «auch ganz anders» hätte kommen können, wenn nur Walter Faber die warnenden Zeichen richtig, unvoreingenommen und vorurteilsfrei gedeutet, wenn er nur die vielen Zufälle, die von außen wie die von innen wirkenden, als die zu ihm gehörenden gesehen und darin sein eigenes Gesicht erkannt hätte. Das antike Orakel stammt aus dem unabänderlichen Ratschluß der Moira: Ödipus kann ihm nicht entkommen. Fabers Orakel ist von ihm selbst geschaffen und könnte von ihm durch vernünftige Wahl auch geändert werden, wodurch wirklich alles anders kommen könnte. «Viel kann vermeiden Vernunft.» (IV, 328)

Der Roman *Homo Faber* ist gestaltet als rückblickender Bericht auf ein unerhörtes Geschehen, in dessen Verlauf sich ein ganzes Leben enthüllt. Dieser Enthüllungsprozeß ist zugleich ein Bewußtwerdungsprozeß. Der Bericht ist zweiteilig, und die beiden Stationen sind Phasen der Bewußtwerdung und des allmählichen Erkennens. Die erste Station wird in Caracas vor der Rückreise nach Europa geschrieben. Dieser Teil des Berichtes enthüllt die Tatsachen vom unerschütterten Standpunkt des Technikers aus; er dient immer auch der Selbstrechtfertigung und als Beweis der eigenen Schuldlosigkeit; zugleich verteidigt er die Richtigkeit und Stimmigkeit des rationalen Weltbildes des Homo Faber. Die Aufzeichnung der zweiten Station erfolgt im Athener Spital während der letzten Tage vor der Operation und berichtet von der zweiten Reise nach Südamerika. Und nun zeigt es sich, daß diese zweite Station eine Wiederholung der ersten ist: dieselbe Reise wird noch einmal unternommen, und in Düsseldorf rollt im Filmbild nochmals die Reise mit Sabeth ab. Diese Wiederholung zeugt von der Weisheit des Formplanes und beweist, wie die Form selbst thematische Bedeutung erlangen kann. In der Wiederholung enthüllen die Vorgänge der ersten Station ihren Sinn, und der Vorgang des Erkennens kann sich vollziehen. Der schreibende und sich selbst wieder-holende Walter Faber erkennt endlich die Bedeutung des Geschehenen, er durchschaut sein Bildnis des Menschen und der Welt und damit sein Leben, er kommt endlich zu sich selbst, und nun kann sich seine eigene Wandlung vollziehen.

Der Roman *Homo Faber* sei «vorgelegt als Tagebuch eines Moribunden»,[3] sagt Frisch einmal. Tatsächlich steht die Romanhandlung von Anfang an im Schatten des Todes. Ganz zu Beginn sieht Walter Faber sein Gesicht im Spiegel: «Weiß wie Wachs, . . . scheußlich wie eine Leiche». (IV, 11) Und kurz vor dem Ende blickt er wieder in den Spiegel und ist erschrocken über den totenkopfähnlichen Anblick. So bewegt sich von Anfang an neben der ereignishaften, sichtbaren eine zweite, unsichtbare Handlung, neben dem scheinbar sicheren, berechenbaren Leben wächst die unberechenbare Krankheit dem Tode entgegen. Das Leben, das veränderbar ist, wird kaum merklich begleitet von der nach irreversiblen Gesetzen sich entfaltenden Krankheit, welche in die

Veränderungslosigkeit des Todes führt. Leben und Tod sind sich zugeordnet und untrennbar miteinander verbunden. Das Leben ist die dem Menschen zugemessene Frist der Erlösung, wenn er sie versäumt, dann ist ihm die Gnade des wirklichen Todes versagt. Vor diesem dunklen Hintergrund ist die Faber-Handlung zu sehen.

Gegenüber der Krankheit verhält sich Walter Faber während der Ereignisse der ersten Station gleich wie gegenüber den Zufällen: er will sie nicht wahrhaben. Noch zu Beginn der zweiten Station ist er gemäß Statistik überzeugt, daß ihn seine Operation «von sämtlichen Beschwerden für immer erlösen» (IV, 164) werde. Dann aber setzt auch gegenüber der Krankheit der Vorgang der Bewußtwerdung und des Erkennens ein: «Überhaupt der ganze Mensch! – als Konstruktion möglich, aber das Material ist verfehlt: Fleisch ist kein Material, sondern ein Fluch.» (IV, 171) Er beginnt zuzugeben, daß trotz aller Technik Altern und Krankheit letztlich unberechenbar bleiben.

Und erst jetzt, von der Endsituation aus, können Beginn und Verlauf des ersten Teils richtig klar werden. Walter Fabers Leben steht im Zeichen einer Wende: mit untrüglichen Zeichen meldet sich die Krankheit an; es erfolgt der Einbruch des Irrationalen, und vor allem der Neu-Einbruch der Liebe als bestimmende und verwandelnde Macht. Sie zeigt besonders deutlich die Stationen der Veränderung von Walter Faber. Nach der Trennung von Hanna wird Faber zu einem Ich ohne Du, die Frau hat nur noch Bedeutung als Episode, als sinnliches Abenteuer, das nachher immer als absurd erscheint. Von einer mangelhaften Beziehung zum Du ist auch noch der Beginn des Wiedersehens mit Hanna geprägt, ihre Gespräche sind «lauter Fragen, keine Antworten»; der Mann sieht sich als Herrn der Welt und «hört nur sich selbst». (IV, 140) Tatsächlich ist aber Faber seit der Begegnung mit Sabeth schon unter der öffnenden Wirkung der Liebe, was zuerst darin deutlich wird, daß er Sabeth ganz ernst nimmt, daß er allein schon deswegen glücklich ist, weil sie glücklich ist und daß er, der früher jeden Gedanken an eine Ehe ausgeschlossen hat, jetzt an Heirat denkt «wie noch nie». (IV, 108) Mit dieser Wendung zum Du beginnt neben der technischen allmählich eine ganze andere Welt an Bedeutung zu gewinnen: eine Welt der Schönheit und der Lebensfülle, für die es in der technischen keinen Vergleichsgegenstand mehr gibt, so daß sich der spröde Bericht des Homo Faber ein einziges Mal zum Hymnus verklärt: «Ich werde nie vergessen, wie sie auf diesem Fels sitzt, ihre Augen geschlossen, wie sie schweigt und sich von der Sonne bescheinen läßt. Sie sei glücklich, sagt sie, und ich werde nie vergessen: das Meer, das zusehends dunkler wird, blauer, violett, das Meer von Korinth und das andere, das attische Meer, die rote Farbe der Äcker, die Oliven, grünspanig, ihre langen Morgenschatten auf der roten Erde, die erste Wärme und Sabeth, die mich umarmt, als habe ich ihr alles geschenkt, das Meer und die Sonne und alles, und ich werde nie vergessen, wie Sabeth singt!» (IV, 152) Das ist einer der seltenen, von Max Frisch so ersehnten Augenblicke, wo die Ferne Nähe geworden ist, ohne ihren Zauber zu verlieren, wo die Sehnsucht nach der Weite des Meeres im Glück der Gegenwart schweigt und das ganz andere, Mögliche wirklich geworden ist im Glanz des erfüllten Augenblicks.

Die Zerstörung dieser Glücksmöglichkeit erschüttert Walter Fabers Selbstsicherheit und läßt ihn an Selbstmord denken, den er aber verwirft, weil er das verfehlte Leben doch nicht aufheben kann. Der Techniker, der mit jeder Situation fertig zu werden und für alles Lösungen zu finden gewohnt ist, muß sein Scheitern feststellen: «Irgendetwas vergaß ich stets . . . Ich war nicht imstande, alles zugleich in meine Rechnung zu nehmen.» (IV, 159) – Aber erst während des Verfassens der zweiten Station, da er das ganze Geschehen wieder-holt, erwacht Walter Faber zu vollem Bewußtsein und gelangt zur Erkenntnis. Jetzt wird er sehend, und möchte wie Ödipus die Augen loswerden. «Ich weine nicht, ich möchte bloß nicht mehr da sein, nirgends sein. Wozu auch zum Fenster hinausblicken? Ich habe nichts mehr zu sehen. . . . Ich möchte bloß, ich wäre nie gewesen.» (IV, 192) Damit spricht er die Lehre des weisen Silen aus, von der Friedrich Nietzsche in der *Geburt der Tragödie* berichtet.[4]

Jetzt beginnt Faber Hanna zu verstehen und als Du anzunehmen. Sie und seine späte Liebe zu ihr helfen ihm nach Sabeths Tode, sich vom Bildnis zu befreien, durch das er den Tod ausschalten und die Zeit aufheben wollte, so daß er ohne wahre Welt und Wirklichkeit in einem total berechenbaren Reich bloßer Möglichkeiten lebte. «Hanna findet es nicht unbegreiflich, daß ich mich gegenüber Sabeth so verhalten habe; ich habe (meint Hanna) eine Art von Beziehung erlebt, die ich nicht kannte, und sie mißdeutet, indem ich mir einredete, verliebt zu sein. Es sei kein zufälliger Irrtum gewesen, sondern ein Irrtum, der zu mir gehört (?).» (IV,

169 f.) Mit Recht setzt Faber sein Fragezeichen. Gewiß nähert er sich Sabeth zuerst als Techniker und Ich-bezogener Herr der Welt, aber gerade durch sie bricht die Liebe in sein liebeloses, erstarrtes Leben ein, gerade sie führt ihn in die Fülle des wahren Lebens; durch sie lernt er auch Hanna verstehen und wird zum Du zurückgeführt. Die Liebe, die Sabeth in Faber geweckt hat, widerlegt ihm das Bildnis der nur rationalen Welt. So plädiert der Techniker etwa für die Schwangerschaftsunterbrechung und findet die Würde des Menschen darin, «vernünftig zu handeln und selbst zu entscheiden». (IV, 106) Hätte damals Hanna ihre Schwangerschaft unterbrochen, so hätte Walter Faber Sabeth nie begegnen können und er wäre um die wesentlichste Erfahrung seines Lebens betrogen worden: die Erfahrung der Unwiederbringlichkeit und Unersetzbarkeit des einen, geliebten Menschen. Dadurch allein schon wird das Weltbildnis des Homo Faber aus den Angeln gehoben.

Durch diese Liebe erwacht in Faber ein neues Verstehen des Lebens und seiner Schönheit aus der Vergänglichkeit. Und daraus entsteht die endgültige Einsicht, daß er falsch gelebt hat, weil sein Weltbildnis falsch war. Der Aufenthalt auf Cuba steht ganz im Zeichen des neuen, anderen Lebens: es ist ein Leben in der Zeit und ihrer Vergänglichkeit, ein Leben, das um den Tod weiß und gerade deswegen die Wollust des Schauens in der Gegenwart erfährt. Aus dieser neuen Erfahrung entsteht der Wunsch, nochmals und anders leben zu können. Angesichts des Todes macht er die Feststellung, daß er nach allen Irrtümern an diesem Leben hängt wie noch nie. «Es stimmt nichts. Auf der Welt sein: im Licht sein . . . Standhalten dem Licht, der Freude (wie unser Kind, als es sang), im Wissen, daß ich erlösche im Licht über Ginster, Asphalt und Meer, standhalten der Zeit, beziehungsweise Ewigkeit im Augenblick. Ewig sein: gewesen sein.» (IV, 199) Das heißt: wirklich gelebt haben in der Zeit, so daß daraus ein wirklicher Tod zustande komme.

Die zweite Station von *Homo Faber* gleicht dem fünften Akt einer Tragödie: der Held, der vorher leidenschaftlich verstrickt war in sein Handeln, löst sich angesichts des Endes aus den Fesseln der Leidenschaft und gewinnt die Freiheit der Überschau. So löst sich Walter Faber aus den Fesseln des Bildnisses, er gelangt zur Erkenntnis seines Irrens und seiner Schuld, die er ganz auf sich nimmt, zur Erkenntnis, daß er falsch gelebt hat, und angesichts des Todes gewinnt er eine Vision des wirklichen Lebens in der Zeit.

Andorra

Die Fabel des Stückes *Andorra* entsteht aus der Geschichte vom
unehelichen Kinde, das vom Vater als angenommener Judenknabe
ausgegeben wird. Die Mutter des Knaben, die Senora, stammt aus
dem Andorra benachbarten Lande der Schwarzen, in dem die
Juden verfolgt werden und wo vor einigen Jahren ein bethlehemiti-
scher Kindermord stattgefunden hat. Die Scham hat den Lehrer
zur Lüge getrieben, und alle Andorraner sehen nun in Andri den
Juden, von dessen Art sie ein festes Bildnis haben. Andri wächst in
diesem Glauben auf und wird äußerlich zu dem, was die anderen in
ihm sehen. So wird er nach dem Überfall der Schwarzen ein Opfer
der Judenhetze, woran auch das späte Geständnis des Vaters nichts
mehr ändern kann.

Die Handlung ist in zwölf Bilder aufgeteilt, so daß das Stück auf
den ersten Blick als ein Stationendrama erscheinen könnte, das
Andris Entwicklung in ihren wesentlichen Stationen vorführt. Die
Stationendramen, welche G. Hauptmann, Strindberg und namentlich der Expressionismus hervorbringen, bestehen aus einer losen
Folge von Szenen oder Bildern, die kaum miteinander verknüpft
sind, oft durch große zeitliche Zwischenräume getrennt werden,
wobei auf eine eigentliche Formkonstruktion bewußt verzichtet
wird. Bei *Andorra* ist es anders. Einmal wird die Frage nach der
Zeit nicht gestellt; die Handlung kann sich über Wochen, Monate
oder sogar Jahre erstrecken, es bleibt für den Zuschauer irrelevant. Wesentlich ist, daß die einzelnen Bilder nach dem Gesetz der
inneren Notwendigkeit und strenger Logik miteinander verknüpft
sind. Jedes Bild ist vom vorhergehenden abhängig und bereitet das
folgende vor. Das erste Bild bietet eine knapppe Exposition; sie
zeigt ein Stück Vorgeschichte: die Judenverfolgungen bei den
Schwarzen und die Veränderung des zum Trinker gewordenen
Lehrers; es folgt Andri in seinem jubelnden Glück über die Eröffnung, daß er eine Tischlerlehre beginnen und dann Barblin heiraten kann. Zum Schluß wird er bereits vom Soldaten Peider be-
schimpft. Diese Exposition ist nicht vollständig, nach dem Prinzip
der allmählichen Enthüllung der Vergangenheit werden im vierten, achten und neunten Bild Teile nachgeholt, aber die Hand-
lungsverknüpfung ist vollzogen, und Andris Nachdenken über sein
Wesen und seine beginnenden Zweifel an sich selbst im zweiten

Bild zeigen bereits deren erste Folgen. In dichter szenischer Verknüpfung und ständiger dramatisch-dialektischer Steigerung führt nun die Handlung über den Verrat des Tischlermeisters, die Judenrede des Arztes und den scheinbaren Betrug der Barblin empor zu den entscheidenden Unterredungen Andris mit dem Lehrer und dem Pater im sechsten und siebenten Bild. Hier, genau in der Mitte des Stückes, ist der Höhepunkt, der die Wendung sowohl in Andris Entwicklung wie auch in der Handlung enthält, welche nun aus eigener Schwerkraft dem Ende zueilen kann.

Von Anfang an ist durch die Exposition und durch die Wahl und Gestaltung der Fabel die Handlung so angelegt, daß sie nur den einen, notwendigen Verlauf nehmen kann. So ergibt sich die strenge Konsequenz der sich steigernden Entwicklung bis zu Andris Zusammenbruch, aus dem seine Selbstannahme folgt, womit sein Untergang und Ende bereits bestimmt sind. Dieser dramatische Bau steht in unmittelbarer Nähe der Formkonstruktion des klassischen Dramas. Ein Unterschied bleibt allerdings bestehen und wird an den kleinen Zwischenszenen ersichtlich, welche sich im Vordergrund der Bühne an der Zeugenschranke abspielen. Die Personen, die sich an Andri vergangen haben, treten an die Schranke und legen Rechenschaft über ihr Verhalten diesem gegenüber ab. Dadurch wird die Handlung in doppelter Hinsicht unterbrochen: Der Zuschauer wird direkt angesprochen und aus dem Handlungszusammenhang herausgerissen durch den Anruf einer nicht mehr im Spiel stehenden Person; diese spricht aus einer anderen Zeit, aus der Gegenwart der Aufführung, aus der nun die Aussagenden auf das Andri-Geschehen als ein längst Vergangenes zurückblicken. So entstehen zwei Zeitebenen: die Gegenwart «nach Jahr und Tag» und die Vergangenheit des Geschehens um Andri, welche in sich noch die Vorvergangenheit der exponierenden Berichte über die Vorgeschichte enthält. Durch dieses Vergangensein des längst Geschehenen erhält die Andri-Handlung den Charakter des Unabänderbaren. Von der ersten Zeugenaussage an weiß der Zuschauer das Ende, und von nun an sieht er jede Szene eingespannt in die ehernen Klammern der die Prämissen bildenden Vorgeschichte und des bereits feststehenden Endes. Alle Entscheidungen sind schon gefallen, das Stück gibt die Analyse eines vorgegebenen, abgeschlossenen Geschehens. Damit ergibt sich eine ähnliche Situation wie in Sophokles' *Ödipus,* wo alles längst geschehen ist und Oedipus sich nur noch zum Vergangenen verhalten kann. Nach den Grundsätzen des analytischen Dramas ist auch *Andorra* konzipiert; das analytische Drama ist ein Enthüllungsdrama. In *Andorra* wird nicht nur die Vorgeschichte allmählich enthüllt; aus der zeitlichen Perspektive der Zeugenaussagen wird die ganze Handlung zu einem Vorgang der Enthüllung längst vergangenen Geschehens. Damit ergibt sich aus der Form selbst ein Handlungsverlauf von unabwendbarer Notwendigkeit.

Der Raum, in welchem sich Andris und seines Vaters Schicksal erfüllen, heißt Andorra; daß auch das Stück diesen Namen erhalten hat, ist bedeutungsvoll.[5] Andorra ist eine kleine Republik mit engen Tälern und steinigen Äckern, ein schwaches, friedliches und freies Land. Die Andorraner legen großes Gewicht auf diese Freiheit, sie betrachten sie als ihr Privileg und Verdienst. «Kein Vaterland in der Welt hat einen schöneren Namen, und kein Volk auf Erden ist so frei», (IV, 485) sagt der Doktor, und in seinen Worten kommt ein typisch andorranischer Zug zum Ausdruck: die Neigung, Andorra für eine einzigartige Ausnahme zu halten, für etwas, das es in der ganzen Welt sonst nicht gibt. Andorra ist ein Hort des Friedens, der Freiheit und der Menschenrechte, ein Inbegriff der Unschuld, auf den das Weltgewissen sich berufen kann. Diese Unschuld ist Andorras Schutzhülle, unter der ihm nichts zustoßen kann. Wie Andorra selbst, so sind in der Darstellung dieses Urandorraners auch die Andorraner besser als alle anderen Menschen auf der Welt: nüchtern, schlicht und einfach, deswegen sind sie in der ganzen Welt beliebt wie kein anderes Volk. Die Grundzüge dieses andorranischen Selbstverständnisses sind deutlich: Überheblichkeit, pharisäerhafte moralische Dünkelhaftigkeit und eine zum chauvinistischen Nationalismus gesteigerte Vaterlandsliebe. Dazu gesellt sich der Stolz auf Andorras Kleinheit und Abgeschlossenheit, in der sich die nationale Eigenart unveränderlich erhält. Diese Unveränderlichkeit wird als Wert gesehen, die Gefahr des Eingeschlossenseins in einem Gefängnis und der Erstarrung wird nicht erkannt.

Die Handlung des Stückes beginnt in einem prägnanten Moment: Andorra droht die Gefahr eines Überfalls der Schwarzen. In ihrer Selbstgerechtigkeit glauben aber die Andorraner nicht an die Möglichkeit, daß die Schwarzen es wagen könnten, sie anzugreifen. In der Stunde der Bewährung aber schwindet ihre Bereitschaft, die Freiheit zu verteidigen, dahin, an ihre Stelle tritt der Opportunismus, der sich mit dem Feind ausgleicht und auf Widerstand verzichtet, ja sogar die schwarze Organisation heimlich bewundert; und es kommt zur Kollaboration, damit alles so bleibe, wie es ist: «Wenn die Judenschau vorbei ist, bleibt alles wie bisher. Kein Andorraner hat etwas zu fürchten, das haben wir schwarz auf weiß. Ich bleibe Amtsarzt, und der Wirt bleibt Wirt, Andorra bleibt andorranisch.» (IV, 543) Die prahlerische Einzigartigkeit verwandelt sich in Schwäche, stärker als der Wille zum Widerstand ist das Verlangen nach Verbleiben in der Stagnation des alten Zustandes, wofür sogar das schreiende Unrecht der Judenschau in Kauf genommen wird. Andorra verzichtet auf die Entscheidung um des Gewesenen willen.

Die Aussagen der eigentlichen Andorraner, des Arztes, des Tischlers und des Wirtes zeichnen sich durch ihre Klischeehaftigkeit aus. Wie sie selbst in einem sterilen Traditionalismus gebunden sind, so sind ihre Aussagen über Andorra und seine Einrichtungen und Menschen zu Schablonen, zu bloßen Leerformen erstarrt, die keinen lebendigen Inhalt mehr besitzen. Die Andorraner sind unfähig, die Richtigkeit ihrer Klischees an der lebendigen Wirklichkeit nachzuprüfen. Eine bloße Schablone ist auch das Bildnis vom Juden, das sie mit sich herumtragen. Es ist das überlieferte Bildnis vom feigen, aber ehrgeizigen Menschen, der nicht zum Handwerk, sondern zum Händler- und Maklertum geeignet ist, der kein Vaterland besitzt und kein Gefühl, nur kühlen, zersetzenden Intellekt. Der Doktor ist auch hier das Musterbeispiel des Andorraners, des Besserwissers aus Unfähigkeit und moralischer Borniertheit: «Ich kenne den Jud. Wo man hinkommt, da hockt er schon, der alles besser weiß, und du, ein schlichter Andorraner kannst einpacken. So ist es doch. Das Schlimme am Jud ist sein Ehrgeiz. In allen Ländern der Welt hocken sie auf allen Lehrstühlen, ich hab's erfahren, und unsereinem bleibt nichts anderes übrig als die Heimat. Dabei habe ich nichts gegen den Jud. Ich bin nicht für Greuel. Auch ich habe Juden gerettet, obschon ich sie nicht riechen kann. Und was ist der Dank? Sie sind nicht zu ändern. Sie hocken auf allen Lehrstühlen der Welt. Sie sind nicht zu ändern.» (IV, 490) Mit diesem Bildnis treten die Andorraner an Andri heran.

Gegen ihre konventionelle Selbstsicherheit wendet sich die zornige Frage des Lehrers: «Woher wißt ihr alle, wie der Jud ist?» (IV, 469) Dieser Lehrer ist ein kritischer Geist, der die Fragwürdigkeiten Andorras und der Andorraner längst erkannt hat, ein Fanatiker der Wahrheit, der sich von den staatlichen Schulbüchern keine Wissenschaft vorschreiben lassen will. Andorra ist ihm eine begrenzte Welt der Schranken und Bedingtheiten, welche ihn in seinem Wahrheitsstreben fesseln; ein Gefängnis, aus dem er ausbricht, um in die absolute Freiheit vorzustoßen. Diesen Versuch eines freien Lebens im Raume des Unbedingten unternimmt er in seiner Jugend mit der Senora: «Wir wollten eine andere Welt. Wir waren jung wie du, und was man uns lehrte, war mörderisch, das wußten wir. Und wir verachteten die Welt, wie sie ist, wir durchschauten sie und wollten eine andere wagen. Und wir wagten sie auch. Wir wollten keine Angst haben vor den Leuten. Um nichts in der Welt. Wir wollten nicht lügen. Als wir sahen, daß wir die Angst nur verschwiegen, haßten wir einander. Unsere andere Welt dauerte nicht lang. Wir kehrten über die Grenze zurück, wo wir herkamen, als wir jung waren wie du . . .» (IV, 522) Diese «andere Welt» ist das Sehnsuchtsziel des wahrheitsuchenden Menschen, sie gehört seit den ersten Versuchen zu den festen Beständen von Max Frischs Werk. Es ist eine Welt jenseits der Grenzen des Alltags, der Gewöhnung in einer festen Ordnung und der steten Wiederholung, jenseits des festgelegten Fertigen mit seinen tödlichen Schablonen, es ist ein Reich der blauen Weite und Grenzenlosigkeit des Möglichen und der Seligkeit des Erstmaligen. Alle geistigen Menschen bei Max Frisch, von Jürg Reinhart bis zu Kürmann sehnen sich nach diesem seligen Lande des ganz anderen. So unternimmt auch der Lehrer das Abenteuer des anderen Lebens, das zugleich das Abenteuer der Wahrhaftigkeit ist. Aber das Wagnis des Unbedingten mißlingt, der Lehrer scheitert und kehrt «über die Grenze» zurück in den Bereich des Bedingten, wo er die Wahrheit leugnen muß. An der Grenze gibt er seinen Sohn als Judenbuben aus: «Ich hatte Angst vor ihnen, ja, Angst vor Andorra, weil ich feig war –» (IV, 533) Die Rückkehr über die Grenze ist eine Rückkehr in die Welt des Klischees, der auf immer festgelegten Ansichten und Bildnisse, der unabänderlichen Konventionen, die immer einen Teil der Wahrheit unterdrücken. Es ist die Kapitulation des Lehrers vor Andorra, die sich in der Lüge manifestiert. Als er dann endlich den Mut aufbringt und die Wahrheit bekennt, da ist es zu spät: die Lüge hat die Wahrheit verschlungen, sie wird nicht mehr geglaubt.

Der Lehrer ist der Intellektuelle, welcher der Lüge und der Macht ohnmächtig gegenübersteht, eine Gestalt, die früh in

Frischs Werk auftaucht. Schon in *Nun singen sie wieder* kommt ein Oberlehrer vor, der dem Geiste und der Wahrheit dienen will, aber nicht stark genug ist, der Gewalt zu widerstehen; dessen Humanismus sich als hohl erweist, weil er nicht die Kraft besitzt, den Dämon der Macht zu zähmen oder das Martyrium zu erleiden. «Wäre es wahr, was Sie uns gelehrt haben, all dieser Humanismus und so weiter, wie könnte es möglich sein, daß ich, Ihr bester Schüler, so vor Ihnen stehe, daß ich Sie, meinen Lehrer, wie ein gefesseltes Tier erschießen lasse?» (II, 130) So fragt ihn sein Henker. Die Frage könnte ähnlich auch dem Lehrer von Andorra gestellt werden. Wäre es ihm ernst gewesen mit seinem Wahrheits- und Unbedingtheitsfanatismus, dann wäre er nicht ganz über die Grenze zurückgekehrt; er wäre wenigstens geistig jenseits der Grenze der Lüge geblieben, um in Andorra Zeugnis abzulegen vom unbedingten Geiste und ihn das Leben regieren zu lassen. Bleibt der Geist bloß ästhetischer Geist, unverpflichtet und unverpflichtend, dann ist er verantwortungslos und gerät unter die Herrschaft der Bildnisse und Lügen. Das ist ein Problem, welches Max Frisch ungeheuer beschäftigt: Kultur ohne Verantwortung ist für ihn sittliche Schizophrenie. (II, 628f.) Der Lehrer, der von der anderen Welt der Wahrheit weiß und trotzdem die Lüge vom angenommenen Judenknaben in Andorra in Umlauf bringt, ist in diesem schizophrenen Zustande; es ist ein Zustand völliger Selbst-Entfremdung, den er aus Angst vor der Gesellschaft und ihren Bildnissen selbst verschuldet hat und das auch weiß. «Es bleibt dem Geist, wenn er Geschichte will, nichts als das Opfer seiner selbst», (St. I, 228) sagt der intellektuelle «Heutige» in der *Chinesischen Mauer*.

Aus der Verbindung des Lehrers mit der Senora, die im Zeichen des Unbedingten geschlossen worden, ist also Andri entsprossen. Was wäre aus Andri in der «anderen Welt», welche seine Eltern ursprünglich wollten, wohl geworden? Niemand weiß es, denn er ist ja zurückgenommen und an der Grenze als Judenknabe ausgegeben und gleich von Beginn seines Lebens an unter die Herrschaft der Lüge gestellt worden. In Andorra, dem Lande des Begrenzten und Bedingten, muß er Küchenjunge werden wie ein Fremdarbeiter. «Die Fremden singen» (V, 375) und sind anders als ihre zweckbesessenen Arbeitgeber. Andri ist bei seinem ersten Auftreten von Musik umgeben: «Andri trocknet einen Teller, indem er sich zur Musik bewegt, und verschwindet dann, die Musik mit ihm.» (IV, 464) Das Singen ist Zeichen des Offenen, der anderen Welt, aus der Andri stammt. Bei seinem nächsten Auftritt ist er über der Aussicht, Tischler werden zu können, in einem Zustand namenlosen Glückes. Er möchte «seinen Namen in die Luft werfen wie eine Mütze»; der Name kann eine Fessel sein, Namenlosigkeit ist Freiheit. «So ist Glück.» (IV, 472) Ein Abglanz der anderen Welt, in deren Zeichen Andri noch steht; und er jauchzt, so wie in *Santa Cruz* der Morgen der Abfahrt «ein Morgen voll jauchzender Sonne» (II, 36), wie Maja vor der Fahrt ans andere Ufer «so jubelvoll glücklich» ist. (I, 649) Die Szene ist aber schon umspielt von bedrohlichen Vorzeichen: vom Markten um das Lehrgeld und den Reden des Tischlermeisters, der die Juden zu kennen glaubt und Andri lieber als Makler und Händler sähe, und von den Gesprächen über den möglichen Einfall der Schwarzen und die Bedrohung der Juden. Mitten aus dieser andorranischen Enge und Befangenheit glänzt Andris Glück als ein Strahl aus der anderen Welt. Es ist sein letzter Augenblick reinen Glücks. Die Glocken läuten auch für ihn, er ist nicht mehr der Fremde, denn Tischler ist ja ein andorranischer Beruf, und «nirgends in der Welt gibt es so gute Tischler wie in Andorra». (IV, 489) Die Wahl dieses Berufs ist Andris Versuch, Andorraner zu werden, und er beweist mit seinem Stuhl, daß er der beste Tischler werden könnte. Aber der Meister nimmt die Lehrlingsprobe nicht an, weil ein Jude gar nicht ein Tischler sein kann. Damit setzt die Wirkung des Bildnisses ein, das einen Teil des Menschen zu fesseln beginnt; die Lüge tötet die Wahrheit. Andri wird in den Beruf des Händlers geschoben. Gemäß dem, «was er im Blut hat», (IV, 486) wird er auf einen Weg gewiesen, den er nicht gewählt hat. Damit wird ihm seine Freiheit geraubt. Freiheit ist für Max Frisch immer Freiheit der Wahl, worin sich die Würde des Menschen ausdrückt. Dieser Würde wird Andri beraubt; Leben ohne Wahl ist Leben als Verdammnis.»Ich wollte aber Tischler werden . . .»: (IV, 486) hier beginnt Andris Verdammnis.

Ob Tischler der richtige Beruf für Andri gewesen wäre, bleibt unbekannt: es war ihm ja nicht gewährt, sich darin selbst zu finden und zu bewähren. Aber falsch ist sicher die erzwungene Abwendung davon, denn damit beginnt der Prozeß der Selbstentzweiung und Entfremdung. Die Zweifel an seinem Wesen, an seiner Bestimmung und an seiner Persönlichkeit überhaupt drohen ihn innerlich zu zerreißen: «Immer muß ich denken, ob's wahr ist, was die andern von mir sagen: daß ich nicht bin wie sie, nicht fröhlich, nicht gemütlich, nicht einfach so. Und Hochwürden finden ja auch, ich hab etwas Gehetztes. Ich versteh schon, daß niemand mich mag. Ich mag mich selbst nicht, wenn ich an mich selbst denke.» (IV, 505) Diese Worte spricht Andri in der ersten Unterredung mit dem Pater aus, der ihm helfen will, indem er ihm rät, sich anzunehmen wie er ist. Aber auch der Pater ist vom Bildnis bestimmt: «Wir müssen uns selbst annehmen, und das ist es, Andri, was du nicht tust. Warum willst du sein wie die andern? Du bist gescheiter als sie, glaub mir, du bist wacher . . . Warum soll's nicht auch Geschöpfe geben, die mehr Verstand haben als Gefühl? Ich sage: Gerade dafür bewundere ich euch.» (IV, 507f) «Euch», nicht dich, auch der Pater ist vom verallgemeinernden Bildnis beherrscht. Hier bricht Andri zusammen, aber dann erfolgt die totale Wendung. Während sein Leidensweg beginnt, die Andorraner ihn verraten, schlagen und mit Stiefeln treten, vollzieht sich jene Wandlung, die durch die Annahme des Andersseins vollendet wird: «Ich bin anders . . . Und ich habe keine Heimat. Hochwürden haben gesagt, man muß das annehmen, und ich hab's angenommen. Jetzt ist es an Euch, Hochwürden, euren Jud anzunehmen.» (IV, 526f) Die Annahme des Ichs ist ein wesentlicher Teil der Selbstwerdung, des Identisch-Werdens mit dem wahren Ich. Das empirische Ich wird identisch mit dem intelligiblen Ich. Diese Selbstwahl ist ein Akt der Freiheit. Andri aber ist die Würde dieser Wahl geraubt. Seine Annahme des Ichs in seinem vermeintlichen Anderssein ist ein Akt der Unfreiheit, des Zwanges durch die Gesellschaft und des in ihr herrschenden Bildnisses vom Juden. Mit der ihm eigenen Tapferkeit nimmt Andri sich an, bereit, die damit verbundenen Leiden auf sich zu nehmen. Als ihm mitgeteilt wird, daß er gar kein Jude ist, kann er es nicht mehr glauben, die Wahrheit ist durch die Lüge getötet worden, so daß sie jetzt nicht mehr geglaubt werden kann. Die Opferung der Wahrheit, der Wahl und damit der Freiheit führt Andri in das Verzweifeln am Lebenkönnen in dieser Welt überhaupt. Zuerst hat er den Plan, mit Barblin in eine andere Welt auszuwandern; nach ihrem Verrat oder vermeintlichen Verrat bleibt ihm noch die Möglichkeit, allein auszuwandern, als der andere, der Fremde, aber dann geht er trotzdem nicht: die Freiheit der Wahl ist ihm von innen her geraubt. Diese innere Umwandlung durch den Zwang des Bildes erscheint ihm als Schicksal, unter dessen Zwang er sich sieht: «Ich bin nicht der erste, der verloren ist . . . Ich weiß, wer meine Vorfahren sind. Tausende und Hunderttausende sind gestorben am Pfahl, ihr Schicksal ist mein Schicksal.» (IV, 534) Er teilt das Schicksal der Juden, und der Jude ist der Ausgestossene.

Was Max Frisch vor allem interessiert, ist die Frage, wie es kommen konnte, daß Andri zum Ausgestossenen, zum Verdammten werden mußte. In der Tagebuch-Skizze vom «andorranischen Juden» (II, 372) steht der Satz: «Zu erzählen wäre die vermeintliche Geschichte seiner Herkunft, sein täglicher Umgang mit den Andorranern, die in ihm den Juden sehen: das fertige Bildnis, das ihn überall erwartet.» Es gehört zum Wesen des menschlichen Erkennens, daß sich die Dinge nach eben dieser Erkenntnis richten, daß der Erkenntnisapparat des Menschen die Dinge formt. Dem wohnt die Gefahr inne, daß der Mensch die einmal gewonnene Erkenntnis für absolut gültig erachtet und sie zum Bildnis gerinnen läßt, das fortan unverändert bleibt, in Stagnation gerät und nicht mehr an den Ergebnissen neuer Erkenntnis nachgeprüft wird. Dieses feste Bild vom Menschen ist immer eine Vereinfachung, die die lebendige Wirklichkeit auf wenige, scheinbar typische Züge reduziert. Es wird zum Klischee, zur praktisch verwendbaren Münze; es ist der Tod des Lebendigen, aber es übt eine suggestive Wirkung aus, auf den, der es verwendet und auf den andern, auf den es angewandt wird. Die wesentliche Tatsache von Max Frischs Bildnistheorie ist die, daß das Bildnis den Menschen verformt, verändert, in seinen Bann schlägt und fesselt. Es verunmöglicht die Wahl und zerstört die Freiheit.

Diese Gedanken bilden eine der wichtigsten Grundlagen von Max Frischs Denken. Und so mußte er eines Tages entdecken, daß die Geschichte vom andorranischen Juden, den überall das fertige Bildnis erwartet, ein großer Stoff, ja recht eigentlich *sein* Stoff ist.[6] Die Tagebucheintragung «Du sollst dir kein Bildnis machen», (II, 374) die unmittelbar auf die Skizze vom andorranischen Juden folgt, findet dann auch etwas abgewandelt Eingang in das Stück *Andorra*, wo der Pater an der Zeugenschranke bekennt: «Du sollst dir kein Bildnis machen von Gott, deinem Herrn, und nicht von den Menschen, die seine Geschöpfe sind. Auch ich bin schuldig geworden damals. Ich wollte ihm mit Liebe begegnen, als ich gesprochen habe mit ihm. Auch ich habe mir ein Bildnis gemacht von ihm, auch ich habe ihn gefesselt, auch ich habe ihn an den Pfahl gebracht.» (IV, 509) In *Andorra* erfährt Frischs Bildnistheorie ihre konsequente dramatische Ausgestaltung. Andri ist der Mensch, der durch ein festgefügtes Bildnis, das seinem intelligiblen Wesen keineswegs entspricht, verdammt und zerstört wird. Der namenlos Glückliche des ersten Bildes wird zum an sich selbst zweifelnden Menschen, zum Hasser, der an der Verlogenheit einer gnadenlosen Welt verzweifelt.

Die Zerstörung des Menschen durch das Bildnis ist schon in der Tagebuchskizze als Hauptgegenstand dargestellt. Im ausgeführten Drama wird mit diesem Thema ein zweites verbunden, das für Frisch in der Zwischenzeit an Bedeutung immer gewonnen hat: das Problem der Identität, der Selbstwahl und der Selbstwerdung. Bei seinem Tode ist Andri zwanzigjährig, zu Beginn des Stückes ein junger Lehrling, es setzt also auch für ihn im prägnanten Moment ein, im Lebensalter, in dem die Selbstwerdung sich zu vollziehen beginnt und die wesentlichen Vorbedingungen für diesen langen, vielleicht lebenslangen Prozeß gelegt werden. Zu dieser Zeit gerät er unter die suggestive Wirkung des Bildnisses, das die Gesellschaft sich von ihm macht und das ihn nun wie ein Orakel in seinem weiteren Leben verfolgt, einem Leben, das wie ein Passionsweg erscheint. Er wird in seiner Selbstwerdung gestört, das empirische Ich durch das Bild deformiert. Wie ist Andris wahres Ich? Man weiß es nicht, es bleibt letztlich unbekannt. Doch wird deutlich, daß er anders ist als die Andorraner: schöner, wahrhaftiger und bedeutender; schon deswegen ist er ihnen unbequem und verdächtig, und sie stürzen sich erst recht auf das Judenbildnis, mit dem sie ihn abstempeln können. Andri steht den Andorranern als großer Einzelner gegenüber. Das deutet schon sein Name an: Andri, Andreas enthält den griechischen Stamm andr-, anèr, was der Mann, der tapfere Mann bedeutet, im Unterschied zum Schwachen, zum Feigling. So ist das Bildnis des feigen, vaterlandslosen, makelnden, gefühllosen Händlers, in das er gezwungen wird, seinem innersten Wesen völlig entgegengesetzt, doch läßt es ihn den Weg zu seinem wahren Ich verfehlen. Nach dem totalen Bruch mit Andorra vollzieht er gewiß eine Wahl, die aber unter dem Zwang steht: er wählt das Bildnis statt des Ichs. Aber seine einsame Größe beweist sich trotzdem: er nimmt das Schicksal des Ausgestossenen und Verfemten tapfer auf sich und geht den Weg des Leidens bis zu einem Ende, das ihn noch um seinen eigenen, den wirklichen Tod betrügt. Aber er legt Zeugnis ab von einer Tapferkeit, die seinem Namen Ehre macht und die zu etwas

Größerem als diesem schmählichen Tode ausersehen gewesen wäre. Dieses Ende erzeugt eine echte Erschütterung, *Andorra* ist die Tragödie des mißlungenen Lebens.

Von hier aus wird nun auch noch ein vertieftes Verständnis für die Bedeutung der Form möglich. Die tragische Analysis gestaltet ein vergangenes, längst abgeschlossenes, nicht mehr veränderbares Geschehen. Die tragisch analytische Form des *Ödipus* ist der formale Ausdruck des vom unabwendbaren Schicksal bestimmten Geschehens. Die Form von *Andorra* ist dieser analytischen Form angenähert, auch hier wird ein notwendiges, unabwendbares Geschehen gestaltet; darin offenbart sich die Schicksals-Bedeutung des Bildnisses: an Stelle des antiken Fatums ist hier der orakelhafte Zwang durch das Bildnis getreten. An dieser unerbittlichen Notwendigkeit vermögen auch die die festgefügte Szenenfolge durchbrechenden Zeugenaussagen nichts zu ändern, im Gegenteil, sie verstärken sie nur. Die Hoffnung auf eine Zukunft, in der ein solches Geschehen nicht mehr möglich wäre, zerschlägt sich an der Unwandelbarkeit des andorranischen Menschen. Der Doktor als Urandorraner zeugt dafür: «Nachher ist es immer leicht zu wissen, wie man sich hätte verhalten sollen, abgesehen davon, daß ich, was meine Person betrifft, wirklich nicht weiß, warum ich mich anders hätte verhalten sollen . . . Ich kann nur sagen, daß es nicht meine Schuld ist, einmal abgesehen davon, daß sein Benehmen (was man leider nicht verschweigen kann) mehr und mehr (sagen wir es offen) etwas Jüdisches hatte, obschon der junge Mann, mag sein, ein Andorraner war wie unsereiner.» (IV, 542) Die Menschen haben aus dem tragischen Geschehen nichts lernen können, das Bildnis bleibt in Kraft, und sie würden in Zukunft unter denselben Umständen nach demselben Erlebnismuster handeln, die Tragödie würde sich wiederholen.

Don Juan, Walter Faber und Andri erfahren die Fessel des Bildnisses als Schicksal, doch hat dieses Schicksal den drei Gestalten gegenüber eine verschiedenartige Funktion. Don Juan und Faber schaffen sich ihr Bildnis selbst. Don Juan steht mit seinem selbstverfaßten Bildnis im Kampfe gegen das überlieferte Don Juan-Bildnis, das er zeitweilig als Rolle übernimmt, im Kampf auch gegen die widerstrebende Wirklichkeit. Walter Faber unternimmt es, nach seinem Bildnis die Welt zu formen und verkennt darüber ihr wahres Wesen. Beide vermessen sich, ihr Schicksal ganz allein aus ihrem selbstherrlichen Geiste zu gestalten und verfehlen daher das wirkliche Leben.

Andri wird von einem fremden Bildnis bezwungen, das sich ihm von außen als Schicksal naht und ihn das Leben verfehlen läßt.

Don Juan und Walter Faber sind sich über alle Unterschiede der Herkunft und des Kostüms hinaus brüderlich verwandt. Beide sind sie ganz in sich geschlossene Menschen ohne Du, beide sind sie Fanatiker des Unbedingten. Don Juan findet die Erfüllung seines Unbedingtheitsanspruches in der Geometrie. Wäre er ein Zeitgenosse Fabers, so würde er sich «wahrscheinlich mit Kernphysik befassen: um zu erfahren, was stimmt». (III, 173) Und Faber sieht seinen Wunsch nach dem Unbedingten in der technischen Vollendung des Computers erfüllt. Um der Bedingtheit des Lebens zu entkommen, schlüpft Don Juan in die Rolle des Verführers, die ihm gestattet, ohne sich festzulegen von einem Abenteuer zum andern zu eilen; Faber fliegt als internationaler Techniker ohne festen Wohnsitz von Kontinent zu Kontinent. Beide sind sie Abenteurer, die vor der Bindung in die Episode flüchten. Beide experimentieren sie, sowohl in ihren sinnlichen Abenteuern, als auch in ihren Abenteuern des absoluten Geistes in der Geometrie und der Technik. Ihr Experimentieren ist nichts anderes als ein freies Sich-Bewegen im weit offenen Reich der Möglichkeiten, der fortgesetzte Versuch, das Nacheinander der Zeit aufzuheben und in der Allgegenwart alles Möglichen zu leben (II, 361), ohne den Schritt in die Wirklichkeit und die Entscheidung zu tun. So leben sie beide ein selbstzweckliches geistiges Artistendasein außerhalb der geschichtlichen Verpflichtung.

Im *Don Juan* wird der Gegensatz von Unbedingtheitsanspruch und bedingter Welt komisch gestaltet im immer erneuten Hinausfallen des Helden aus dem Reiche des selbstherrlichen absoluten Geistes in die begrenzte, sinnliche Alltagswelt. Die Geist-Welt als solche bleibt unzerstört erhalten, aber das falsche Bildnis, die Vermessenheit, nur in ihr leben zu wollen, wird komisch evident. – Der *Homo Faber* aber ist ein tragischer Roman. Das falsche Bildnis, nach dem er seine Welt geformt hat und die für ihn die Welt an sich geworden ist, führt ihn in tragische Verstrickung und in tiefste Schuld. Die zweite Station des Romans bringt die Katastrophe zur Erscheinung, in die das Geschehen einmündet. Fabers selbstherrliche Welt ist zusammengebrochen und hat unter ihren Trümmern das Schönste, das in seinem Leben eine erlösende

Wende hätte bedeuten können, begraben. So steht er angesichts des Todes vor dem Nichtwiedergutzumachenden der Zerstörung des Boten der anderen Welt und der Verfehlung des eigenen Lebens. Es ist das eigentliche tragische Thema von Frischs Denken. Faber ist schuldig; er trägt die Schuld an Sabeths Tode und am Mißlingen des eigenen Lebens. Diese Schuld ergibt sich folgerichtig aus dem selbstgeschaffenen Bildnis, in dessen Zeichen sein Leben gestanden ist. Ihr wird im Tode die Reue folgen, daß der einzige Weg zur Erlösung versäumt worden ist und der Tod kein wirklicher Tod ist.

Auch Andri ist ein Fanatiker des Unbedingten: der Unbedingtheit des Glückes, der Wahrheit, der Liebe und der Hingabe. Der Hauptwunsch des jungen Menschen, der schon das Zeichen des Überdurchschnittlichen und Außergewöhnlichen trägt, ist es, sich zu binden im Beruf, in der Ehe und im heimatlichen Andorra. Doch das Schicksal in der Gestalt des fertigen Bildnisses, «das ihn überall erwartet», reißt ihn aus allen Zusammenhängen und Bindungen heraus und verweist ihn auf sich selbst. Es raubt ihm die Gemeinschaft, die Liebe und die Freiheit. Trotzdem flieht Andri nicht, sondern stellt sich dem fremden Schicksal und zeigt gerade in seiner Grenzsituation die ihm eigene Größe, welche den andorranischen Alltag überragt und stört und ihn zum tragischen Helden werden läßt. Mitten im größten Zwang, in der eisernen Umklammerung durch das Schicksal, das ihn äußerlich und innerlich fesselt, gewinnt er eine neue Freiheit, indem er das fremde Schicksal, das Schicksal der Hunderttausende, die am Pfahl gestorben sind, annimmt. Damit erhebt er sich über seine Gegner und ist noch einmal der große andere, der untergehend von der anderen Welt Zeugnis ablegt. Durch die Annahme dieses Schicksals stellt sich Andri der Geschichte und übernimmt vor ihr die Verantwortung für seine ihm von außen abgezwungene «Selbst»-Annahme; er übernimmt damit auch die Schuld am eigenen grausamen Untergang. Doch ist das eine Schuld, an der er nicht schuld ist, weil sie allein durch das schicksalgewordene Bildnis verursacht worden ist. Aber dadurch, daß er sie trotzdem auf sich nimmt, gewinnt er seine neue Freiheit. Er ist der unschuldig Schuldige wie Ödipus, der freiwillig seinen Leidensweg beschreitet.[7]

3. Die Befreiung vom Bildnis

Die Chinesische Mauer

Die im Stück *Andorra* verwendete Dramaturgie konstruiert das Geschehen so, daß der Ablauf der Begebenheiten und Entwicklungen unter den gegebenen Umständen als notwendig und gesetzmäßig zwingend erscheint. Max Frisch nennt sie eine Dramaturgie der Fügung oder der Peripetie, weil sie den Eindruck erweckt, daß die Handlung nur gerade so und nicht anders verlaufen kann. Diese Dramaturgie der Notwendigkeit, welche den Zufall ausscheidet und deren Grundgesetz das der strengen Causalität ist, ist die Dramaturgie des klassischen Dramas; Max Frisch hat sie außer in *Andorra* auch in *Biedermann und die Brandstifter* und wenigstens teilweise im *Don Juan* angewendet. Aber trotzdem bekennt er, daß sie ihn als klassisches Erbe formal belastet. «Wir kennen sie nämlich, verstehen sie auch als die verbindliche Spielregel eines Glaubens, den wir verloren haben.» (V, 366 f) Es ist der Glaube an eine feste Weltordnung, an eine von einer göttlichen Vernunft geleitete und durchwaltete Welt. Aristoteles war von diesem Glauben erfüllt, und auch Lessing hatte ihn noch, daher bedeutete für ihn das Kunstwerk einen Schattenriß der Schöpfung, die Dramaturgie der Notwendigkeit war für ihn nur der formale Ausdruck der göttlichen Ordnung der Welt. Dieser Glaube ist der Moderne längst abhanden gekommen, und die Wandlungen der dramatischen Form vom Ende des 19. Jahrhunderts bis in die Gegenwart sind durchaus im Zusammenhang mit dem zunehmenden Glaubensverlust dieses Zeitabschnittes zu verstehen.

Damit stellt sich die Frage, ob die am Ende des vorangehenden Kapitels durchgeführte Deutung der dramatischen Form von *Andorra* denn noch legitim sei, ob die aus dem deutschen Idealismus stammenden Begriffe von Tragödie, tragischem Geschehen und tragischer Schuld auf ein Werk des dem klassischen Erbe gegenüber so skeptischen Max Frisch überhaupt anwendbar seien. Der Glaube an eine göttliche Weltordnung ist in Max Frischs Denken kaum mehr als selbstverständlich vorauszusetzen, der Glaube an ein transzendentes Schicksal oder eine göttliche Vorsehung sind vollends verloren gegangen. Trotzdem konstruiert er *Andorra* konsequent nach den Gesetzen der Dramaturgie der Peripetie, und das aus guten Gründen. Die Handlung in diesem Stück läuft mit strengster Notwendigkeit ab, und es braucht dazu kein Fatum als leitende Instanz; Max Frisch findet eine neue, moderne Form des Schicksals, es ist das fertige, seit Jahrhunderten überlieferte Bildnis, welches das Denken und Handeln der Andorraner vorbestimmt und über sie den Lebensweg des Andri so determiniert, daß er nicht anders denn als irreversibler Prozeß ablaufen kann. Dieses moderne Schicksal verbindet aber Max Frisch wiederum mit dem antiken Begriff des Orakels, wodurch die entsprechende Wirkungsweise evident wird. Zur Gestaltung der Andri-Handlung bietet sich ihm als einzige adäquate Form die Dramaturgie der Peripetie an, und zwar in der besonderen Form der Analysis, die allein schlüssiger Ausdruck der Irreversibilität des Geschehens sein kann. Es ist die Form, die sich immer dann aufzwingt, wenn sich ein von irgendeinem Schicksal gezeichneter Vorgang abspielt. Sie ist von überzeitlicher Gültigkeit.

Wenn nun Max Frisch seine Skepsis gegenüber der Dramaturgie der Fügung ausspricht und sie durch eine andere ersetzen möchte, dann drückt sich darin zweifellos der tieferliegende Wunsch aus, die unerträgliche Herrschaft des Bildnisses zu brechen und eine dramaturgische Form zu finden, welche die Freiheit der Wahl und die Möglichkeit der Wiederholung der Wahl gestalten könnte. Die Darstellung des Versuchs, sich von der Schicksalsmacht des Bildnisses zu befreien, erfordert eine neue Dramaturgie; Max Frisch formuliert das Suchen nach ihr an verschiedenen Orten: in der «Schillerpreis-Rede» 1965, in einem 1969 erschienenen Briefwechsel mit W. Höllerer (*Dramaturgisches*) und im neuen *Tagebuch*. Aber schon zwanzig Jahre früher erscheinen Ansätze zu einer neuen Dramaturgie in dem Stück, das er «Eine Farce» nennt: *Die Chinesische Mauer*.

Der chinesische Kaiser Hwang Ti kehrt nach siegreichem Feldzuge in seine Residenz zurück. Alle Feinde sind geschlagen, das Reich ist vollkommen, und damit nun alles ungestört bleibe, wie es ist, wird die Mauer um das Reich gebaut. Ein einziger Feind lebt noch, der Dichter Min Ko, der die Wahrheit spricht und das Volk mit seinen Liedern zum Aufstand gegen den Gewaltherrscher aufruft. – Im Kriege hat sich der Prinz Wu Tsiang ausgezeichnet, er soll nun die Kaiserstochter, die Prinzessin Mee Lan heiraten; diese aber liebt Min Ko, den sie als Narren am Hof einführt und weist Wu Tsiang ab. Dieser stellt sich an die Spitze des Volkes und führt den Aufstand gegen den Kaiser, um selbst Gewaltherrscher zu werden.

Dieser Stoff vom Gewaltherrscher, der durch einen anderen gestürzt wird, könnte ohne Schwierigkeiten nach dem Muster der klassischen Dramaturgie der Peripetie gestaltet werden als ein einmaliges, unveränderbares Geschehen; als Parabel- oder Lehrstück über das Schicksal des Usurpators, der sich durch Versprechen bindet und dann nicht Wort hält, wobei die Fabel als unter den gegebenen Umständen zwangsläufig demonstriert würde. *Biedermann und die Brandstifter* ist das Musterbeispiel eines solchen Parabelstückes. Aber Max Frisch gesteht später sein «zunehmendes Unbehagen an der Parabel» (*Dram,* 18) ein: «Die Parabel tendiert zum Quod erat demonstrandum, sie impliziert Lehre, unweigerlich wird sie didaktisch . . . Die Parabel geht meistens auf. Hang zum Sinn. Sie täuscht Erklärbarkeit vor, zumindest Zwangsläufigkeit. Sie gibt sich gültig, indem sie zugleich vage bleibt.» (*Dram,* 18 f) Lange vor diesen theoretischen Erwägungen gibt Max Frisch seinem chinesischen Stoff eine Form, welche ihn zu etwas ganz anderem als einem Parabelstück gestaltet. Durch einen dramaturgischen Kniff verbindet er mit der chinesischen eine zweite Handlung: Am kaiserlichen Hofe wird zur Feier des Sieges ein Maskenball veranstaltet, und die Geladenen sind Masken historischer Gestalten aus allen Zeiten, die nun ständig die chinesische Handlung durchspielen und durchtanzen. Dadurch wird der Wirklichkeitsgehalt dieser chinesischen Handlung immer wieder aufgehoben, er wird zum Schein, enthüllt sich als bloßer Mummenschanz. «Die einzige Realität auf der Bühne besteht darin, daß auf der Bühne gespielt wird. Spiel gestattet, was das Leben nicht gestattet. Drum brauchen wir es ja so dringlich. Was zum Beispiel das Leben nicht gestattet: daß wir die entsetzliche Kontinuität der Zeit aufheben; daß wir gleichzeitig an verschiedenen Orten sein können. (*Dram,* 16 f) Und in verschiedenen Zeiten, müßte beigefügt werden. Das ist genau, was die Maskenhandlung realisiert; dadurch wird die scheinbare Einmaligkeit des historischen Geschehens aufgehoben. Durch die Gleichzeitigkeit der Gestalten von zweihundert vor bis zweitausend nach Christi Geburt wird das scheinbar Einmalige relativiert; die Wiederkehr des Gleichen, das Kreisförmige der historischen Bewegung wird enthüllt.

Die Masken in Max Frischs Spiel haben dramaturgisch dieselbe Funktion wie in Piscators Inszenierungen die Projektionen und der Film, verfolgen aber eine andere Absicht. Der Berliner Regisseur Erwin Piscator verwendete in seinen Inszenierungen während der zwanziger Jahre als erster den Film. Er ergänzte und kommentierte damit die Bühnenhandlung. Seine Grundabsicht war die Steigerung der Szene ins Historische: das Bühnengeschehen, das Szenisch-Individuelle soll in seiner Abhängigkeit von den es bedingenden historischen, politischen, ökonomischen und sozialen Gegebenheiten gezeigt und erklärt werden. Mit einfacheren Mitteln aber gleichem Endziel geht Brecht vor.

Piscator und Brecht zeigen die Ursachen, welche eine bestimmte Handlung haben entstehen lassen, demonstrieren, daß sie zwangsläufig so und nicht anders hat verlaufen müssen. Etwas ganz anderes geschieht nun bei Max Frisch: die Masken sind nur wechselnde historische Hüllen für das immer Gleiche, das sich immer wiederholt. Das einmalige Geschehen, dem man als solchem einen Sinn unterschieben könnte, einfach weil es geschehen ist, wird in seiner Sinnlosigkeit gezeigt, als eine ergebnislose Kreisbewegung. Die Maskenhandlung vollzieht nicht die Erhebung der Szene ins Historische, sondern vielmehr über alles Historische empor, damit sie durchschaut werde. Sie demonstriert, daß es schon oft so geschehen ist, daß es aber nicht so hätte geschehen müssen und nie mehr so geschehen dürfte. Brecht verkündet die Lehre von der Veränderbarkeit der Welt und der sittlichen Pflicht des Menschen, sie gemäß der bekannten Ideologie zu verändern, damit sich dann der Mensch in einer neuen Welt neu gestalten kann. Max Frisch relativiert das chinesische Geschehen durch die Bewußtmachung typisch menschlicher Verhaltensweisen, welche immer wieder die Veränderung der Welt verunmöglichen. Der Mensch muß sich wandeln, damit er die Welt verändern könne.

Die chinesische und die Maskenhandlung bilden zwei Handlungsebenen, zu ihr kommt eine dritte durch den jungen Mann von heute. Er fungiert als Spielleiter, ist der alles Wissende, der sich in allen Zeiten bewegen kann, das Spiel und seine Personen kennt und überblickt. Er ist zugleich der Dichter Min Ko, der die Wahrheit kennt; er ist die bei Max Frisch immer wieder vorkommende Figur des Intellektuellen, der die Menschen aus ihrer Blindheit zur Wahrheit führen soll. Von hier aus ist seine Beziehung zu Mee Lan zu verstehen. Mee Lan ist die chinesische

Prinzessin, die am Hofe ihres Vaters ein wesenloses Dasein führt: «Ich weiß nicht, wer ich bin, wo ich bin; es wundert mich oft, daß ich atme.» (*CM* I, 44) Unter dem Einfluß von Min Ko, den sie liebt, beginnt sie ihr Dasein zu durchschauen und erkennt, daß sie bisher unter dem Zwang eines Bildnisses gelebt hat, demjenigen der Prinzessin, das sie gehindert hat, zu ihrem wahren Ich zu gelangen. Die Liebe erlöst sie von der Fessel dieses Bildnisses und führt sie auf den Weg zu sich selber, was sich sichtbar darin ausdrückt, daß sie ihr chinesisches Kostüm mit einem modernen Abendkleid vertauscht. Keiner anderen Person gelingt diese Befreiung; sie bleiben gefesselt in ihrem vom Bildnis bestimmten Rollendasein. Nur zwei Gestalten machen von Anfang an eine Ausnahme: Romeo und Julia, die Liebenden. Sie brauchen sich nicht zu wandeln, da ihre Liebe sie vor der Fessel des Bildnisses bewahrt; so kann Julia ausrufen: «So lange ich liebe, ich fürchte mich nicht vor der Geschichte der Menschen. Wir brauchen sie nicht. Wir und die Sonne, die leuchtet, wir und die Sterne, die schweigen, wir wandeln durch wandelnde Zeiten und wandeln uns nie –» (*CM* I, 106) Gerade dem Liebenden, Romeo, ist die Einsicht in das Wesen des Todes und die wechselseitige Verschränkung von Leben und Tod gewährt, die er am Anfang des Spiels ausspricht: «Das ist die Angst vor dem Tod; daß der Tod nicht einfach das Ende ist, sondern das Endlose ohne Veränderung. Nur das Leben hätte uns befreien können von unserer Geburt, die Frist unseres Lebens; nachher bleibt alles wie eh!» (*CM* I, 18) Das ist der dunkle Hintergrund, vor dem sich das bunte Maskentreiben und die Farce der chinesischen Handlung abspielen. Von Romeos Rede aus sind auch die Maskengestalten zu verstehen: alle haben sie unter der Herrschaft eines Bildnisses gelebt, im entscheidenden Augenblick ihres Lebens versagt und ihr Leben verfehlt, so daß daraus kein wirklicher Tod zustandekommen konnte. Sie sind Verdammte, gequält von der Reue und dem unabdingbaren Wissen, daß sie den einzigen Weg zur Erlösung, das Leben, versäumt haben. Der ganze Maskenball ist ein Totentanz, wie Don Juan feststellt, (*CM* I, 85) die Totentanzfiguren relativieren die chinesische Handlung und stellen deren machtgierige, bildnisbesessene Gestalten in Frage und entlarven aus der Todesperspektive heraus ihr falsches Leben. Der Unterschied zu Brecht wird deutlicher denn je: es geht Max Frisch nicht primär um die Veränderung der Gesellschaft und der ökonomischen Verhältnisse, sondern um die Veränderung des Menschen, um die Befreiung vom Bildnis, das ihn hindert, wirklich zu leben und wirklich zu sterben.

1945 fielen die ersten Atombomben auf Hiroshima und Nagasaki und forderten über hundertfünfzigtausend Tote und ebensoviele Verletzte, und 1946 fiel die erste Atombombe einer amerikanischen Versuchsreihe auf Bikini. An diesen beiden Ereignissen entzündet sich Max Frischs Geist: Auf der einen Seite das Furchtbare des sinnlosen Todes all dieser Menschen, der nicht ihr eigener, nicht ein wirklicher Tod sein konnte, und auf der anderen Seite das Großartige, daß der Mensch kann, was er will: «Die Sintflut wird herstellbar. Das ist das Großartige. Wir können, was wir wollen, . . . am Ende unseres Fortschrittes stehen wir da, wo Adam und Eva gestanden haben; es bleibt nur noch die sittliche Frage. Vielleicht dürfte man nicht von Freude reden; es tönt nach Zuversicht oder Hohn, und eigentlich ist es keines von beiden, was man beim Anblick dieser Bilder (von Bikini) erlebt; es ist das erfrischende Wachsein eines Wanderers, der sich plötzlich an einer klaren und deutlichen Wegkreuzung sieht, das Bewußtsein, daß wir uns entscheiden müssen, das Gefühl, daß wir noch einmal die Wahl haben und vielleicht zum letztenmal; ein Gefühl von Würde; es liegt an uns, ob es eine Menschheit gibt oder nicht.» (II, 401) Aus dieser Erlebnis- und Gedankenwelt ist 1945/46 *Die Chinesische Mauer* entstanden. Romeo, dem Liebenden, leiht der Autor als einziger Spielfigur das Wissen um das, was auf dem Spiel steht, er verleiht ihm jene Vision einer menschen- und geistlosen Erde: «Gestern habe ich von unserer Erde geträumt, wie sie aufgeht als Mond, ja, nur dreizehnmal größer; wie sie plötzlich über uns schwebt, ein Ball, lautlos und ohne Gewicht: ich sehe ihr langsames Kreisen, ringsum die Leere, das All, die Finsternis, ich sehe die bleiche Grelle ihres Tages, die streifenden Schatten der Gebirge, die dunkleren Meere dazu, Wolken wie silberner Schimmel, ich sehe die Inseln, wie sie der wandernde Morgen erreicht, Griechenland, Europa: namenlos, menschenlos, geistlos –» (*CM* I, 17) Diese Worte stehen zu Beginn des Spiels und schließen es auch ab. Vor der metaphysischen Instanz des Todes also spielt sich das Theater der Welt ab: das verblendete Tun des Kaisers und des Prinzen, der ohnmächtige Tanz der Masken. Und während die chinesische Farce von neuem beginnt, formiert sich die Polonaise der Masken, «die sich im Kreise bewegt: in der Art einer Spieluhr, die immer den gleichen Ablauf wiederholt». (*CM* I, 129) Schlüssiges Gleichnis für die Ohnmacht der Verdammten, die immerzu dieselben Worte wiederholen.

Welches aber ist der Weg, der hinausführt aus dem geschlossenen Kreis der Farce in die Wahrheit des wirklichen Lebens? Der intellektuelle Heutige, dem Max Frisch das Alter gibt, das er selber 1945 hatte, der alles weiß und in der chinesischen Handlung den weisen Narren spielt, der junge Mann von heute weiß keine Antwort und schweigt. Max Frisch bietet keine fertige Lösung an, weil er eine fertige Ideologie nicht zur Verfügung hat und auch nicht mag, was ihn wiederum von Brecht unterscheidet. «‹Zu fragen bin ich da, nicht zu antworten.› Als Stückschreiber hielte ich meine Aufgabe für durchaus erfüllt, wenn es einem Stück jemals gelänge, eine Frage dermaßen zu stellen, daß die Zuschauer von dieser Stunde an ohne eine Antwort nicht mehr leben können – ohne ihre Antwort, ihre eigene, die sie nur mit dem Leben selber geben können.» (II, 467) Gerade aus dem Stück *Die Chinesische Mauer* erschallt eine mächtige Aufforderung an den Zuschauer, mit dem Leben zu antworten; sie erklingt vielleicht am deutlichsten und ganz unmittelbar aus den Worten der Mee Lan: ihre Wandlung hat sich vollzogen, sie ist bereits im modernen Abendkleid und hat eben den Prinzen gefragt: «Warum machen wir eine Farce aus unserem Leben?» Und nun tritt sie an die Rampe und ruft den Zuschauern zu: «O ja, es ist grauenvoll, wenn wir auf einmal erfahren, daß wir nicht leben, nicht wirklich, und dennoch verrinnt unsere wirkliche Zeit! So oft ich das Gesicht eines Toten erblickte, meiner Mutter zum Beispiel, warum hatte ich jedesmal diesen Schrecken, so ein peinliches Gefühl: wir haben Mummenschanz getrieben? Warum machte meine Mutter, da sie tot war, plötzlich so ein anderes Gesicht: als hätte sie zum erstenmal ein Wirkliches erlebt? Warum lassen wir uns nicht fallen aus allen Redensarten, die nicht das Leben sind? Wir stürzen nie tiefer, o Freunde, als in das eigene Herz. Das aber ist das Erwachen, der Augenblick, da man in Wahrheit geboren wird, der Augenblick, da man weiß, daß man ist: vielleicht sehr klein, erbärmlich und verzweifelt, aber man ist. Man tut nicht mehr, als ob man ein anderes wäre, eine Prinzessin von China! man ist.» (*CM* I, 92) Das ist, abgesehen von den exponierenden Erklärungen des Heutigen im Vorspiel, die einzige Rede, welche die Rampe überspricht und sich unmittelbar ans Publikum wendet. Max Frisch hat sich zur Zeit der Entstehung der *Chinesischen Mauer* im Tagebuch kritisch zu der Manier, die

Rampe zu überspielen, geäußert und festgestellt, daß ein Dichter, der die Rampe niederreiße, letztlich sich selbst aufgebe: «Die Selbstaufgabe der Dichtung, die ihre Ohnmacht erkennt, ihre Ohnmacht zeigt, hat etwas von einem letzten Alarm, der ihr möglich ist –.» (II, 403) Die Rede der Mee Lan hat durchaus den Charakter eines solchen Alarmrufes, eines beschwörenden Appells an den Menschen des 20. Jahrhunderts, sich des Augenblicks, da er kann was er will, würdig zu erweisen durch die Wahl: die Wahl und Annahme des eigenen Ichs, das hinter allen Redensarten und Bildern lebt und allein fähig ist, die humane Welt zu retten. Der Aufruf der Mee Lan ist zusammenzuhören mit den visionären Worten Romeos, die das Spiel umrahmen.

Das Erlebnis des Weltkrieges und seines Endes mit Hiroshima und dem Neubeginn von Bikini veranlaßten in Max Frisch die Erkenntnis der Notwendigkeit einer radikalen Neubesinnung des Menschen auf seine nur ihm eigene Würde der Wahl, der Freiheit der Entscheidung, ob die Welt weiterhin bestehen solle oder nicht. Aus dem Wunsch des Stückeschreibers, diese existentielle Situation des modernen Menschen für die Bühne zu gestalten, ergab sich die Forderung nach einer neuen dramatischen Form, welche ermöglicht, die Notwendigkeit eines festgelegten Handlungsverlaufes in Frage zu stellen. So ist als Ansatz zu einer neuen Dramaturgie die Form der *Chinesischen Mauer* entstanden, mit der Infragestellung der Zwangsläufigkeit des Ablaufs der chinesischen durch die Maskenhandlung, mit der Aufhebung der Kontinuität der Zeit und mit der Gestalt des Heutigen, der souverän in allen Zeiten heimisch ist und in sie hineinwirken kann. Aus dieser Form wird sich später die Dramaturgie der Permutation herausbilden.

Diese Ausführungen stützen sich auf die erste Fassung des Stückes von 1945/46. Neun Jahre später folgte ihr die neu bearbeitete zweite Fassung. Verschiedene Partien, welche durch ihren unmittelbaren Erlebnisgehalt besonders wirksam erschienen sind, fehlen in ihr, so Romeos Todesvision und Mee Lans Rede an das Publikum, in der sie zum Erwachen in die Wirklichkeit auffordert. Aus dem jungen Mann von heute, der zugleich der Dichter Min Ko ist, wird der intellektuelle Doktorjur mit seinen ausgeprägten Neigungen für moderne Physik, die er der von ihrem ersten Auftritt an höchst emanzipierten und ihrer chinesischen Verkleidung bewußten Mee Lan gegenüber ausspielt. Aus den Totentanzfiguren werden die Gestalten, welche unser abendländisches Bewußtsein bevölkern und aus der Hölle der Literatur kommen und auch mit größter Virtuosität deren Sprachen sprechen. Im Gegensatz zu der ersten Fassung macht der Autor jetzt reichen Gebrauch von verfremdenden Effekten: die chinesischen Personen wie die Masken übersprechen die Rampe und wenden sich direkt ans Publikum, sie treten aus dem Spiel heraus und fallen aus ihren Rollen. Dadurch entlarven sie sich immer wieder als verkleidete Menschen des 20. Jahrhunderts, das Theater verrät sich als Theater und enthüllt die Welt als Theater. Die Maskenhandlung verliert ihren metaphysischen Bezug und auch ihre eindeutige Funktion der Relativierung und Infragestellung der chinesischen Handlung, da deren Personen sich ja selbst schon dauernd in Frage stellen. Die Masken als Gestalten, die sich aus unserem Bewußtsein gelöst und gleichsam selbständig gemacht haben, büßen ihre historische Repräsentanz ein und werden auch nicht zu allegorischen Figuren; sie führen ihr selbstbezogenes, gespensterhaftes Wesen und erscheinen schließlich als bloße Analogien der chinesischen Personen in anderer Verkleidung. Das Ganze wird zum höchst artistischen Spiel mit Kostümen, Sprachen, Rollen und Zeiten, zum «großen, historischen Kostümfest», wie Beda Allemann sagt,[1] in dem «die absolute Narrenfreiheit . . . zur Verwirklichung des Komödienhaften beansprucht wird». Gewiß bleibt das ernste Grundanliegen bestehen: aus der Unwandelbarkeit des sinnentleerten Kreislaufes der Handlungen ertönt die Aufforderung an den Zuschauer, den Kreis zu durchbrechen und neu zu beginnen bei der Wahrheit und Entscheidungsfreiheit des eigenen, verantwortungsbewußten Ichs. Aber der Appell verliert etwas von seiner Eindeutigkeit in dem verwirrenden und fast selbstherrlich gewordenen Form- und Denkspiel. Aus dem allegorischen Weltspiel ist eine Travestie geworden mit ihrem freien Spiel der Möglichkeiten.

Die in der *Chinesischen Mauer* thematisch und formal angelegten neuen Möglichkeiten zur Befreiung vom tödlichen Zwang des Bildnisses werden in den folgenden dramatischen Werken vorerst nicht weitergeführt. *Don Juan oder Die Liebe zur Geometrie, Biedermann und die Brandstifter* und *Andorra* erhalten durch die Anwendung der Dramaturgie der Notwendigkeit den ihren inhaltlichen Gegebenheiten adäquaten formalen Ausdruck. Der *Graf Öderland* realisiert weder inhaltlich noch formal Neues. Der Ausbruch des unheilbar Verfremdeten aus der unerträglichen Starrheit und Enge einer bloß zweckbestimmten Alltagsordnung in das ferne, blaue Sehnsuchtsland der offenen Möglichkeiten und der Abenteuer ist als Stationenstück gestaltet, von der Art, wie sie im Expressionismus häufig erscheint. Georg Kaisers *Von morgens bis mitternachts* ist thematisch und formal eine Vorwegnahme des *Öderland*. – Erst in *Biografie* werden die in der *Chinesischen Mauer* erstmals versuchten Möglichkeiten wieder aufgenommen und zu einem durchdachten, formal und thematisch gleichermaßen leistungsfähigen und neuartigen Dramaturgiemodell ausgestaltet. Auf dem Wege zur *Biografie* stehen nun aber die beiden Romane *Stiller* und *Mein Name sei Gantenbein,* welche zum Thema von der Befreiung vom Bildnisse stofflich und formal Wesentliches und Neues zu bieten haben und daher für die Entstehung des Biografie-Spiels von größter Bedeutung sind.

Stiller

Der Roman *Stiller* wird vorgelegt als Tagebuch eines Gefangenen, der mit einem auf den Namen James Larkin White lautenden USA-Paß aus Neu Mexico in die Schweiz gereist und auf Grund seiner Ähnlichkeit mit dem Bildhauer Anatol Ludwig Stiller verwechselt und nach seiner Einreise in der Schweiz verhaftet worden ist, weil eben dieser Stiller der Spionage verdächtig war. Das ist die Ausgangssituation, aus der heraus sich sowohl die Form wie auch Thema und Inhalt des Romans ergeben: White behauptet, nicht Stiller zu sein, und die offizielle Welt steht im festen Glauben, daß er der seit sechs Jahren verschollene Bildhauer sein muß. Zur Stützung seiner Behauptung soll White sein Leben niederschreiben, während das Gericht durch Beizug von Zeugen und von deren Darlegungen die Identität Whites mit Stiller beweisen muß.

«Ich bin nicht Stiller.» Diese dann immer wiederholte Aussage steht zu Beginn des Romans; da aber das Gericht den Beweis erbringen will, daß der Gefangene eben doch Stiller ist, wird er während der Niederschrift seines Lebens ständig mit dem Leben Stillers, den er nicht zu kennen vorgibt, konfrontiert. Sein anschwellendes Tagebuch enthält einerseits Aufzeichnungen über Erlebnisse in der Gegenwart der Gefangenschaft, Rückblicke in seine amerikanische Vergangenheit und Geschichten aus dieser

Zeit, die er Besuchern erzählt; andererseits enthält es Berichte über das Leben Stillers, so wie es ihm von den Gewährsleuten des Gerichts überliefert wird. So entsteht die ganz besondere Form dieses Romans. Der Berichterstatter White ist das Erzähl-Ich des Romans. Der eigentliche Romanheld, um den sich alles dreht, ist Stiller. Da White Stiller nicht zu kennen vorgibt, muß ihm als einem Fremden das Leben des verschollenen Bildhauers erzählt werden, worauf er das Gehörte als gleichsam Unbeteiligter seinem Tagebuch anvertraut. Durch diese Grundfiktion wird die einzigartige Erzählsituation möglich, daß ein Mensch über sich selber wie über einen Fremden berichten, sich selbst von außen betrachten kann. Tatsächlich handelt der ganze Roman vom Problem der Identität des Erzähl-Ichs mit dem Roman-Ich.

Der ständig aufrechtgehaltenen Behauptung «Ich bin nicht Stiller» stehen die offiziellen Akten gegenüber: die durchgeführten Behauptungen des Angeklagten und die Beweisführung des Gerichts ergeben zwei getrennte Handlungsstränge, die zwar vom gleichen Ich berichtet werden, aber über eine weite Strecke nebeneinander verlaufen, bis sie schließlich zusammenfließen, um dann endlich in die eine Kernpartie einzumünden. Es ergeben sich drei Zeitebenen: die Gegenwart des Gefangenen, von der aus er das Ganze überblickt, die amerikanische Vergangenheit Whites und die vorhergehende Vergangenheit Stillers. In der Kernstelle holt die frühere die spätere Vergangenheit ein, und beide werden in die Gegenwart hereingenommen.

«Ich bin nicht Stiller!» Dieser verzweifelte Ausruf ist Ausdruck der äußersten Entfremdung eines Menschen von sich selbst und von der Welt. Sie ist der Zustand eines Verirrten, der sein seelisches Gleichgewicht seit langer Zeit und völlig verloren hat. Die Entwicklung beginnt in früher Jugend und wird durch Andeutungen sichtbar: der begabte und originelle Knabe schließt sich während langer vaterloser Jahre ganz der Mutter an, die ihn an sich zieht und verwöhnt; so wird er ein völlig anderer Mensch als sein höchst sachlicher jüngerer Halbbruder. Er wird Künstler, Bildhauer, ein weicher, schwankender Mensch mit viel Charme, der aber zutiefst unsicher ist, sich nicht festlegen kann und daher nie in der Gegenwart, sondern immer in der Erinnerung und der Hoffnung lebt. Er ist ein Mensch wie Rip van Winkle, der mit seiner Wirklichkeit nicht fertig wird, weil er mehr in seinen Gedanken lebt: «Stets hatte er ein wenig Angst vor der Welt . . . und brauchte es sehr, daß die Leute ihn mochten.» (III, 424) Stiller will zwar nicht wie sein märchenhaftes Abbild im Hörselberg seiner Gedanken versinken und sein Leben verschlafen und damit versäumen; aber er ist auch nicht recht glücklich, weil er von sich mehr erwartet, als er geben kann. Er sieht dem homosexuellen Musiker ähnlich, der nicht mit seiner Schwäche leben und daher sich selbst nicht annehmen konnte und in den Tod ging. An diese Möglichkeit denkt auch Stiller. Er ist ein radikal ichbezogener Mensch, der dauernd mit sich selbst beschäftigt und daher von jener Empfindlichkeit ist, die alles immer auf sich selbst bezieht. Er ist ein Egozentriker und Egomane, der sich nicht annimmt: «Er will nicht er selbst sein.» (III, 600) So gerät er unter die Herrschaft von Bildern. Er selber schafft sich das Bildnis vom Künstler, wie es etwa in seinem Atelier Ausdruck erhält, wo man das erregende Gefühl hat, «jederzeit aufbrechen und ein ganz anderes Leben beginnen zu können». (III, 603) Seine Skizzen zeigen mehr Begabung, als er dann im Werk verwirklichen kann; er ist glücklicher im nicht Endgültigen und verspricht mehr, als er dann halten kann. Ob er als Bildhauer wirklich begabt ist, bleibt ungewiß. Aber zum selbstgemachten Künstlerbildnis treten fremde: «Eines Tages erwachst du und liest in der Zeitung, was die Welt von dir erwartet.» (III, 612) Daraus folgt die Verpflichtung zu leidenschaftlicher Arbeit in Hinsicht auf den Erfolg und die Anerkennung der Welt, die sich ein Bildnis vom jungen Künstler gemacht hat, dem er nun gerecht zu werden versucht.

Zu Stillers Künstlerbildnis gehört offensichtlich auch der Marxismus: er scheint «ein sehr naiver Kommunist gewesen zu sein, genauer: ein romantischer Sozialist». (III, 592) So entsteht in ihm ein neues Bildnis, das des aktiven Kämpfers. Er fährt nach Spanien, und sein entscheidendes Soldatenerlebnis aus dem Bürgerkrieg liegt in zwei verschiedenen Fassungen vor. Kurz nach seiner Rückkehr wird er in seinem Atelier beim ersten Zusammentreffen mit Julika von Freunden bedrängt, sein Erlebnis zum besten zu geben: wie er, statt zu schießen, sich von seinen Gegnern fesseln ließ. Auf die Frage, warum er denn nicht geschossen habe, erklärt Stiller, daß er trotz allem Haß gegen den faschistischen Feind die vier Gegner einfach als Menschen gesehen habe, auf die er nicht schießen konnte, was als «Sieg des konkreten Erlebnisses über alles Ideologische» (III, 491) gewertet wird. Doch traut der Leser seiner edlen Darstellung nicht so recht, denn «es war keine unmittelbare Erinnerung mehr, was der junge Bildhauer von sich gab, sondern eine Anekdote». (III, 451) Das unmittelbare Erlebnis ist darin durch das dazwischengetretene Bildnis entstellt worden zum humanen Klischee. Eine wesentlich andere Deutung desselben Erlebnisses bietet Stiller Sibylle bei deren erstem Besuch im Atelier. Jetzt ist seine Handlungsweise ein Versagen, der Verrat eines Feiglings, der die Bewährungsprobe nicht bestanden hat. Aus der oft wiederholten Anekdote ist die persönliche Beichte geworden. Aber jetzt hat Stiller ein anderes Auditorium, und Sibylle gestattet sich ihre eigenen Gedanken über das Gehörte: «Du schämst dich, daß du so bist, wie du bist. Wer verlangt von dir, daß du ein Kämpfer bist, ein Krieger, einer, der schießen kann? Du hast dich nicht bewährt, findest du, damals in Spanien. Wer bestreitet es! Aber vielleicht hast du dich als jemand bewähren wollen, der du gar nicht bist –» (III, 616) Das ist eine Wahrheit, die Stiller gerade nicht hören will, und so wiederholt er «mit apodiktischer Melancholie», daß es ein Versagen war und flüchtet sich in die tragische Pose des versäumten Heldentums. – Tatsächlich sind beide Deutungen Fälschungen, denn Stiller wollte damals am Tajo gar nicht schießen, er wollte vielmehr erschossen werden, um die damals geliebte Anja zu zwingen, sich dann nachher «mitunter» an ihn zu erinnern. Aber niemand erschoß ihn, und er hatte nur die Schmach vor Anja. Die zwei verschiedenen Darstellungen des spanischen Erlebnisses sind nicht objektive Deutungen, sondern bildnisbestimmte, in Hinsicht auf die Wirkung bei der jeweiligen Zuhörerschaft formulierte Gestaltungen. Und sogar Stillers Verhalten während der wirklichen Begebenheit ist nicht spontan und unmittelbar, sondern auch bereits in Hinsicht auf ein anderes gerichtet, nämlich auf die Wirkung auf Anja, ist also bildnisbestimmt.

Bei einer solchen Haltung ist nicht nur das Ich, sondern auch das Du durch das Bildnis bestimmt und wird in eine Rolle gezwungen: «Warum wollte er nicht geliebt werden, nicht wirklich geliebt werden? Es blieb ihr nur noch, die Rolle zu spielen, die Stiller ihr aufzwang, und zu plaudern wie eine Neugierig-Verständnislos-Muntere.» (III, 617)

In beiden Spanien-Varianten geht es Stiller weniger um den Wahrheitsgehalt, als vielmehr um die Wirkung auf die Zuhörer; weder in der einen noch der andern Version ist der wahre Stiller enthalten, sondern immer nur das Bildnis, in dem er seinen Zuhörern erscheinen will; immer aber ist sein Leiden spürbar, nicht ganz der zu sein, der er sein möchte. Der Staatsanwalt liefert dazu den treffenden Kommentar, indem er von der vernichtenden Wirkung der Selbstüberforderung spricht, die zur Selbstentfremdung und zum schlechten Gewissen führt: «Einer nimmt es sich übel, kein Genie zu sein, ein anderer nimmt es sich übel, trotz guter Erziehung kein Heiliger zu sein, und Stiller nahm es sich übel, kein Spanienkämpfer zu sein . . . Wir sehen wohl unsere Niederlage, aber begreifen sie nicht als Signale, als Konsequenzen eines verkehrten Strebens, eines Strebens weg von unserem Selbst.» (III, 669)

Der ganze, für Max Frisch so primär wichtige und bedeutungsvolle Problemkreis des Bildnisses und seiner Wirkung wird im Roman *Stiller* in seiner komplexen Vielgestaltigkeit dargestellt. Stiller macht sich Bildnisse von sich selbst und von der gewünschten Wirkungsweise auf die Welt: auf Künstler, Freunde und Gegner, auf das Publikum. Diese antworten mit neuen Bildnissen, die ihrerseits bestimmend auf Stiller zurückwirken. Der dadurch entstehende Zwang erweist sich als komplizierte, vielfältige wechselseitige Verflechtung von Ich und Welt. Alle in den Bannkreis des Bildnisses tretenden Menschen stehen in der Gefahr, irgendwie gefesselt zu werden.

Bei Stillers erstem Zusammentreffen mit Sibylle ist er frei hinter seiner Maskenballverkleidung, namenlos und frei von allen Larven, die er sich dann im Atelier als Künstler und verhinderter Spanienkämpfer vorhängt. Dort versucht er gleich, Sibylle in eine Rolle zu zwingen, aber sie ist stark genug, sich ihm zu entziehen. In ähnlicher Weise naht sich Stiller Julika, und sie fesselt er durch das Bildnis, das er sich von ihr entwirft, dergestalt, daß sie ihre Freiheit verliert.

In der Schilderung, die White in seinem Tagebuch von Julika gibt, erscheint sie als ephebenhaftes, eigenartig reizvolles Wesen, das, ganz in sich geschlossen, seine Gefühle nur im Tanz äußern und eine Erfüllung nur in seiner Kunst finden kann: «Wie ein Meertier, das nur unter Wasser zu seinem Farbwunder gelangt, hatte auch Julika ihre geisterhafte Schönheit nur im Tanz.» (III, 438) Stiller naht sich ihr mit der Scheu des Unsicheren und der ständigen Angst, ihr lästig zu fallen, zugleich aber mit dem Anspruch, sie aus ihrer kühlen Verschlossenheit zu erlösen. Er naht sich ihr mit der egozentrischen Empfindlichkeit, die alle Äußerungen ihrer zarten und verletzlichen Künstlerseele auf sich bezieht

und gerade nur gegen sich und sein Naturell gerichtet auffaßt. So
entsteht in ihm das Bildnis der zwar faszinierenden, aber spröden,
gefühlsarmen und frigiden, immer müden und kränkelnden, dem
vollen Leben abgestorbenen Frau. Dieses Bildnis steht in Kunst
verwandelt in seinem Atelier: «Es war ein Kopf auf einem langen,
säulenhaften Hals, eher eine Vase als eine Frau, seltsam . . .» (III,
604) Und nach seinem Verhalten handelt «es sich wirklich nur um
eine schöne, seltsame, tote Vase, womit Stiller verheiratet» ist.
(III, 608) In Davos erscheint ihm die schonungsbedürftige Kranke
in ihrer «Herbstzeitlosenblässe» erst recht wie erstorben, und so
verabschiedet er sich von ihr; «als läge Julika schon im Sarg, küßte
er sie bloß auf die Stirn, ohne ihre Arme zu erwarten». (III, 501)
    Diesem Stillerschen Bildnis von Julika steht das andere gegen-
über: «Man sah Julika von rückwärts, das linke Bein angeschwun-
gen, ihr Gesicht im lichten Profil; die flüssige und dennoch bestimmte Haltung ihrer Arme, die gleichsam aufknospenden Hände
daraus, alles war einwandfrei.» (III, 477) Das ist Julika auf der
Bühne, aller Erdenschwere enthoben und von allen menschlichen
Zudringlichkeiten entrückt, getragen von der Musik und nachher
vom Applaus und auch von der Zuneigung und Liebe der Theater-
welt. Diese Julika wird in ihrem Wesen verändert und letztlich
zerstört durch Stiller; einmal durch das Bildnis, das er sich von ihr
macht und gemäß dem er sie behandelt, dann aber auch durch das
Bildnis, daß er sich von sich selbst gemacht und in dem er sich ihr
naht: als der starke Erwecker, der sie zum Blühen bringen kann,
als ihr Erlöser und letztlich ihr Schöpfer, der sie nach seinem
Bildnis formt. Erst in Davos wird sich Julika der Bedeutung und
Wirkung eines solchen Verhaltens als des Zeichens der Nicht-
Liebe, der Sünde bewußt und entdeckt, daß Stiller sich von ihr ein
Bildnis gemacht und sie entsprechend behandelt hat. Es wird ihr
aber nicht oder doch zu wenig bewußt, daß auch sie Stiller gegenüber unfrei und von Vorurteilen belastet gewesen ist. Was Sibylle
gleich beim ersten Atelierbesuch erkennt, das dämmert ihr erst in
der Hellhörigkeit ihrer Davoser Krankheit und unter dem Einfluß
des kleinen Jesuiten auf, daß nämlich Stiller ganz anders ist als er
spricht, daß sein Unverstandensein tragische Pose ist. Zu Beginn
ihrer Beziehung mochte es stimmen, daß sie in einer unseligen
Weise zueinander paßten und «einander von ihrer Angst her» (III,
440) brauchten. Dazu kommt allerdings, daß sie bereits völlig ich-
bezogen sind und ihr ursprüngliches Zusammenpassen dann durch

Stillers Bildnis gleich verschoben wurde. Und auch Julikas Verhalten Stiller gegenüber ist nicht frei vom Bildnis. Der Jesuit sagt es ihr: «Sie wollen nicht erwachsen werden, nicht verantwortlich werden für ihr eigenes Leben . . . Wer sich selbst nur immerzu als Opfer sieht, kommt sich selbst nie auf die Schliche, und das ist nicht gesund. Ursache und Wirkung sind nie in zwei Personen getrennt, schon gar nicht in Mann und Frau, selbst wenn es zuweilen so aussehen mag, Julika, weil die Frau scheinbar nicht handelt. Es fällt mir nur auf: eigentlich alles, was Sie tun oder nicht tun, begründen Sie mit etwas, was beispielsweise Ihr Mann nicht getan oder getan hat. Das ist doch, entschuldigen Sie das Wort, infantil.» (III, 483f) So kommt es dann, daß sie sich daran gewöhnt, daß Stiller kein armer und schwacher Mann sein will, sondern ihr Erlöser. (III, 766) Und so wird es schließlich möglich, daß Stiller Julika mit seinem fertigen Bildnis zerstören kann. Stiller selbst wird sich dessen immer mehr bewußt, und so ertönt dann wie ein Leitmotiv sein wiederholter Selbstvorwurf: «Ich habe meine Gattin ermordet –» (III, 409) Das wird zur erschütternden Gewißheit am Ende, wo der Staatsanwalt an Julikas Totenbett Stillers erste Beschreibung zitiert und dann feststellt: «Genau so lag sie auf dem Totenbett, und ich hatte plötzlich das ungeheure Gefühl, Stiller hätte sie von allem Anfang an nur als Tote gesehen, zum erstenmal auch das tiefe, unbedingte, von keinem menschlichen Wort zu tilgende Bewußtsein seiner Versündigung.» (III, 779)

Die ganze unselige Bildniswirtschaft stammt aus Stillers innerer Gespaltenheit, aus der dauernden schweren Identitätskrise, daß er nicht bereit ist, sich anzunehmen in seiner wirklichen Wesensart. Daher ist sein Leben nicht wirklich: «Daß ein Leben ein wirkliches Leben gewesen ist, es ist schwer zu sagen, worauf es ankommt. Ich nenne es Wirklichkeit, doch was heißt das! Sie können auch sagen: daß einer mit sich selbst identisch wird.» (III, 417)

Die Wirklichkeit, das Wirklich-sein hört nicht auf, Max Frisch zu beschäftigen. Seit dem Beginn seines Schaffens ist er der Lockung der Ferne verfallen und erfüllt von der Sehnsucht nach der Weite und Offenheit aller Möglichkeiten, die ein erlösendes Glück versprechen. Von *Jürg Reinhart* über *Santa Cruz,* den *Grafen Öderland* und *Don Juan* bis hin zu *Andorra* bringt Max Frisch immer Gestalten, welche der Wirklichkeit entfliehen, ausbrechen aus der Erde der alltäglichen Ordnung hinaus in das Abenteuer des anderen Lebens in einer anderen Welt. Die Scheu vor der Festlegung im

Fertigen und scheinbar nicht mehr Veränderbaren kann in unlösbare Konflikte führen. Daher ist sich Max Frisch durchaus der Gefahr des Sich-Verlierens bewußt, und neben der Lust des Ausbrechens ins Mögliche ist bei ihm das stete Bemühen um das Wirkliche, in dem allein der Mensch sich finden, das Leben sich erfüllen kann. Doch wie ist der Konflikt zwischen dem Erstarren im Fertigen und dem Selbstverlust im Möglichen zu lösen? Wie kann der Mensch wirklich sein, ohne die Möglichkeit der Wandlung einzubüßen? Oder, um mit Stillers Worten zu fragen, wie kann einer mit sich selbst identisch werden, ohne sich in der einmal errungenen Identität zu verfestigen und dann zu erstarren? Das ist eines von Max Frischs wichtigsten Problemen. Wirklich sein: er findet es bei Goethe, dem es gelingt, das Wirkliche und das Mögliche in immer neue Verbindungsverhältnisse zu bringen, der den Gedanken immer wieder an der Erfahrung überprüft und auch bei Widersprüchen beides bestehen läßt und in ein Gleichgewicht zu bringen vermag, also nicht Entweder – Oder, sondern Partnerschaft des Polaren: «Zustand wechselseitiger Befruchtung, Balance zwischen Denken und Schauen. Nichts geht ins Tödliche, weil es die widersprechende Erfahrung nicht überrennt, nicht übermütig unterjocht, sondern die Kraft hat, sie aufzunehmen – die Kraft, wirklich zu bleiben, oder genauer, immer aufs neue wirklich zu werden.» (II, 543) Das gilt, Wort für Wort, für den Vorgang der Selbstwerdung: das Identisch-Werden mit sich selbst, die Selbstverwirklichung ist nie ganz abschließbar und muß immer überprüft und erneuert werden in gläubiger Offenheit für das Mögliche und in der Bereitschaft zu Wandlung und Neuwerdung. Nur so kann ein wirkliches Leben entstehen.

Ein wirkliches Leben ist für Stiller «ein Leben, das sich in etwas Lebendigem ablagert». (III, 417) Das kann das Kind sein, eine bleibende Wirkung, das Werk; die Ablagerung in etwas Lebendigem besteht für sich weiter, losgelöst vom Schöpfer, als ein in sich selbst Ruhendes, das um seiner selbst willen da ist. Das gerade fehlt Stillers Leben und Wirken: weil sein Ich nicht in sich gegründet ist, kann er auch nicht das Werk schaffen, das um seiner selbst willen besteht. Am Anfang seiner Künstlerlaufbahn hat er zwar die Hoffnung, in der Arbeit sich selbst verwirklichen zu können, aber dann wird sie gleich schon umgebogen in ein ehrgeiziges Tun in Hinsicht auf Erfolg und Anerkennung. Das Werk ist damit nicht mehr in sich selbst ruhend, es ist in Hinsicht auf ein anderes da, eine Leistung, mit der der Künstler sein Image, d. h. sein von der Öffentlichkeit gemachtes Bildnis unter Beweis stellt. «Nur kranke, halbe, von Geburt her verwundete Naturen dürsten nach Leistung in diesem Sinne, solche, die sich ein Gegenteil dessen, was ihnen die eigene Schwermut weissagt, beweisen müssen.» (I, 589) Diese frühe Äußerung behält für Max Frisch ihre Gültigkeit und kehrt im *Gantenbein* etwas differenziert wieder: «Wer . . . sich einmal so entworfen hat, daß er sich durch Leistungen legitimieren muß, wirkt im Grunde nie vertrauenswürdig.» (V, 1118) Das alles gilt auch für Stiller.

Es ist Stiller nicht möglich, mit sich selbst allein zu sein, er lebt immer in Hinsicht auf ein anderes. Der zu sich selbst gekommene Mensch kann nicht nur allein sein, er ist auch reif für das Du, vor dessen Eigenart er als vor etwas Unantastbarem Achtung empfindet; Liebe bedeutet für ihn Anerkennung des Du in seiner ihm eigenen Lebensfülle. Stiller ist dieser wahren Liebe nicht fähig: «Er ist nicht bereit, nicht imstande, geliebt zu werden als der Mensch, der er ist, und daher vernachlässigt er unwillkürlich jede Frau, die ihn wahrhaft liebt, denn nähme er ihre Liebe wirklich ernst, so wäre er ja genötigt, infolgedessen sich selbst anzunehmen – davon ist er weit entfernt!» (III, 601) So ist Liebe für ihn immer nur als Täuschung, und zwar letztlich als Selbsttäuschung möglich. «Immer war da ein Weib, womit ich mich täuschen konnte.» (III, 683) Er täuscht sich über sein eigenes Ich hinweg auf das Bildnis hin, das er sich vom Ich entworfen hat. Von hier aus erklärt sich auch seine Angst vor der Wiederholung: in jeder neuen Lebenssituation erscheint ihm das schon Erlebte als dasselbe Erfahrungsklischee wieder, sein Leben verfängt sich in einem leeren Kreislauf. Wer sich angenommen hat, erkennt gerade in der Wiederholung sein wahres Ich neu und kann dadurch immer aufs neue wirklich werden. Das ist Stiller nicht möglich, daher kann er auch niemals in einer sich erfüllenden Gegenwart leben, sondern nur in der Erinnerung oder Hoffnung auf ein wahres, womit er sich immer wieder entgeht und in die Möglichkeit flieht in der ständigen Sehnsucht, jenseits des Jetzt Erfüllung zu finden. So versagt Stiller immer wieder vor der gegenwärtigen Wirklichkeit; er stellt zwar seine Niederlagen fest, begreift sie aber nicht als Signale, «als Konsequenzen eines verkehrten Strebens, eines Strebens weg von unserem Selbst. Merkwürdigerweise ist ja die Richtung unserer Eitelkeit nicht, wie es zu sein scheint, eine Richtung auf unser Selbst hin, sondern weg von unserem Selbst». (III, 669) Eine Heilung von diesem leidvollen Zustand könnte Stiller nur erlangen durch den Austritt aus allen Bildnissen: aus dem des erfolgreichen Künstlers, des entschlossenen Kämpfers und auch des tragisch Leidenden und Unverstandenen wie des Erlösers. Um zu seinem Ich zu gelangen, müßte er sich endlich erkennen und sich zu dem bekennen, was er in Wahrheit ist. Es ist seine Schwierigkeit, sein Ich in seiner ganzen Unbedeutung und Schwachheit anzunehmen, sich damit abzufinden, daß sein vergangenes Streben infolge seiner Selbstüberforderung ein Versagen war und nicht ein wirkliches Leben, daß aber diese Vergangenheit als solche einfach anzunehmen ist. In einer weiß gepuderten Negerin in Amerika sieht Stiller einmal wie in einem Spiegel sein eigenes Schicksal, die «lebenslängliche Bemühung, anders zu sein, als man erschaffen ist, diese große Schwierigkeit, sich selbst einmal anzunehmen, ich kannte sie und sah nun eine eigene Not einmal von außen, sah die Absurdität unserer Sehnsucht, anders sein zu wollen, als man ist!» (III, 542) Es ist die Versündigung des Bildnis-Machens, die sich hier noch unter einem anderen Aspekt zeigt: «In der Forderung, man solle seinen Nächsten lieben wie sich selbst, ist es als Selbstverständlichkeit enthalten, daß einer sich selbst liebe, sich selbst annimmt, so wie er erschaffen worden ist.» (III, 670) Stiller aber ist nicht bereit, ein nichtiger Mensch zu sein; und sollte er sich als solchen erkennen, dann nur unter der Bedingung, daß er durch diese Einsicht allein schon zu einer wertvolleren und bedeutenderen Persönlichkeit werde, daß Gott also sein Geschöpf widerrufe. Das ist Stillers Hybris, sich nicht als Geschöpf annehmen zu wollen, die Welt vom eigenen Bildnis des bedeutenden Menschen überzeugen zu wollen, was letztlich nichts anderes heißt, als sein eigener Schöpfer, sein eigener Gott zu sein. Stiller, der das Ich wie das Du nach seinem Bildnis erschafft und dem Du als seinem Geschöpf als lebensspendender Erlöser naht, ist der Hochmütige, der sich überhebt, der Superbus, der die Tat Luzifers wiederholt und sich zur Mitte der Welt erhebt, zum Herrn über Leben und Tod. Er weiß zwar, daß er dauernd seine Grenzen überschreitet, er hat auch bereits erfahren, daß die eigenmächtige Beendigung des Lebens eine Täuschung ist, zu keiner Erlösung führt, sondern im Gegenteil zu der ewigen Reue, das Leben als einzigen Weg der Erlösung versäumt zu haben. Trotzdem kann er das frevle Spiel mit dem Gedanken der Selbstherrlichkeit nicht lassen: «Fliegen zu müssen im Vertrauen, daß eben die Leere mich trage, also Sprung ohne Flügel, einfach Sprung in die Nichtigkeit, in ein nie gelebtes Leben, in die Schuld durch Versäumnis, in die Leere als das Einzigwirkliche, was zu mir gehört, was mich tragen kann.» (III, 436) Hier ist die äußerste Grenzsituation erreicht, wo jeder feste Punkt aufgegeben, das falsche selbstherrliche Ich absolut geworden und der Mensch in einen völligen Solipsismus geraten ist und sich nur noch dem eigenen Nichts überantworten kann, oder sich endlich der totalen Ausweglosigkeit des Pseudo-Ichs bewußt wird, das Gefängnis aller falschen Hoffnungen sprengt durch die Bereitschaft, «daraus hervorzugehen als ein nichtiger und ohnmächtiger Mensch». (III, 690) Dieser Mensch ist für ihn so völlig anders als der verschollene frühere Stiller, daß er die längst schon erwiesene äußere Identität mit ihm nicht zugeben kann. Und während Julika, der Verteidiger und das Gericht das äußerlich alles regelnde Geständnis erwarten, vollzieht sich in plötzlichem Entschluß die innere Befreiung Stillers: er zerschlägt in einer übermächtigen Lust der Zerstörung seine Werke, und während alle die falschen Bilder zerschellen, fühlt er sich endlich wohl, «ach, wohl ist kein Ausdruck, ich war ohne Angst, das Falsche zu tun, und wieder einmal ich selbst». (III, 722) Das ist die Befreiung von den Bildnissen, welche das Gefängnis endlich öffnet und ihm das Geständnis, *sein* Geständnis einer entscheidenden Erfahrung ermöglicht. Und jetzt folgt, als Postscriptum seiner Tagebuch-Aufzeichnungen, die Schilderung seines mißlungenen Selbstmordes in San Francisco, wo er den Tod erleben konnte ohne zu sterben und die erschütternde Erfahrung machte, daß der Tod nicht einfach das Ende ist, sondern das Endlose ohne Veränderung, «ein Zustand vollkommener Ohnmacht bei vollkommenem Wachsein, nur die Zeit ist weg . . . als Medium, worin wir zu handeln vermögen». (III, 726) Stillers Erlebnis entspricht genau dem, was Romeo zu Beginn der ersten Fassung der *Chinesischen Mauer* über den Tod und fast mit denselben Worten sagt. Für Stiller ist es ein Augenblick der Entscheidung: «Ich hatte ein Leben, das nie eines gewesen war, von mir geworfen . . . Es blieb mir die Erinnerung an eine ungeheure Freiheit: Alles hing von mir ab. Ich durfte mich entscheiden, ob ich noch einmal leben wollte, jetzt aber so, daß ein wirklicher Tod zustande kommt.» Das ist für ihn der Einfall der Gnade, und er ist bereit, «niemand anders zu sein als der Mensch, als der ich eben geboren worden bin, und kein anderes Leben zu suchen als dieses, das ich nicht von mir werfen kann». (III, 727) Stiller empfand einen jähen, ungeheuren Schrecken durch die Erfahrung, daß der Tod nicht ein völliger Abschluß ist, sondern ein bewußter Zustand totaler Veränderungslosigkeit, ohne Hoffnung auf ein anderes, auf eine Erlösung und Erhebung; nur das Leben, das eine, unwiederholbare, kann Wandlung und Erlösung bringen. Diesen Schrecken nennt Stiller seinen Engel. Dieser Engel ist auch Marion begegnet; er führt Stiller nicht auf den See, daß er über die Wellen schreite, auch nicht in die Luft, um ihn fliegen zu lassen; er ermöglicht nicht das Unmögliche, sondern führt Stiller zu sich, zum eigenen Selbst. (vgl. II, 500f)

Nach diesem Erlebnis steht Stiller an derselben Wegkreuzung wie die Welt nach der Atom-Bombenexplosion von Bikini: die Freiheit der Entscheidung ist ihm wiedergegeben, die Würde, sein Leben so zu wählen, daß es wirklich werde.

In seinem «Fragment einer Kritik» über den Roman *Stiller* erklärt Friedrich Dürrenmatt die einzigartige Form des Romans aus der Tatsache, daß Max Frisch mit Stiller sich selbst meine und daß es an sich absurd sei, aus einer Selbstdarstellung einen Roman machen zu wollen; es sei daher notwendig, die einmalige Form zu finden, die einen Roman unter diesen Umständen noch möglich mache: die Form des fingierten Tagebuches einer fingierten Persönlichkeit, welche das eigentliche Ich (Stiller, d. h. Frisch selbst) zum Objekt, zum Gegenstand der Tagebuch-Aufzeichnungen werden läßt. «Frisch hat sich durch diese Form, die gleichzeitig Handlung, gleichzeitig die Problematik selbst ist, in einen andern verwandelt, der nun erzählt, nicht von Stiller zuerst, sondern von sich, von White eben, für den Stiller der andere ist, für den er sich zu interessieren beginnt und dem er nachforscht, weil man doch ständig behauptet, er sei mit ihm identisch.»[2] Das ist sehr scharfsinnig formuliert, aber doch nur halb richtig. Es steht zweifellos fest, daß Max Frisch immer irgendwie von sich, oder zumindest auch von sich spricht. Aber abgesehen von einigen Stellen in den Tagebüchern (vor allem im zweiten), handelt es sich dabei nicht um Selbstdarstellung als Selbstentblößung, die peinlich sein kann. Stiller ist ja für ihn nicht ein Sonderfall, sondern ein Typus unserer Zeit. Die Selbstdarstellung wird zur Gestaltung eines Menschenschicksals, wie es gerade für die zweite Hälfte des 20. Jahrhunderts als besonders typisch erscheint. Die Form des Romans *Stiller* ist durch das Thema gegeben, das Thema der Identität oder vielmehr des Identischwerdens mit sich selbst, das Thema der Selbstwerdung, des Prozesses der Individuation. Für dieses sein Thema findet Max Frisch die diesem adäquate Form, die nichts anderes ist als der formale Ausdruck dieses Themas. Stillers Selbstwerdung geht in verschiedenen Phasen vor sich. Als erste wird die Zeit des Bildhauers und seiner Beziehung zu Julika dargestellt. Sie endet mit dem Scheitern und der Flucht in das Abenteuer. Als zweite folgt die Zeit in Amerika; auch sie endet mit Scheitern und Verzweiflung, mit dem Selbstmordversuch. Er sendet das Signal für die notwendige Wendung aus, die dann wohl äußerlich, aber nicht innerlich vollzogen wird. Die äußere Wendung spricht sich im «Ich bin nicht Stiller!» aus. Daß sie sich auch innerlich verwirkliche, dazu ist die Zeit im Gefängnis nötig.

Die Selbstwerdung, das Identischwerden mit sich selbst verlangt die Annahme seiner selbst, und dazu gehört auch die Annahme der eigenen Vergangenheit mit allem Versagen. Es gibt vor ihr kein Entkommen durch Flucht in das Abenteuer oder durch Selbstmord, sie ist nicht aufhebbar und muß hereingeholt werden. Das geschieht in diesem Roman und gerade durch seine besondere Form. Durch sie werden die beiden Vergangenheitsschichten und die Gegenwart zu einem Neben- und Miteinander und zur Gleichzeitigkeit gebracht. Der Tagebuchschreiber erlebt so seine beiden Vergangenheiten noch einmal. Durch die Wiederholung lernt er sie und damit sich selbst erst richtig kennen. Der ganze Romanvorgang erweist sich als ein Enthüllungsprozeß. Die Begebenheiten der beiden Vergangenheitsphasen mitsamt ihren seelischen Hintergründen werden enthüllt. Wie im Roman *Homo Faber* ist die Wiederholung ein Wieder-holen. Dabei muß Stiller mit seiner ständigen Angst vor der Wiederholung zweierlei erkennen: nur durch das Wieder-holen des Durchlebten kann das Ich sich erkennen, das vergangene und das gegenwärtige Ich; nur in der Wiederholung offenbart das Vergangene sein wahres Gesicht und gibt seinen Sinn frei, und dadurch wird die Wiederholung selbst sinnvoll.

Beide vergangenen Befreiungsversuche, die Stiller unternommen hat, sind zum Scheitern verurteilt. Der erste ist die Flucht in das Abenteuer, in die Ungebundenheit des Ichs im ständigen Wechsel des Möglichen. Er scheitert, denn Stiller kann nie mit sich allein sein. Der zweite ist radikal: der Selbstmord, in dem das absolute Ich sich zum Herrn über Leben und Tod erhebt. Er scheitert ebenfalls. Aber gerade dieses Scheitern verursacht den wesentlichen Erkenntnisvorgang: es gewährt Stiller einen Einblick in das Wesen des Todes, und daraus ergibt sich dann die Forderung einer Wende. Sie kann aber nicht sogleich realisiert werden, weil Stiller die Konsequenzen noch nicht ziehen kann. Er ist noch nicht bereit zur Annahme der eigenen Nichtigkeit, der Vergangenheit mit ihrem Versagen. Daher ergibt sich die Notwendigkeit der Wiederholung, durch welche sich erst der Sinn enthüllt. Im Verlauf dieses Wiederholungsvorganges verliebt sich White in Julika; er möchte sie lieben und möchte vor allem, daß sie ihn liebe, ohne ihn mit dem verschollenen Stiller zu verwechseln. Dies führt zu der vielleicht erregendsten Partie des Romans, welche damit einsetzt, daß Stiller seine ganze Vergangenheit neu durchdenkt, (III, 681 ff) wobei sich erweist, daß er nie von Julika losgekommen und nur ihretwegen zurückgekehrt ist und nun zum einzig möglichen Schluß kommt, das Leben mit Julika nochmals zu versuchen und zu einem wirklichen Leben werden zu lassen. Obwohl er immer als White spricht, vermengt er sich doch mehr und mehr mit Stiller. Es kommt dann bei der großen Konfrontation im Atelier zum Wiedersehen mit Julika, wo er erkennt, daß sie ihn doch nur als Stiller sieht, weswegen sie ihm als Verräterin erscheint und ihr Begrüßungskuß für ihn zum Judaskuß wird. Der Wiederholungsvorgang setzt sich fort mit der Zerschlagung der Bilder und gelangt schließlich zu der entsetzlichen Szene, wo Stiller trotz allem Geschehenen unverwandelt vor Julikas unerschütterlichem Hochmut steht und sie erwürgen möchte; er hat von ihr verlangt, was er selber nicht geleistet hat: er sieht sie nach wie vor durch das alte Bildnis. Das ist die letzte Phase der Wiederholung, aber aus ihr ergibt sich nun doch die letzte Befreiung, und jetzt endlich kann er, «im vollen Bewußtsein seiner Ohnmacht» (III, 724) alles sagen, erst jetzt sein Todeserlebnis wieder-holend erzählen, das nun seinen ganzen Sinn freigibt. Jetzt kann er auch seine Identität mit dem verschollenen Stiller zugeben, denn er hat die Vergangenheit hereingeholt und angenommen.

Thomas Mann sagte einmal, man müsse seinen Roman *Der Zauberberg* zweimal lesen, weil die Bedeutung des Einzelnen nur vom Ende her und erst aus der Kenntnis des Ganzen verstanden werden könne. Dasselbe gilt in ganz ähnlichem Sinne auch von Max Frischs *Stiller:* erst aus der Schilderung und Deutung der Selbstmordszene kann Stillers Weigerung, weiterhin der alte Stiller zu sein, verstanden werden, können der ganze Enthüllungsvorgang wie auch die durch ihn zum Vorschein gebrachten Begebenheiten verstanden werden. Das Todeserlebnis ist die metaphysische Pointe, seine Beschreibung die Kernpartie des Romans, auf die er hingebaut ist. Stillers Selbstwerdungsprozeß steht im Zeichen seiner Todeserfahrung, aus der heraus er das Leben auf den Tod bezogen sehen muß, aus der er die Notwendigkeit des wirklichen Lebens als Voraussetzung des wirklichen Todes erkennt. Von hier aus erfolgt die Sinngebung, und nur von dieser letzten Enthüllung aus kann der Leser die Bedeutung des Vorhergehenden richtig erfassen.

Friedrich Dürrenmatt sagt in seinem schon erwähnten Kritik-Fragment, Max Frisch verwische durch das «Nachwort des Staatsanwaltes» die einmalige Form seines Romans, indem er sie aufhebe.[3] Es hat sich ergeben, daß der White-Stillersche Tagebuch-Bericht die formale Notwendigkeit ist für die Darstellung des Identischwerdens. Der ist abgeschlossen mit dem Bekenntnis des Selbstmord-Erlebnisses. Damit ist aber auch der formale Vorgang zu seinem Ende gelangt, die nebeneinander verlaufenden Handlungsstränge haben sich vereint, die Behauptung «Ich bin nicht Stiller» ist widerlegt und zugleich in ihrer subjektiven Richtigkeit bewiesen, das Tagebuch schließt sich selbst, womit die Form sich erfüllt.

Damit ist aber gewiß die Stiller-Handlung nicht abgeschlossen, sie führt weiter und wird nun noch ein Stück weit verfolgt. Es gibt zwei Hauptgründe für die Fortsetzung in der Form eines «Nachwortes des Staatsanwaltes»: Stiller und vor allem Julika sollen aus der Subjektivität des Tagebuchschreibers herausgehoben und aus anderer Sicht betrachtet, und den Scheiternden soll als Gegenbild das Paar, das sich gefunden hat, gegenübergestellt werden.

Im Nachwort erscheint ein anderer Stiller; seine Befreiung vom Bildnis seiner selbst erweist sich darin, daß er die andern nicht mehr von sich überzeugen will und in den Grenzen des Wirklichen und Gegenwärtigen leben kann. Sein Werk ist nicht mehr Darstellung seiner selbst, sondern von ihm gelöster Gegenstand, Ablagerung wirklichen Lebens; das ihn Umgebende hört auf, seine Projektion zu sein und wird Welt. Damit hat Stiller begonnen, wirklich zu sein.

Dieses neue Leben in der Gegenwart wird aber von der Vergangenheit auf das schwerste bedroht. Julika ist zwar unter Aufgabe von allem, was ihr wichtig gewesen, bereit zur Wiedervereinigung mit Stiller, aber ein wahrhafter Neubeginn ist für sie nicht mehr möglich. Wenn sie vor dem Staatsanwalt sitzt mit der Miene des «stummgewordenen Erschrecktseins in Permanenz», mit einem schluchzenden, gänzlich entformten Gesicht, dann erscheint sie in der neuen Umgebung wie ein armes, verirrtes Gespenst aus Stillers belasteter Vergangenheit. An ihr wird ein Zerstörungsprozeß sichtbar, der nicht mehr rückgängig zu machen ist, die nicht wieder gut zu machende Versündigung der Fesselung durch das Bildnis. Wer ist dieser einsamste aller Menschen denn eigentlich gewesen? Man weiß es so wenig wie bei Andri. Bekannt ist das Bild der entrückten Tänzerin aus der Illustrierten, und das Bildnis der Frigiden, das Stiller sich von ihr gemacht hat und das der Staatsanwalt als erschreckende Vergewaltigung bezeichnet. Auch in seiner Darstellung erscheint Julika nur noch als die zu Tode Verängstigte, durch Stillers Bildnis Gezeichnete und Verurteilte.

So bleibt aus diesem Nachwort neben der Erinnerung an einen teilweise gewandelten Stiller doch vor allem die an die weit offenen, blicklosen Augen der schluchzenden Julika und an den betrunkenen, weinenden Stiller: Bilder hoffnungsloser Hilflosigkeit und Verzweiflung. Vor diesem Hintergrund ist die Überzeugung des Staatsanwaltes zu sehen, daß die Selbstannahme eines Ichs und die gegenseitig verwandelnde Begegnung mit dem geliebten Du nur möglich ist mit der Gewißheit, daß es eine absolute Realität, eine richtende und rettende göttliche Macht gebe. So muß für ihn an die Stelle der irren Erwartung, einen Menschen aus eigener Selbstherrlichkeit verwandeln zu können, das Gebet für ihn treten. Stiller bleibt die Kraft zu diesem Glauben versagt, und von hier aus ist letztlich sein Scheitern zu verstehen. Wohl gelingt ihm die Befreiung vom Bildnis und die Annahme seiner selbst in seiner ganzen Unbedeutung, aber seine Kraft versagt vor der Aufgabe der Verwirklichung seiner selbst und seiner Beziehung zu Julika, die er zerstört hat. Auch *Stiller* ist ein tragischer Roman: obschon Stiller den Willen zur Befreiung und zur Annahme der Vergangenheit hat, drücken ihn die selbst verursachten Folgen eben dieser Vergangenheit fast zu Tode.

Aber den Scheiternden steht das Paar Sibylle – Rolf gegenüber. Sibylle ist eine jener Frauengestalten, denen Max Frischs besondere Liebe gilt. Bei ihr gibt es keine Voreingenommenheit durch ein Bildnis, sie ist unbedingt in ihrer Bereitschaft zu Liebe und Hinga-

be, sie kann die Ehe nur annehmen als Schicksal, das sich verwirklicht in einer ständig sich erneuernden Bindung und im Kinde. Es
wäre möglich, daß Stiller an Sibylle denkt, wenn er feststellt, daß
ein wirkliches Leben das Leben einer einfachen Mutter sein kann.
(III, 417) Sibylle gelangt jedenfalls zum wirklichen Leben durch
die freie Wahl und Verwirklichung ihrer selbst und ihrer Liebe zu
Rolf. Und auch Rolf gelangt nach einer langen kritischen Selbst-
prüfung zur Erkenntnis des Ichs hinter allen Bildnissen und Ent-
würfen; sie führt zur Wiedervereinigung mit Sibylle, welche durch
die Geburt eines Mädchens gekrönt wird, worüber der Staatsanwalt «nicht zu sprechen ist vor Glück». (III, 566). Der Weg Rolfs
und Sibylles führt durch die Wahl in die Wirklichkeit der Ehe und
des Kindes, des Lebens. Das «Wirklich Sein» wird von diesem Paar
geleistet und beweist, daß es erreicht werden kann; als Gegenbild
deutet es an, daß das Scheitern von Julika und Stiller nicht eine von
allem Anfang an orakelhaft bestimmte Fügung war, sondern daß
der Verlauf durch andere Wahl auch anders hätte gelenkt werden
können.

Mein Name sei Gantenbein

Das Gefährliche und Zerstörende des fertigen Bildnisses gehört zu
den frühesten Beständen des Denkens von Max Frisch. In Ansätzen ist es schon in den Jugenderzählungen *Jürg Reinhart* und
Antwort aus der Stille enthalten. Zur bewußten Darstellung gelangt
es dann in *Die Chinesische Mauer, Als der Krieg zu Ende war, Don
Juan oder Die Liebe zur Geometrie* und im Roman *Homo Faber*, in
verschiedenen Variationen und Auswirkungen.

Bald schon erscheint auch das Problem der Identität. In der
Chinesischen Mauer ist es schon vorhanden und wird in der Gestalt
der Prinzessin Mee Lan mit dem des Bildnisses verknüpft. Im
Stiller wird es zum eigentlichen Thema, aber zugleich zeigt sich,
daß es nicht darstellbar und deutbar ist ohne seinen Zusammenhang mit der Wirkung des Bildnisses. Die konsequente Gestaltung
der durch das fertige Bildnis gestörten Identität erfolgt in *Andorra*.

Schon in der *Chinesischen Mauer* erscheint die Selbstwerdung
vor dem Hintergrund des Todes; das Kommen zu sich selbst und

die Überwindung des Bildnisses erweisen sich als notwendige Voraussetzungen des eigenen wirklichen Todes. Die gegenseitige Bezogenheit von Leben und Tod bildet den Hintergrund, vor dem die sich wiederholenden Handlungen im *Stiller* wie auch im *Homo Faber* sich abspielen. Mit Leben und Tod ist die Erfahrung der Zeit verbunden. Das Erlebnis der Zeit als Vergängnis ist bestimmt durch das Wissen um den Tod, das die Zeit als Bewegung zum Tode erscheinen läßt. «Es ist grauenvoll, wenn wir auf einmal erfahren, daß wir nicht leben, nicht wirklich, und dennoch verrinnt unsere wirkliche Zeit! . . . Warum machte meine Mutter, da sie tot war, plötzlich so ein andres Gesicht: als hätte sie zum erstenmal ein Wirkliches erlebt?» (*CM* I, 92) Was heißt nun aber «wirkliche Zeit», wie kann sie erfaßt werden? Damit beginnen die Schwierigkeiten, welche die Wirklichkeit Max Frisch entgegenstellt. «Was wir erleben können: Erwartung oder Erinnerung. Ihr Schnittpunkt, die Gegenwart, ist als solche kaum erlebbar.» (II, 710) Sie «bleibt irgendwie unwirklich, ein Nichts zwischen Ahnung und Erinnerung, welche die eigentlichen Räume unseres Erlebens sind.» (II, 452) Sie ist bloßer Durchgang, Vergängnis. Die Zeit ist Bedingung und Grundform des menschlichen Erkennens, erlebbar als Nacheinander. Die wirkliche Zeit also ist Nacheinander, Vergängnis, Bewegung zum Tode hin. Mit der Unfaßbarkeit der Gegenwart und der daraus folgenden Spannung zwischen Erwartung und Erinnerung verbindet sich die Angst vor dem Fertigen, die mit der Angst vor dem Tode verwandt ist. «Das Fertige wird stets etwas trostlos sein, unheimlich; alles Fertige hört auf, Behausung unseres Geistes zu sein; aber das Werden ist köstlich.» (II, 634) Das Wirkliche ist die Spannung zwischen Antizipation und Verwirklichtem, der Prozeß des Verwirklichens als ein Werden. Die wahre Wirklichkeit des Menschen ist unfaßbar, unaussprechbar; wird sie versuchsweise in Worte gefaßt, so hört sie auf, Bewegung und Spannung zu sein und erstarrt im Bildnis.

Dieselbe Schwierigkeit stellt sich der Darstellung der Wirklichkeit des Erlebnisses entgegen: «Jedes Erlebnis bleibt im Grunde unsäglich, solange wir hoffen, es ausdrücken zu können mit dem wirklichen Beispiel, das uns betroffen hat. Ausdrücken kann man nur das Beispiel, das mir so ferne ist wie dem Zuhörer: nämlich das erfundene. Vermitteln kann wesentlich nur das Erdichtete, das Verwandelte, das Umgestaltete, das Gestaltete. –» (II, 703) Das Gegenwärtige des Erlebnisses wird durch die dichterische Gestaltung in die Vergangenheit gerückt, zu einer erzählbaren Geschichte verfestigt. Auch beim Geschichten-Erzählen befindet sich das Ich in einem Prozeß zwischen Antizipation und Verwirklichung, zwischen Möglichkeit und Festgelegtheit. Die erzählte Geschichte sagt nicht, wie es war, sondern wie das Ich sich vorstellt, daß es wäre, wenn es sie nochmals erleben müßte. «Erfahrung offenbart sich als Ahnung . . . Indem ich mir vorstelle, wie es sein könnte, beispielsweise wenn ich nochmals auf diese Welt käme, also indem ich erfinde, was nie gewesen ist und nie sein wird, zeigt meine Erfahrung sich reiner . . . Vielleicht sind es zwei oder drei Erfahrungen, was man hat, die tausend Bilder entwirft, und anderthalb Hoffnungen, die nicht abzutragen sind, Gefühle, die sich wie ein Rosenkranz wiederholen, dazu einige Eindrücke auf der Netzhaut, die sich kaum wiederholen, so daß die Welt zum Muster der Erinnerung wird, das ist es, dazu die hunderttausend Ansätze zu einem Gedanken, der eigen wäre, das ist es, was wir haben, wenn wir erzählen. Erlebnismuster – aber keine Geschichte . . . Alle Geschichten sind erfunden, Spiele der Einbildung, Entwürfe der Erfahrung, Bilder, wahr nur als Bilder . . . Anders bekommen wir unsere Erlebnismuster, unsere Ich-Erfahrung, nicht zu Gesicht . . . Erfahrung ist ein Einfall, nicht ein Ereignis aus Vorfällen.» (IV, 262 f.)

So wie die Wirklichkeit Spannung zwischen Entwurf und Fertigem, so ist Erfahrung die Spannung zwischen Erinnerung und Ahnung. Erfahrung ist also für Max Frisch nicht das a posteriori aus der Faktizität des Geschehenen, nicht die rationale Verwertung des empirisch Gewonnenen, sondern ein Einfall, der schon vor dem Vorfall, also a priori vorhanden ist. Die Erfahrung ist geprägt durch das Erlebnismuster, welches die Struktur des menschlichen Erlebens und Erfahrens ist. Es ist ein Analogon zu den Grundformen des Erkennens; die Erfahrung hat also gleichermaßen apriorischen Charakter wie die Erkenntnis.

Die Erfahrung erweist sich an Vorfällen; sie erzählt sie: daraus entstehen die Geschichten. In den Geschichten spricht sich die von ihrem ihr eigenen Erlebnismuster her geprägte Erfahrung aus; die Geschichte, in der Vergangenheit erzählt, tut, als ob sie aus einem Vorfall gewonnen worden sei, tatsächlich aber ist sie eine Fiktion: «Vergangenheit ist eine Fiktion, die nicht zugibt, eine Fiktion zu sein.»[4] Erlebnismuster und Erfahrung müßten sich also am reinsten ausdrücken in Geschichten, die von historischen Fakten und

Daten nicht belastet sind, das heißt in Geschichten eines frei fabulierenden Ichs. Damit ist die Position gewonnen, von der aus der Roman *Mein Name sei Gantenbein* entstanden und zu verstehen ist. Hier erfindet ein frei fabulierendes Ich Geschichten, nicht um zu lehren, sondern um seine «Verfassung auszukundschaften durch Darstellung», (*Dram,* 19) um an den sich aussprechenden Erfahrungen das Erlebnismuster zu erkennen, das im Unfaßbaren des intelligiblen Ichs gegründet ist. Jede Geschichte wird zum Bild, und da sie ausgesprochen wird durch das Wort, unterliegt sie der Gefahr der Verfestigung zum fertigen Bildnis, welches die Fülle des lebendig unfaßbaren Grundes verfälschen könnte. Bevor aber diese Gefahr sich verwirklicht, löst das Ich das Bild schon wieder auf und läßt ihm ein anderes folgen.

Die Selbstrekognoszierung des Gantenbein-Romans setzt mit einem höchst bedeutsamen Ereignis ein: das Roman-Ich hat einen Automobil-Unfall auf einer vereisten Straße. Es erzählt den Hergang des Unfalls, und es wird eine Geschichte daraus, «mit Datum und Ort». (V, 23) Wichtig ist dabei die nachträgliche Feststellung: «Wie immer, wenn etwas geschehen ist, staune ich, daß ich es nicht bloß gedacht habe, betroffen, als habe die Wirklichkeit mich erraten oder auch mißverstanden.» (V, 22) Zu Beginn des Vorfalls macht sich das Ich antizipierende Gedanken, aber es kommt dann anders, «es stimmte alles nicht mehr». (V, 24) In der Spannung zwischen den Gedanken und dem Vorfall wird ein Wirkliches faßbar. Zwischen der Antizipation, die dann nicht stimmt, und dem endlichen Krachen, ist das Ich bloßer Zuschauer: «Ich sah zu. Ohnmächtig, dabei vollkommen wach.» (V, 24) Dieser Zustand ist bekannt: Stiller erlebt ihn nach seinem Selbstmordversuch, (III, 725 f.) Romeo spricht davon zu Beginn der *Chinesischen Mauer*. Es handelt sich um das Erlebnis des Todes; aber zugleich auch noch um das Erlebnis der Zeit als Vergängnis, als erschreckendes Gefälle zum Nichtsein des Todes: «Noch kein Mensch hat seinen Tod erlebt; jeder erlebt die Todesangst, die Erwartung –» (II, 711) Hier blitzt ein Erlebnismuster auf, das übrigens auch schon in jenem Vorfall aufscheint, wo das Ich in seine verlassene Wohnung kommt: während draußen das Leben weitergeht, ist es drinnen hinter den verschlossenen Fensterläden «wie in Pompeji: alles noch vorhanden, bloß die Zeit ist weg». (V, 20) Das ist wiederum das Todeserlebnis, von dem Romeo spricht, (*CM* I, 17 f.) die Veränderungslosigkeit, «ein Zustand wie jetzt», nur ohne Zeit, das

Endlose ohne Veränderung. Hier erscheint dasselbe Grundmuster wie beim Autounfall, der übrigens als solcher das Ich gar nicht interessiert: interessant ist ihm nur die durch ihn vermittelte Selbsterfahrung, die Erkenntnis des Erlebnismusters.

Der Gantenbein-Roman beginnt mit einer Einleitung, in der gleichsam präludierend namenlose Gestalten und Vorfälle angedeutet werden, gleichsam als Leerformen, die dann in den Geschichten wiederkehren. Die Schilderung des Unfalls bildet den Abschluß davon; sie enthält zum Teil schon namentlich Gestalten des künftigen Personals: Enderlin erscheint im «Ruf nach Harvard», (V, 22) der Freund Burri taucht auf, und am Ende der Unfallgeschichte erfolgt der Sprung in die Hauptgestalt: «Mein Name sei Gantenbein». (V, 25) Als Wichtigstes aber bleibt festzuhalten, daß im abschließenden Vorfall, im Todeserlebnis ein Stück Wirklichkeit faßbar wird, welches Anlaß gibt zur Selbsterforschung, die der Hauptzweck der Geschichten sein wird. Am Anfang und am Ende des Romans steht der Tod, er bildet den dunklen Hintergrund, vor dem sich die Geschichten des Lebens abspielen.

Das fabulierende Buch-Ich erfindet sich drei Gestalten, an denen es sich Geschichten vorstellen und seine Erfahrung lesbar machen will. Es sind dies Frantisek Svoboda, Felix Enderlin und Theo Gantenbein. Im Mittelpunkt des Dreiecks steht Lila, die Frau von Svoboda, die Geliebte Enderlins und dann in zweiter Ehe die Frau Gantenbeins.

Von Svoboda hat das Ich offensichtlich eine sehr genaue Vorstellung, es beschreibt ihn so, daß er als Typ sichtbar vor dem Leser steht. Er ist der unintellektuelle, praktische Techniker, der erfolgreiche Architekt, der fest und ganz und zuverlässig in seinem Beruf steht. Lilas Untreue und ihre Liebe zu Enderlin trifft ihn ernst und hart. Er hat sofort ein fertiges Bildnis von Enderlin, er sieht in ihm eine Art Gegenbild zum eigenen Typus. Zugleich hat er auch ein Bild von der Beziehung Lilas zu Enderlin. Svoboda ist ein Mann der Tat, des Handelns, er steht in der Gegenwart und im wirklichen Leben. Er ist ein Mensch des Entweder-Oder. Die Schwierigkeiten in seiner Ehe bedeuten für ihn ein Leiden, das ihn außerhalb seines Berufes völlig beherrscht. Er sucht die Entscheidung, um dem unerträglichen Zustand ein Ende zu bereiten, um wieder leben zu können. Das Buch-Ich betont mehrmals, daß es nicht Svoboda sein möchte.

Von Enderlin besteht das Bildnis, welches sich Svoboda von ihm macht und das Spiegelbild, das er selbst von sich in der Bar sieht. (V, 70) Enderlin fehlt die eindeutige Geradlinigkeit Svobodas. Er ist innerlich gespalten, und daher bereiten ihm alle Entschlüsse und Entscheidungen Mühe. Er ist Dr. phil., Altphilologe und Mythologe, der typische Intellektuelle. Er wünscht sich lange einen Ruf an eine bedeutende amerikanische Universität; doch als endlich der Ruf nach Harvard an ihn ergeht, da durchfährt ihn ein derartiger Schrecken, daß er nicht zum Entschluß gelangt, dem Ruf Folge zu leisten. Dieselbe Entschlußlosigkeit zeigt sich in seiner Beziehung zu Lila. Nach ihrer ersten Begegnung treffen die beiden die Abmachung, sich nicht mehr zu treffen; Enderlin will keine Geschichte und ist sehr aufgebracht, als ihm im Hotel trotzdem ein Anruf von Lila gemeldet wird, dann aber äußerst enttäuscht, als er feststellt, daß es sich um einen Anruf vom Vortage handelt. Er ist bis zum letzten Augenblick entschlossen, abzufliegen, fliegt dann aber nicht, bleibt aber unentschlossen, ob er Lila wiedersehen will oder nicht; natürlich kommt es zum Wiedersehen, womit der Beginn einer langen Geschichte oder vielmehr einer ganzen Reihe von Geschichten gesetzt ist. – Enderlin ist ein Mensch, der nicht in der Gegenwart lebt; er ist unfähig, sich in der Gegenwart zu verwirklichen und sie damit zu erfüllen. Er lebt aus der Spannung zwischen Erinnerung und Ahnung, zwischen Vergangenheit und Zukunft. Er sehnt sich nach einem künftigen fernen Ziel, und wenn es erreicht und Gegenwart geworden ist und damit aufgehört hat, Ferne zu sein, wird es ihm unerträglich und ekelhaft. Kaum ist es aber vergangen und Erinnerung geworden, erscheint es gleich wieder als verlockender Gegenstand der Sehnsucht. Immer wieder versucht Enderlin, die ernüchternde und distanzlose Gegenwart zu umgehen oder zu überspielen.

Aus derselben Grundanlage stammt Enderlins Angst vor der Wiederholung. Die Vorstellung, ein Jahr seines Lebens nochmals durchleben zu müssen «mit dem vollen Wissen, was kommt, und ohne die Erwartung, die allein imstande ist, das Leben erträglich zu machen, ohne das Offene, das Ungewisse aus Hoffnung und Angst» (V, 123) wird für ihn zur wahren Höllenvision. In einem Leben «ohne Hoffnung, daß es anders kommt» (V, 124) erscheint das Erlebnismuster, das im Ich während des Autounfalles und in der leeren Wohnung aufgeblitzt ist: der Tod als das Veränderunglose, die völlige Ohnmacht bei vollkommenem Bewußtsein ohne die Zeit als Medium der Wandlung. – Enderlins Entschluß des letzten Augenblicks, doch nicht zu fliegen, verursacht dann eben die Geschichten, welche im Zeichen einer alles beherrschenden Wiederholung stehen. Die ganze Welt erscheint durchdrungen von einem unentwirrbaren Geflecht von Verbindungen und Bezügen, welche Hüben und Drüben und Einst und Dann dergestalt miteinander verknüpfen, daß alles und jedes ineinander zu hängen und Vergangenheit und Zukunft vertauschbar zu sein scheinen. Das ganze gemeinsame Leben zweier Menschen, die sich zu lieben geglaubt haben, wird zur ständigen Wiederholung, zur Gewöhnung und Entleerung und führt schließlich in die Öde der Gefangenschaft. Es kommt die Zeit der rasenden Sehnsucht nach dem Ausbruch aus dem Gefängnis, sie wird zur Sehnsucht nach Sehnsucht, und dann folgt der während Endzustand: «Jetzt ist nicht Jetzt, sondern Immer . . . Vergangenheit ist kein Geheimnis mehr, die Gegenwart ist dünn, weil sie abgetragen wird von Tag zu Tag, und die Zukunft heißt Altern . . .» (V, 136 f)

Es gelingt Enderlin nicht, aus diesem Teufelskreis hinauszuspringen und zu sich selbst zu kommen. Der Sprung nach Harvard könnte vielleicht die Rettung bringen: die Selbstverwirklichung durch die Arbeit oder das überlegene Spielen einer Rolle. Aber Enderlin kann keine Rolle spielen. Im Augenblick, als der Ruf an ihn ergeht, «erschrickt er über die Rolle, die er offenbar gespielt hat bisher –» (V, 39) Sein Selbstentwurf sieht die Legitimation durch die Leistung vor. Auch seine Krankheit mit dem Schrecken über einen möglichen frühen Tod vermögen ihn nicht zu ändern, er bleibt derselbe, verzichtet auf Harvard und damit auf die Ferne, die Spannung löst sich, er verfestigt sich im Bildnis der Legitimation durch die Leistung, und dann: «Also altern!» (V, 57)

Gantenbein beginnt seine Roman-Laufbahn mit einem neuen, anderen Leben. Was Theo Ehrismann in «Zürich Transit» nicht kann, das gelingt Theo Gantenbein: er beginnt, da sich unerwartet die äußeren Voraussetzungen einstellen, ein anderes Leben: er spielt den Blinden. Während er sich in seine neue und ungewöhnliche Rolle einlebt und ein neues Verhalten einübt, lernt er durch das, was er nicht mehr tun darf oder neu tun muß, sich selber kennen. Aus der eigenen Rolle lernt er die Rollen der anderen Menschen erkennen, ihre kleinen Lebenslügen und Wirkungsabsichten. Gantenbein ist glücklich, nicht wirklich blind zu sein; aus verschiedenen Gründen vermeidet er die Identifikation mit seiner

Rolle. Einmal würde wahre Blindheit zur Verinnerlichung und zum Angewiesensein auf Erinnerung und Ahnung führen; Gantenbein schützt sich davor durch die Uhrzeit, er lebt im Jetzt. Dann verschafft die von der Welt geglaubte Blindenrolle eines wirklich Sehenden diesem ungeahnte Möglichkeiten: er kann die Menschen frei machen, sie brauchen sich vor ihm nicht zu tarnen; andererseits kann er ihnen gezielte Wahrheiten sagen, die sie nur von einem Blinden annehmen dürfen, der nicht sieht, wer sie tatsächlich sind. Die größten Erfolge aber erringt der blinde Gantenbein in seiner Ehe mit der großen Schauspielerin Lila, die ihn zwar liebt, aber natürlich auch betrügt. Da gibt es keine Szenen wegen sichtbarer Verstimmungen, die er ja nicht sehen kann, keine Zänkereien wegen Besserwissereien im alltäglichen Zusammensein, denn auch wenn er die vielen Unzulänglichkeiten sieht, kann er nicht darauf reagieren, weil er ja blind ist. Lila braucht vor Gantenbein nicht zu heucheln, da sie bei ihm keinen Verdacht vermuten kann, und Gantenbein liest keine herumliegenden Briefe, da er sie ja doch nicht verwerten könnte, und somit erfüllt sich von selbst die Forderung, daß erst das voreinander gehütete Geheimnis ein Paar zum Paar macht. Gantenbein weist Lila auch keine Lügen nach und ermöglicht durch die Blindenrolle eine wahre Ehe, die eine Frage des Taktes ist. In der liebenden Umarmung braucht er der Geliebten nichts vorzumachen, denn als Blinder ist er eins mit seinem Traum. – Im übrigen hält sich Gantenbein an die Untersuchungsergebnisse eines amerikanischen Blindenforschers, die Lila in einem wissenschaftlichen Magazin gelesen hat und genießt den Vorteil, daß man einen Blinden nicht hinters Licht führen kann. Das Roman-Ich hat ein ungemeines Interesse für das Verhalten von Gantenbein, es forscht ihn aus und ist immer gespannt auf sein Urteil.

Wesentlich ist natürlich immer, daß Gantenbein ja gar nicht blind ist. Im Tagebuch schreibt Max Frisch über Dürrenmatts Stück *Der Blinde,* wo der wirklich blinde Herzog in seinem Herzogtum, von dessen Zerstörung er nichts weiß, sich verhält nach dem Bilde einer intakten Welt, das er in sich trägt. Ganz anders ist es bei Gantenbein, dem sehenden Blinden: er macht sich keine Bilder. Er erkennt die Bildnisse, welche sich die anderen machen wie auch die, welche er selbst sich machen würde aber als Blinder nicht machen kann. Und so ist er der einzig wahrhaft Sehende.

Allerdings wird Gantenbein seine Rolle schließlich auch langweilig, besonders weil er sieht, daß Lila sich ein Bildnis von ihm gemacht hat und ihn nicht als den liebt, der er in Wahrheit ist. So erliegt er der Versuchung, aus dem Bildnis, das sie von ihm hat, hinauszutreten. Aber kaum tritt er als Sehender auf, beginnt er auch schon, sich seinerseits ein Bildnis von der untreuen Lila zu machen, und es kommt zu denselben Eifersuchtsszenen wie bei Svoboda. Das Roman-Ich stellt besorgt fest, daß Gantenbein unmöglich wird, wenn er nicht den Blinden spielt. Er wird als Sehender so blind, daß er seine eigenen Briefe an Lila für die Liebesbriefe eines vermeintlichen Liebhabers hält. So tritt er in die Blindenrolle zurück.

Svoboda ist der Mann der Entschiedenheit, des Entweder-Oder. Menschen wie Svoboda veranlassen schicksalhafte Geschehensverläufe, die tragisch enden können. Das Roman-Ich möchte nicht Svobda sein, wie es zweimal betont. Es stellt sich die aus Svobodas Erlebnismuster folgende Handlungsweise bis zum katastrophalen Schlußakt vor und stellt dann kategorisch fest: »Aber ich bin nicht Svoboda.« (V, 261)

Enderlin ist der Gespaltene. Sein Selbstentwurf zwingt ihn zur Selbstüberforderung und bringt ihn in einen Zustand der Angst vor dem Ungenügen. Er könnte ein zweiter bewußterer Stiller werden. Das Roman-Ich gibt ihn auf, weil von ihm nichts Neues und Ungeahntes zu erwarten ist. Es interessiert sich lediglich für Gestalten, die ihm bei der Selbsterforschung helfen, denen der Spielraum seiner Erwartung bleibt: «Ich habe Enderlin aufgegeben. – (Es gibt andere Leute, die ich nicht aufgeben kann, selbst wenn ich ihnen nur selten begegne oder nie mehr. Ich will nicht sagen, sie verfolgen mich in meiner Vorstellung, sondern ich verfolge sie, ich bleibe neugierig, wie sie sich in dieser oder jener Lage verhalten möchten, dabei unsicher, wie sie sich wirklich verhalten. Ihr wirkliches Verhalten mag enttäuschen, aber das macht nichts; es bleibt ihnen der Spielraum meiner Erwartung. Solche Leute kann ich nicht aufgeben. Ich brauche sie, und auch wenn sie mich übel behandelt haben. Das können übrigens auch Tote sein. Sie fesseln mich lebenslänglich durch meine Vorstellung, daß sie, einmal in meine Lage versetzt, anders empfänden und anders handelten und anders daraus hervorgingen als ich, der ich mich selbst nicht aufgeben kann. Aber Enderlin kann ich aufgeben.)» (V, 160)

Nicht aber Gantenbein: sein Selbstentwurf des intellektuellen, blinden Sehenden bietet so viele neue Verhaltensmöglichkeiten, eine derartige Freiheit der Variation, daß das Roman-Ich von ihm immer neu gefesselt wird. Gantenbein betont mehrmals, froh zu sein, daß er nicht wirklich blind ist, denn nur die Scheinblindheit verschafft ihm die ganze Weite der Möglichkeiten, die Tatsache, daß er nicht der Blinde ist, sondern ihn spielt. Max Frisch sagt von Don Juan, er spiele seine Rolle und sei daher ein reflektierter Don Juan. So ist auch Gantenbein ein reflektierter Blinder, der sein hochbewußtes Spiel spielt. Bei Don Juan sind Larve und Wesen nicht identisch, weil er sich selbst sucht, weil er vom Bildnis in die Rolle gesprungen ist und diese jenem angleicht. Bei Gantenbein ist nichts derartiges zu finden: der Leser kennt den Gantenbein vor dem Autounfall nicht; er kennt nur denjenigen, der seine Rolle gewählt hat und darin eine totale Freiheit genießt, vor allem von jedem Bildnis und von der Gefahr, selber Bildnisse zu machen. Sein Spiel ist um eine Stufe bewußter als das Don Juans: nicht nur beobachtet und durchschaut er sein eigenes Ich und sein bewußtes Spiel. Gantenbein befindet sich nicht auf der Suche nach sich selbst; er hat sich längst gefunden und sich von sich auch wieder befreit. Das Problem der Identität ist für Gantenbein ebenso irrelevant geworden wie das des Bildnisses. Svoboda ist Architekt, Enderlin Dr. phil. und Wissenschaftler, Gantenbein aber ist ohne einengenden und festlegenden Beruf, der Allround-Intellektuelle, dem eine unbeschränkte Zahl von Möglichkeiten offen steht. Der Leser kennt auch sein Aussehen nicht, es ist ihm völlig freigestellt, wie er ihn sich vorstellen will. Für ihn gilt die totale Freiheit, das Nicht-Festgelegtsein und die Offenheit nach allen Seiten hin.

Dazu gehört auch seine Möglichkeit, aus der Rolle hinauszutreten. Max Frisch sagt einmal, es wäre verlockend, die Brechtschen Gedanken über die Wirkung des Verfremdungseffektes auch in der erzählenden Dichtung anzuwenden. (II, 600f) Das geschieht nun gewiß in der Gantenbein-Rolle auf eine virtuose Art. Etwa wenn Gantenbein nach dem Besuch beim Amtsarzt, wo er eben den Blindenschein erhalten hat, allein im Lift ist: «Entspannt wie ein Schauspieler hinter der Kulisse, wo er sich ungesehen weiß, liest Gantenbein sofort die amtliche Karte.» (V, 47) Bei Brecht verfremdet der Schauspieler seine Darstellung, indem er sie vor dem Zuschauer als Rolle, als Spiel enthüllt; hinter der Kulisse aber ist er wirklich ungesehen. Anders Gantenbein: er wird vom Leser immer beobachtet, damit gehört bei ihm eben das Aus-der-Rolle-Treten zu seiner Rolle selbst, er spielt auch noch hinter der Kulisse.

Das heißt, daß sein Rollenspiel und damit auch seine Bewußtheit noch um einen Schritt weiter geht als bei Brecht. Das wird besonders deutlich, wo Gantenbein an einem Septembermorgen in einer ländlichen Gärtnerei für Lila, die er von Gastspielen zurückerwartet, Blumen auswählt: «Wüßte sie, wie Gantenbein die lodernden oder glimmenden Farben dieser Welt genießt, wenn sie auf Reise ist, und wie er sie betrügt mit jeder Blume, die er sieht!» (V, 109) Oder nachher beim Ordnen des Strausses zu Hause: «Oft brauche ich Stunden, bis es soweit ist – . . . natürlich habe ich die Blindenbrille stets zur Hand, falls Lila früher kommt, zeitweise halte ich sie mit den Zähnen, meine Blindenbrille, wenn ich beide Hände brauche für den Strauß, und lausche wie ein Kind, das nascht, zitternd im Grunde meiner Seele . . .» (V, 110) Dann aber kommt Lila einen Tag später, der Strauß muß spurlos verschwinden, damit er nicht halb verwelkt als Vorwurf erscheinen und eine Verstimmung hervorrufen könnte. In dieser Szene wird die ganze Rolle bis in ihre tieferen Schichten des Fühlens und Empfindens deutlich; Gantenbeins Leben ist zum höchst bewußten, artistischen Spiel geworden, in dem auch das sonst unbewußte Erleben reflektiert und unter Kontrolle gebracht ist.

Im *Stiller* und im *Homo Faber* werden bereits vergangene, unabänderbare Geschehensverläufe enthüllt; die Schicksale sind hier längst festgelegt: Walter Faber wird durch das seine zu Tode gedrückt, Stiller bleibt ein kleiner freier Spielraum, so daß er sich aus den fast ganz vorbestimmten Umständen befreien könnte.

Im *Gantenbein* ist nichts festgelegt: es gibt hier keine Vorgeschichte, die wiederholt werden muß, kein tödliches Schicksal, alles ist offen. *Stiller* und *Homo Faber* sind Romane der Vergangenheit, in denen im Imperfekt erzählt werden muß, wie es gewesen ist und dadurch die Illusion historischer Faktizität geschaffen wird. *Gantenbein* verzichtet auf solche Täuschung; er geht aus von der neu gewonnenen Überzeugung, daß die Erfahrung nicht ein Schluß, sondern eine Eröffnung ist: «Ihr Bezirk ist die Zukunft. Oder die Zeitlosigkeit.» (IV, 264) Dadurch ist der ganze Roman erst möglich geworden; nicht nur die Erkenntnis ist a priori durch das Subjekt des Erkennens geformt, sondern auch die Erfahrung. Dadurch vollzieht sich eine weiter gehende Subjektivierung und Relativierung der Welt. Was ist die Welt? «Ein zusammenfassendes Bewußtsein, . . . ein Gehäuse menschlichen Geistes», sagt schon Romeo in der *Chinesischen Mauer*. (*CM* I, 16) Die Welt und ihre Wirklichkeit wird vom erkennenden und erfahrenden Subjekt geschaffen. Aus dieser Einsicht ist der Roman *Mein Name sei Gantenbein* entstanden: das fabulierende Ich, das sich Geschichten anprobt wie Kleider, (V, 22) das Geschichten entwirft und erfindet und so seine Erfahrung lesbar macht und sein Erlebnismuster auskundschaftet: dieses fabulierende und sich vorstellende Ich schafft die Welt des Romans. Das aus *Don Juan oder Die Liebe zur Geometrie* und *Homo Faber* bekannte Experimentieren ist im Gantenbein-Roman formbildend geworden.

Das vorstellende Ich ist eine Art von Spielleiter, das eine imaginäre Bühne mit den Gestalten seiner selbstherrlichen Vorstellungskraft bevölkert und sie gemäß der Dramaturgie seines Erlebnismusters agieren läßt: das heißt, es läßt sie Geschichten erleben, welche sich gegenseitig ergänzen oder widersprechen, es läßt Gestalten erscheinen und wieder verschwinden, Geschichten beginnen und wieder aufhören, genau nach den Bedürfnissen seiner Erfahrung, die sich lesbar machen will, das heißt nach dem Wunsch des Ichs, sich selbst und die inneren Gesetze seiner Welt kennen zu lernen.

Dieser Roman ist in sich völlig geschlossen,[5] er bildet eine autochthone, mikrokosmische Spielwelt des experimentierenden Ichs. Diese ist die dichterische Konsequenz aus Max Frischs neuer geistiger Position, wonach die Welt und ihre Wirklichkeit vom erkennenden und erfahrenden Ich geschaffen wird. Dieser Roman als Spielwelt realisiert im Ganzen, und nicht nur in der Gantenbein-Gestalt, die Anwendung der Brechtschen Verfremdungsgedanken auf die erzählende Dichtung: «Verfremdungseffekt mit sprachlichen Mitteln, das Spielbewußtsein in der Erzählung, das Offen-Artistische, das von den meisten Deutschlesenden als ‹befremdend› empfunden und rundweg abgelehnt wird, weil es ‹zu artistisch› ist, weil es die Einfühlung verhindert, das Hingerissensein nicht herstellt, die Illusion zerstört, nämlich die Illusion, daß die erzählende Geschichte ‹wirklich› passiert sei usw.» (II, 601)

Die Welt des «wirklich» Passierenden und Passierten, die Welt der wirklichen Geschichten und der Geschichte ist auf der vorgestellten Bühne der Gantenbein-Spielwelt nicht vorhanden; es wird gelegentlich auf sie als auf etwas außerhalb Bestehendes verwiesen, (V, 23, 68) aber einbezogen wird sie nicht. Der Bezirk der Gantenbein-Welt ist schicksalslos und zeitlos, und damit auch geschichtslos. Die unmittelbare Erfassung des Wirklichen im Menschen und in der Wirklichkeit der Welt ist Max Frisch längst schon fragwürdig geworden, weil er weiß, daß sich zwischen die Wirklichkeit und den Versuch ihrer Bestimmung immer wieder die Klischees der menschlichen Erkenntnis- und Erfahrensformen schieben und daß ihre lebendige Fülle durch das fertige Bildnis verfestigt, gefesselt und gefälscht wird. Die Befreiung vom Bildnis ist im Gantenbein-Roman so radikal und total geworden, daß sich das Roman-Ich in ihm von der wirklichen Welt und ihrer wirklichen Geschichte überhaupt befreit. – Aber das ist doch auch wieder nur die halbe Wahrheit. Der Vorfall von unabweisbarer Wirklichkeit ist der Tod. An seiner Faktizität zerbricht auch die selbstherrliche Spielwelt des vorstellenden Ichs. Der Tod aber steht am Anfang und am Schluß der Roman-Welt. Hat der die Limmat hinuntertreibende Tote seine Geschichte zuende gelebt? Ist sein Leben so wirklich gewesen, daß daraus auch sein Tod wirklich werden konnte? Niemand weiß es, so wie auch niemand weiß, ob der kurze, leichte, wie gewünschte Tod, mit dem der Roman einsetzt, ein eigener und wirklicher Tod ist. Gerade auf diese unbeantwortete und unbeantwortbare Frage ist der ganze Roman bezogen. Walter Faber, das Ich des Romans *Homo Faber*, ist blind gegenüber den Zeichen der Zufälle aus der Wirklichkeit, er ist seinem Schicksal schutzlos preisgegeben; und so muß er angesichts des Todes erkennen, daß sein ganzes Leben falsch gewesen ist. Das Ich des Gantenbein-Romans gibt Svoboda und Enderlin, welche ähnlichen Schicksalen wie Walter Faber verfallen könnten, auf und identifiziert sich immer wieder mit dem sehenden Blinden Gantenbein und erforscht in seinen Geschichten seine eigene innere Welt, um sich vorzubereiten auf das wirkliche Leben und sein Schicksal in der wirklichen Welt. Denn daß diese wirkliche Welt vorhanden ist und bestanden werden muß, das weiß der vor den eidgenössischen Parlamentswahlen im schweizerischen Fernsehen auftretende Max Frisch ebenso gut wie der Staatsminister von Goethe. Die Kunstwelt des Romans kann so als eine Art Schutzimpfung gesehen werden, für das Bestehen des wirklichen Lebens in der wirklichen Welt.[6] Das ist doch wohl auch die tiefere Bedeutung des Schlußbildes des Romans, trotz seiner Geschichtslosigkeit; hier ist alles erfüllte Gegenwart, Fülle eines Lebens, das dem Ich gefällt; wohl auch gerade deswegen gefällt, weil der Ernst des Todes in ihm mit enthalten ist.

Biografie: Ein Spiel

Eine von Max Frischs wichtigsten Einsichten der Zeit zwischen
dem Roman *Homo Faber* und dem Stück *Biografie: Ein Spiel* ist
gewiß die, daß nicht nur die menschliche Erkenntnis, sondern auch
die Erfahrung apriorischen Charakter hat; daß also die menschliche Erfahrung nicht aus der Geschichte erfolgt, sondern sich
vielmehr ihre Geschichten macht. Diese Tatsache hat zur Folge,
daß dem Begriff des Bildnisses eine viel weiter gespannte Bedeutung zukommt, als er selber es zur Zeit seiner frühen Tagebucheintragung (II, 374) geahnt haben mochte. Das Ich macht sich nicht
nur ein Bildnis vom Du, von Gott als dem Lebendigen in jedem
Menschen, es macht sich auch Bildnisse von Verhaltensweisen,
von Geschehensabläufen, von zwischenmenschlichen Beziehungen. Die Gefahr, daß das ganze Leben durch Bildnisse festgelegt
werde, wird dadurch viel größer und bedrohlicher, der Spielraum,
um der Fesselung zu entgehen, immer kleiner, die Selbstwerdung
demzufolge schwieriger und komplizierter. Es besteht die ständige
ungeheure Gefahr, daß das Erlebnismuster in immer gleichen
Typen von Geschichten sich festfährt und das Ich am Identischwerden mit sich selbst verhindert. Der Roman *Mein Name sei Gantenbein* ist das erste dichterische Ergebnis dieser neuen grundlegenden Überlegungen und Einsichten des Autors; das ganze Experiment dieses Buches ist durchaus im Zeichen eines umfassenden
Befreiungskampfes gegen das Bildnis zu sehen, wo und wann
immer es zu entstehen und das Ich zu umgarnen droht.

Es ist gezeigt worden, wie Max Frisch im Gantenbein-Roman
die Brechtschen Gedanken über die Verfremdung für die erzählende Dichtung anwendbar gemacht hat. Gewiß ist Brechts Einfluß
auch in seinem Bühnenschaffen wirksam. Er zeigt sich in Max
Frischs zeitweiliger Vorliebe für das Parabelstück, ferner in der
Verwendung von Verfremdungs-Effekten etwa in der zweiten
Fassung der *Chinesischen Mauer*. Aber diese haben bei Frisch eine
andere Bedeutung als bei Brecht, er verwendet sie als ästhetisches
Kunstmittel ohne politisch-soziale Tendenz. Auf die grundsätzlichen Unterschiede zwischen Max Frisch und Bertolt Brecht ist
schon hingewiesen worden.[7] Auf die in der zweiten Fassung der
Chinesischen Mauer überreiche und allzu äußerliche Verwendung
der Verfremdungseffekte verzichtet Max Frisch später wieder.

Wollte er die Brechtschen Verfremdungsgedanken analog zu deren Anwendung im Gantenbein-Roman nun auch für sein dramatisches Schaffen fruchtbar machen, dann mußte es zu einer grundsätzlichen Umwandlung und Sinnveränderung der Brechtschen Technik kommen. Denn Max Frisch will keine Ideologie und keine daraus folgende Lehre verkünden, sondern erstrebt gerade die Auflösung jedes fertigen Bildnisses. Dazu kommt bei Max Frisch nach der *Andorra*-Zeit ein zunehmendes Unbehagen am Parabelstück und der diesem zugehörigen Form. Zu derselben Zeit sucht er nach einer neuen dramatischen Form, nach einer Dramaturgie, welche imstande wäre, die Befreiung von der Fessel des Bildnisses dem Thema entsprechend zum Ausdruck zu bringen, die also formaler Ausdruck der Befreiungsbemühungen sein könnte. Diese neue Dramaturgie muß die Freiheit der Wahl und die Möglichkeit der beliebigen Wiederholung dieser Wahl gestalten können.[8] Sie darf nicht mehr einem einmal Geschehenen, nur weil es geschehen ist, einen unwiderruflichen Sinn unterstellen: «Jeder Verlauf, der dadurch, daß er stattfindet, andere Verläufe ausschließt, mündet in die Unterstellung eines Sinns, der ihm nicht zukommt, der nicht gemeint ist.» (V, 368) Die neue Dramaturgie soll die Möglichkeit schaffen, daß Verläufe stattfinden, ohne andere auszuschließen, daß andere mögliche Verläufe als Varianten gespielt werden können. Die klassische Dramaturgie ist eine Dramaturgie der Fügung, der Peripetie, welche die Handlung als notwendigen Ablauf von zwingender Kausalität gestaltet. Diese Dramaturgie entspricht aber nach Max Frisch der modernen Existenzerfahrung nicht mehr. Der moderne Mensch erlebe etwas ganz anderes: «Tatsächlich sehen wir, wo immer Leben sich abspielt, etwas viel Aufregenderes: es summiert sich aus Handlungen, die oft zufällig sind, und es hätte immer auch anders sein können, es gibt keine Handlung und keine Unterlassung, die für die Zukunft nicht Varianten zuließe. Der einzige Vorfall, der keine Variante mehr zuläßt, ist bekanntlich der Tod.» (V, 367) Damit wird auch der dem Geschehen unterstellte Sinn als nicht zwingend enthüllt: «Wir erleben ihn nirgends, und was wir erleben, ist das Gegenteil: es geschieht etwas, und etwas anderes, was ebenso möglich wäre, geschieht nicht, und es liegt eigentlich nie an einer einzelnen Handlung oder einem einzelnen Versäumnis; wo wir Entscheidungen treffen, erweist es sich als Gebärde eines Gesteuerten, der nicht weiß, was ihn steuert, und wir wissen nur, daß alles, was auf die Gebärde des

Entscheidens folgt, auch anders verlaufen könnte; was der letzte Akt uns zeigt, ergibt sich nicht zwingend aus einer Peripetie, sondern aus einer Summe von Zufällen, und eine Gesetzmäßigkeit, die sich freilich erkennen läßt für die große Zahl, hat Wahrscheinlichkeitswert, aber nicht mehr; auch das Unwahrscheinliche ist möglich im Einzelfall, der auf der Bühne steht, lebendig nur als Einzelfall, als Sonderfall.» (V, 367f) Das Ergebnis aus dem Geschehensverlauf verliert das Zwingende und Gesetzhafte; es hätte mit denselben Figuren auch etwas anderes stattfinden können. Das gilt für die Geschichten des Ichs wie für die der Allgemeinheit, das heißt für die Biographie wie für die Weltgeschichte. Für die dichterisch-dramatische Bewältigung dieses Phänomens nun braucht es eine neue Dramaturgie: eine Dramaturgie des Zufalls, der auswechselbaren Möglichkeiten und beliebigen Varianten.

Max Frisch gesteht einmal, er habe die Freude am Theater oder genauer an der Theateraufführung verloren; dennoch muß er zugleich bekennen: «Es gibt ja doch Augenblicke, da Theater mich bestürzt wie nichts anderes, so, daß man nichts anderes möchte als Theater und begreift, warum man es immer wieder versucht hat und versucht. Das geschieht bei Proben. Genau gesprochen: vor allem bei den frühen Proben. Da, mindestens für Augenblicke, geschieht etwas – ich habe Hemmungen vor dem Wort: Magie – etwas Einmaliges. Sagen wir: Happening. Da entsteht etwas, Wirklichkeit von innen, indem das Spiel triumphiert über alle Wirklichkeit außen, die uns durch Undurchschaubarkeit bedrängt.» (V, 366) Aus dem Wesen der Probe, des Probierens im Theater ergeben sich nun die Ansätze zu einer neuen Dramaturgie. Max Frisch kennt die Art, wie Brecht seine Stücke probte: monatelang, indem er alle Möglichkeiten der Darstellung ausprobierte, bis er sich dann für die Aufführung auf eine festlegte. Aus seiner eigenen Theaterpraxis im Zürcher Schauspielhaus weiß er, wie die Endfassung vieler seiner Stücke erst durch die Probenarbeit zustandegekommen ist, wo die beste, der Vision des Autors am genauesten entsprechende Formulierung ausprobiert worden war. Aber wichtiger noch als die endgültige Formulierung, die ja eben immer eine Festlegung sein muß, ist Max Frisch das Spiel des Probierens: die äußere Wirklichkeit bleibt für ihn immer bedrängend und unfaßbar in ihrer Undurchschaubarkeit; im Triumph des Spiels über diese Wirklichkeit aber wird innere Wirklichkeit faßbar, «Wirklichkeit von innen». Daher ist ein Hauptgrundsatz der neuen Dramaturgie gerade nicht die endgültig festgelegte Formulierung, sondern die offene Möglichkeit des spielerisch-spielenden Variierens, des ständig neuen Formulierens.

Die Probe ist ein Wiederholen.[9] Die Wiederholung ist für Max Frisch ein höchst bedeutungsvoller und mehrdeutiger Begriff. Wiederholung kann durch die ständige Wiederkehr des Gleichen zum tödlichen Leerlauf und zur Höllenvision der Verdammnis werden. Wiederholung kann aber ständige Erneuerung sein durch ein Wieder-Holen des ungenügenden Gewesenen, als ein strebendes Suchen des Ichs nach dem Wesenhaften, um immer aufs neue und immer wahrhafter wirklich zu werden.[10] Das Wiederholen ist dann ein Ausprobieren von Varianten zum schon Geschehenen unter Ausmerzung des Falschen und bloß Zufälligen; so wird die Wiederholung zum Wesenelement des Läuterungsprozesses der Selbstwerdung.

Damit aber sind die Grundlagen der neuen Dramaturgie angegeben, die Max Frisch in seinem Stück *Biografie: Ein Spiel* anwendet.

Biographie heißt Lebensbeschreibung. Sie kann sich literarisch in dreifacher Hinsicht gestalten lassen: als Selbstdarstellung des Verfassers, als Darstellung einer nicht mit dem Ich des Verfassers identischen Person, oder als Entwicklungsroman, als Bericht über eine fiktive oder reale Person, über ihr Leben, ihre Wandlung, ihr Erreichen eines Bildungszieles, von dem her im Rückblick sich der Sinn des Ganzen erweist. Die Biographie gehört ihrem Wesen nach in das Gebiet der Epik; wird sie dramatisiert, dann kann sie etwa als Stationendrama bühnengerechte Form gewinnen. Max Frisch aber will mit seinem Stück etwas völlig anderes. Die Hauptgestalt seines Spiels *Biografie,* der Verhaltensforscher Johannes Kürmann, hat zu Beginn der Handlung schon eine Biographie, das heißt einen bereits geschehenen Lebenslauf; aber er ist nicht bereit, sie als solche als sinnvoll und notwendig anzunehmen. «Glauben Sie . . . als Kybernetiker, daß die Biografie, die ein Individuum nun einmal hat, verbindlich ist, Ausdruck einer Zwangsläufigkeit, oder aber: ich könnte je nach Zufall auch eine ziemlich andere Biografie haben, und die man eines Tages hat, diese unsere Biografie mit allen Daten, die einem zum Hals heraus hängen, sie braucht nicht einmal die wahrscheinlichste zu sein: sie ist nur eine mögliche, eine von vielen, die ebenso möglich wären unter denselben gesellschaftlichen und geschichtlichen Bedingungen und mit derselben Anlage der Person. Was also kann, so gesehen, eine Biografie überhaupt besagen? Sie verstehen: ob eine bessere oder schlechtere Biografie, darum geht es nicht. Ich weigere mich nur, daß wir allem, was einmal geschehen ist – weil es geschehen ist, weil es Geschichte geworden ist und somit unwiderruflich – einen Sinn unterstellen, der ihm nicht zukommt.» (V, 522) Von seinem Gesprächspartner erhält nun Kürmann die Antwort: «Ab posse ad esse valet, ab esse ad posse non valet.» Das heißt, man kann aus der Möglichkeit in die Wirklichkeit hinübertreten, aber nicht aus dem wirklichen Sein in die Möglichkeit zurückkehren, genauer: das wirklich Geschehene bleibt geschehen und ist nicht mehr rückgängig zu machen. Aber gerade diese Chance wird nun Kürmann geboten. Die entsetzliche Kontinuität der Zeit wird aufgehoben, im Spiel. «Leben ist geschichtlich, in jedem Augenblick definitiv, es duldet keine Variante. Das Spiel gestattet sie . . .» (*Dram,* 17) Damit ist Kürmann gewährt, was die Wirklichkeit nie, wohl aber das Theater gestatten kann: «Noch einmal anzufangen, wo Ihnen beliebt, noch einmal zu wählen. –» (V/502)[11] Die Personen, mit denen er es bei diesem Experiment zu tun hat, sind Antoinette und der Registrator. Antoinette Stein ist Dr. phil., eine unabhängige und völlig selbständige Frau, die ihr eigenes Leben will und keinen Mann sucht, «der meint, daß sie ohne ihn nicht leben kann». (V, 498) Wenn sie nach der Surprise-Party noch länger bleibt, dann nicht etwa, weil sie sich in Kürmann verliebt hat, sondern lediglich, weil sie fürchtet, daß unten ein Mann auf sie wartet, der sich in sie verliebt hat. Sie will Kürmann durchaus nicht an sich fesseln und kann sich auch ohne jede Schwierigkeit wieder von ihm lösen. Der Registrator ist Kürmann ein gütiger Assistent und Helfer, der ihm seine Möglichkeiten erklärt und ihn auf Fehler aufmerksam macht. So sind Kürmann alle Möglichkeiten geboten, seine Biografie zu verändern, alle äußeren Voraussetzungen sind geschaffen, daß er neu wählen kann. Kürmann ist der Wählmann, und das ganze Stück besteht aus dem Wählen und Ausprobieren von Varianten zu seiner Biographie. Kürmann macht gewiß Gebrauch von der einzigartigen Wahlfreiheit, Verschiedenes wird wirklich anders, nur nicht die eine Kernszene, wo er am Schluß der Party Antoinette kennen lernt. In sechsmaliger Wiederholung probiert er sie durch, ständig begleitet vom symbolischen Leitmotiv der Ballettprobe; aber es gelingt ihm nicht, sie so zu ändern, daß es nicht zur Ehe mit Antoinette kommt.

Wo sind die Gründe zu diesem Mißlingen? Sind es die Zufälle?

Gewiß sind Zufälle wirksam: Durch den Zufall der Surprise-Party und weil sie zufälligerweise gerade am Ort war, kommt es zur Begegnung Antoinettes mit Kürmann. Als bei der zweiten Wiederholung endlich alles so weit ist, daß sie wirklich gehen will, wird ihr übel wegen des Pfeifenrauchens, und sie muß doch bleiben. Aber diese Zufälle vermögen das sechsmalige Versagen des Wählmannes nicht zu erklären. Die Gründe liegen in ihm selbst. Er macht den Frauen gegenüber jedesmal denselben Fehler, weil er ihnen die Erwartung unterstellt, die er meint erfüllen zu können. (V, 493; VI, 167) «Kaum sehen Sie eine junge Frau in diesem Zimmer, eine Unbekannte, denken Sie an eine Geschichte, die Sie schon erfahren haben . . . Sie verhalten sich nicht zur Gegenwart, sondern zu einer Erinnerung. Das ist es. Sie meinen die Zukunft schon zu kennen durch Ihre Erfahrung. Drum wird es jedesmal dieselbe Geschichte.» (V, 492) Das Erlebnismuster hat sich im Bildklischee von einem bestimmten Vorgang verfestigt und realisiert sich nun immer in derselben Geschichte; Kürmann ist der Gefangene des selbstgemachten, fertigen Bildnisses, von dem er sich trotz den günstigsten Voraussetzungen nicht zu befreien vermag. Kürmann weiß selbst, «wie es weitergeht» (V, 488) und daß er aus jeder derartigen Geschichte ein Schicksal macht; daher wünscht er sich, um nicht immer denselben Fehler zu begehen, eine andere Intelligenz. Das aber wäre gegen die Regel des Spiels: «Sie haben die Genehmigung nochmals zu wählen, aber mit der Intelligenz, die Sie nun einmal haben. Die ist gegeben. Sie können sie anders schulen.» (V, 503) Damit ist Wesentliches gesagt: Durch richtige Schulung kann die gegebene Intelligenz eine kritische Funktion auszuüben beginnen und zur wahren Führkraft werden; sie kann dann den Zufall als das Fällige erkennen und in seiner Signalfunktion deuten, sie kann vor allem das Ich und sein Verhalten durchschauen und erkennen und dadurch künftige Irrtümer vermeiden helfen.

Bereits in der ersten Fassung der *Chinesischen Mauer* verwendet Max Frisch eine Form, welche durch Verflechtung von zwei Handlungen eine Art von Variantentheater ermöglicht. Die Masken stellen Varianten zu der Verhaltens- und Handlungsweise der Protagonisten der chinesischen Handlung dar. Dabei wiederholen sich oft dieselben Handlungsklischees, weil die Typen sich entsprechen, aber andererseits werden auch ganz andere Handlungsmöglichkeiten sichtbar. Das ganz Neue im Biografie-Spiel ist nun, daß der Autor die Varianten nicht durch andere Personen, sondern durch die eine Hauptgestalt spielen läßt. Kürmanns Biographie ist die bereits abgeschlossene, fertige Handlung, die eine Realität der Vergangenheit ist; das Spiel bringt nur die Varianten dazu, die ausprobiert werden, die Wiederholungen. Damit wird das in *Stiller* und *Homo Faber* nachgewiesene Erzählgesetz der Wiederholung als Wieder-Holung für das Theater nutzbar gemacht. Die Variantenproben sind mehr oder weniger veränderte Wiederholungen von Teilen der Biographie, die in der Wieder-Holung ihren Sinn oder Unsinn, ihr wahres Gesicht offenbaren. Aber gegenüber den Romanhelden Stiller und Walter Faber hat Kürmann im Spiel eine unerhörte Chance: er kann sich von der Vergangenheit lösen, noch einmal anfangen, eine andere neue Biographie ausprobieren. All das wird ihm ermöglicht durch die Dramaturgie der Permutation, der auswechselbaren Möglichkeiten.

Mein Name sei Gantenbein ist der Roman der auswechselbaren Vorstellungen und Möglichkeiten. In der *Biografie* steigt Max Frisch nun von der imaginären Bühne des fabulierenden und vorstellenden Ichs hinunter auf die wirkliche Bühne des Theaters, wo er eine selbstherrliche, reine Spielwelt entstehen läßt. *Biografie* ist das Spiel von der unbegrenzten Offenheit der Möglichkeiten. Trotzdem ist es, wie sein episches Gegenstück *Gantenbein,* in sich völlig geschlossen. Da ist wieder die absolute Welt der Bühne und des Spiels, die nichts von außen zu beziehen braucht, weil sie das Mögliche und das Wirkliche gleichermaßen umfaßt. Der Zufall kommt nicht von außen, nicht aus einer übergeordneten Welt, er fällt aus dem Spielbereich des Möglichen in die Spielwirklichkeit. Spiellicht und Arbeitslicht, gespielte Szene und Gespräch mit dem Spielleiter gehören gleichermaßen ins Spiel. «Wenn Kürmann aus einer Szene tritt, so nicht als Schauspieler, sondern als Kürmann.» (V, 579) Beides gehört zu seiner Spiel-Rolle. Es gibt in dieser absoluten Bühnen-Spielwelt kein Übersprechen der Rampe, genau so wie nichts von außen in sie hineinspricht. Auch der Registrator spricht nie ad spectatores. Sein Dossier enthält die schon gelebte Biographie Kürmanns: die Vorgeschichte ist so ständig präsent und kann in jedem Augenblick Spiel werden. Der Registrator unterscheidet sich grundsätzlich vom Stage manager bei Thornton Wilder und vom Brechtschen Kommentator, denn er ist immer dramatis persona. Mit der in *Biografie* vorgenommenen Weitung der Bühnen-Spielwelt, welche Spielmöglichkeit und

-wirklichkeit, nicht gespielte und gespielte Szene gleichermaßen umfaßt, gewinnt Max Frisch auf höherer Stufe etwas zurück, was er zeitweilig wohl nur widerwillig preisgegeben hat: die Unbedingtheit der Bühne; oder genauer: die Bühne als Raum des Unbedingten, innerhalb dessen das Spiel selbstherrlich ist, befreit von der Bedingtheit durch Zeit und Raum, eine unbedingte Spielwelt, die sich als solche vor sich selbst ständig entlarvt und in der es keine Verfestigung gibt.

Das Thema des Spiels *Biografie* ist die Wiederholung, das immer wieder beginnende Ausprobieren von unbefriedigenden Teilstükken der eigenen Biographie; und die Form dieses Spiels ist gegeben durch die Theaterprobe, die ja auch Wiederholung ist. Im Stück *Biografie* ist das Thema Form und die Form selbst wieder thematisch geworden. Die Dramaturgie der Permutation, wie sie erstmals in *Biografie* konsequent ausgeformt erscheint, ist der Gegenpol zu der Dramaturgie der Notwendigkeit, die in *Andorra* ihre gültige Ausformung erhalten hat. Die Dramaturgie der Notwendigkeit gestaltet den vom Schicksal determinierten Geschehensverlauf, die Dramaturgie der Permutation hebt jeden Verlauf in dem Augenblick wieder auf, da er sich schicksalshaft zu verfestigen droht. Die Dramaturgie der Notwendigkeit ist bei Max Frisch die Form des Bildnis-Zwanges, die Dramaturgie der Permutation die Form der ständig sich wiederholenden Erlösung vom Bildnis.

Kürman ist der Wählmann, ihm ist die höchste Würde und Freiheit des Menschen in reichstem Maße gewährt. Nach dem Atombombenversuch von Bikini hatte die Menschheit «noch einmal die Wahl . . . und vielleicht zum letztenmal». Stiller hat nach seinem Selbstmordversuch die Freiheit, zu entscheiden, ob er «noch einmal leben» wolle. Kürmann aber genießt die unerhörte Chance einer Dramaturgie, die es ihm gestattet, immer wieder zu wählen und neu anzufangen; alles steht ihm offen, die beste Lebensmöglichkeit zu wählen. Aber was Antoinette spielend gelingt, bringt er nicht zustande, weil er nicht anders sein kann. «Ich habe es als Komödie gemeint», sagt Max Frisch am Schluß seiner Anmerkungen zum Stück. *Andorra* ist die Tragödie des vom fremden Bildnis gefesselten Menschen, *Biografie* die Komödie des Menschen, der trotz größter äußerer Freiheit nicht vom selbstgemachten Bildnis loskommt. «Der Registrator . . . vertritt keine metaphysische Instanz», betont Max Frisch. Gewiß, der Bereich des Metaphysischen liegt außerhalb, jenseits der Biografie-Spielwelt; aber der Bote dieses Reiches meldet sich am Schlusse des Spiels: in seiner letzten Szene wird Kürmann mit dem Tode konfrontiert, mit dem einzigen «Vorfall, der keine Variante mehr zuläßt». (V, 367) Was Kürmann jetzt noch wählen kann, ist lediglich, wie er sich dazu verhalten will, daß er verloren ist. Es kommt jetzt nur noch darauf an, ob er sein Leben so gewählt und so gelebt hat, daß es ein wirkliches Leben ist, aus dem ein eigener und wirklicher Tod zustande kommen kann. Am Anfang und am Ende des Stückes kreist die Spieluhr: «Spieluhren faszinieren mich: Figuren, die immer die gleichen Gesten machen, sobald es klimpert, und immer ist es dieselbe Walze, trotzdem ist man gespannt jedesmal.» (V, 485 und 577) Darin wiederholt sich der Schluß der *Chinesischen Mauer*, wo «die Masken erscheinen als Polonaise, die sich im Kreise bewegt: in der Art einer Spieluhr, die immer den gleichen Ablauf wiederholt». (*CM* I, 129) Diese Polonaise ist das Kreisen der armen Verdammten in der Veränderungslosigkeit eines Todes, der kein wirklicher Tod ist, in welchem sie die immer gleichen Worte ihres nicht erfüllten Lebens wiederholen müssen. Dasselbe spricht sich im Symbol der Spieluhr aus und deutet unmißverständlich an, vor welchem Hintergrund sich eben auch die Komödie um die Biografie abspielt, welche damit zur beschwörenden Aufforderung wird, die Zeit des Lebens als Frist der Erlösung nicht zu versäumen.

So geht es eben letztlich auch in der *Biografie* um das alte Problem, welches Max Frisch immer neu beunruhigt: um das einmalige, wirkliche und unwiederholbare individuelle Leben, welches das Ich selber wählen muß und das ihm mißlingen kann. Das zeigt sich auch im Briefwechsel über *Dramaturgisches* mit Walter Höllerer. Die höchst scharfsinnigen Überlegungen des Literaturwissenschaftlers über die Möglichkeiten eines neu zu schaffenden erforschenden Möglichkeitstheaters, über die Frage, wie das Ich im Kollektiv figuriere und wie dieses Kollektiv mit seinen immer noch widersprüchlichen Ichs zurechtkomme, interessieren Max Frisch trotz seinen gescheiten Antworten doch eigentlich nicht so sehr. Was ihn interessiert und was er immer wieder darstellt und darstellen muß, das ist der Mensch als Einzelwesen, «das Ich, nicht mein Ich, aber ein Ich, die Person, die die Welt erfährt als Ich, die stirbt als Ich, die Person in allen ihren biologischen und gesellschaftlichen Bedingtheiten . . . Die Gesellschaft, selbst die wünschenswerteste, besteht aus Personen, die

leben, und Leben findet in der Ich-Form statt». (*Dram,* 34, 41)
Max Frisch ist ein höchst engagierter Dichter, aber sein Engagement läßt sich nur aus seiner metaphysischen Gespanntheit erklären.

Die *Biografie* steht am Ende einer langen Entwicklung, welche sich im Thematischen wie im Formalen mit einer erstaunlichen Kontinuität und Folgerichtigkeit vollzogen hat. Frisch selber ist sich dieser Entwicklung und ihres inneren Wesens durchaus bewußt, wenn er sie folgendermaßen charakterisiert: «Ich bin mir der Ironie bewußt: um dem Illusionstheater zu entgehen, nicht um didaktisch zu sein, rettet sich der Stückschreiber in die Parabel; um wiederum dem Didaktischen zu entgehen, das die Parabel impliziert, rettet er sich weiter, wie er meint, und etabliert die Illusion zweiten Grades.»[12] Frisch geht zwar in der Form, in der Potenzierung der Illusion später nie mehr so weit wie im *Gantenbein* und in der *Biografie*. Aber er bleibt beim Ausprobieren von Varianten und im Experimentieren mit Geschichten und Fiktionen. Und er bleibt auch bei den Themen, die sich recht eigentlich als die Grundthemen seines Schaffens erweisen: das Bild und seine verhängnisvolle Einwirkung auf das Leben des Menschen, und die Bezogenheit von Leben und Tod.

Auch das *Tagebuch 1966–1971* enthält verschiedene erfundene Geschichten, die meist skizzenhaft ausgeführt sind. Es sind die Geschichten «Der Goldschmied», «Ehe nach dem Tod», die etwas längere Skizze «Der Traum des Apothekers von Locarno», die von «Kabusch»; eine heißt einfach «Skizze» und handelt vom Manne, der nichts zu sagen hat, und weit ausschwingend die «Skizze des Unglücks».

Goldschmied Huber gerät, während er älter wird, unter den Zwang des Bildnisses, das seine Frau sich von ihm macht: er werde kindisch und vertrottle. Er wird empfindlich, kommt sich als Versager vor und bezieht alles auf sich. Als seine Frau vor ihm stirbt, lebt er mit den einmal angenommenen Gewohnheiten weiter, allein (wie Stiller in Glion), innerlich zerstört. Wie eine Umkehrung dieser Geschichte erscheint die von der «Ehe nach dem Tode», wo eine Frau nach dem Tode ihres Gatten erschüttert entdeckt, daß sie ihn nie gekannt hat, nur das Bildnis, das er von sich für die Öffentlichkeit entworfen hat; sie glaubt ihm nichts mehr, nur noch seinen Tod. Ihre Ehe wird so nachträglich zerstört, auch wenn sie sich nicht mehr verheiratet.

Der Apotheker von Locarno entdeckt in einem Traumgesicht, das sich immer wieder einstellt, daß er in seinem Alltag falsch lebt, aber es gelingt ihm nicht, diesen zu ändern. Nur im Traum wird ihm alles klar: «ein Glück, das dem Tageslicht nicht standhält». (VI, 194) Am Tage weiß er nur, «daß es nicht stimmt, was er denkt, was er sagt, was er tut, was er weiß». (VI, 194) Und über der Einsicht, daß ihm sein Leben mißlungen ist, wird er zum Trinker.

In «Kabusch» entwirft Frisch das Paradigma vom Menschen, der unter die Herrschaft des Bildnisses gerät, das sich seine Umgebung von ihm macht. Er erscheint als Künstler, als Hausbesitzer, Bibliothekar mit Lehrauftrag an der Universität, Kellner, auch als Frau: als Spezialärztin für Psychiatrie. Er ist der Mensch von kleinbürgerlicher Herkunft, den niemand ganz ernst nimmt und dessen unterwürfige Bescheidenheit und Hilfsbereitschaft ständig mißbraucht wird. In die Familie Kabuschs gehören Jürg Reinhart, Stiller, Enderlin, Menschen, welche meinen, «sich durch Leistung rechtfertigen zu müssen, zu können», was ihre Leistung von vornherein entwertet; es sind Gestalten, wie sie Frisch durch sein ganzes Schaffen hindurch begleiten. Aber Kabuschs Fall ist nicht ausweglos, einmal gelingt es ihm, aus dem Bildnis hinauszutreten, und die anderen müssen sich «einen anderen Kabusch finden». (VI, 271)

Stiller macht gegen Ende seines Amerika-Aufenthaltes einen Selbstmordversuch. Das zweite Tagebuch enthält nun Geschichten, die mit einem Selbstmord enden. Goldschmied Huber plant ihn, führt ihn aber aus lauter Rücksichtnahme seiner Frau gegenüber nicht aus.

Anders der Rechtsanwalt, der nichts zu sagen hat. Von Berufs wegen muß er zwar oft sprechen, im Namen anderer, und da geht's ausgezeichnet: «wenn er nicht sagen soll, was er denkt». (VI, 48) Sonst aber schweigt er. Nur im Traum hat er manchmal etwas zu sagen, «aber dann erwacht er daran, daß er es hat sagen wollen –». (VI, 49) Und später nimmt er sich das Leben, um der unerträglichen Spannung zwischen Ich und Bild zu entgehen. Ähnlich ist das Schicksal des Chirurgen Viktor, dessen Ruhe, Sicherheit und Zuversicht seine Patienten schätzen. Durch die Zweifel seiner Geliebten, ihre ständige Frage «bist du sicher?» verliert er allmählich tatsächlich seine ganze Sicherheit, macht Fehler über Fehler und verursacht einen Autounfall, der seiner Geliebten das Leben kostet. Es gelingt ihm zwar noch, seine Chirurgen-Laufbahn zu vollenden und erfolgreicher Chefarzt zu werden, aber das Bildnis seiner Geliebten von ihm und dessen verhängnisvolle Folgen zerstören ihn innerlich, so daß er buchstäblich den Boden unter den Füßen verliert und im Meer willentlich ertrinkt: «Einmal möchte er es wissen.» (VI, 237) So ist auch in diesem *Tagebuch 1966–1971* das Bildnis und seine Wirkung eines der Hauptthemen. Das Bildnis verfälscht die Wahrheit, es fesselt die Fülle des Lebendigen, läßt sie verkümmern und schließlich zugrundegehen; es zwingt den Menschen in ein Rollendasein und verunmöglicht ihm die Verwirklichung seiner selbst, es kann seinen Untergang verursachen. Das ist nicht neu, die Thematik ist bekannt seit dem *Tagebuch 1946–1949.* Das zweite Tagebuch unterscheidet sich durch die Haltung des berichtenden Ichs von den vorangegangenen Werken. In diesen ist das drängende Streben des Autors nach Verwandlung des Menschen durch das Kunstwerk ständig spürbar: von *Stiller, Homo Faber, Andorra, Biografie* geht der dringende Appell zur Veränderung des Lebens, zur Befreiung von der Fessel des Bildes aus, damit der Weg zur Wahrheit des Ichs beschritten werden kann. Das zweite Tagebuch begnügt sich mit der Aufdeckung und Darlegung der Sachverhalte, mit einem resignierten Feststellen.

Hier ist oft vom Selbstmord, vom Freitod die Rede. Er erscheint als Möglichkeit des Ausbruchs aus dem Gefängnis des Bildnisses. Das ist neu. Stiller erlebt das Mißlingen seines Selbstmordversuches als Gnade, welche ihm einen Neubeginn gewährt: Beginn eines wahren, wirklichen, eigenen Lebens. Schon Romeo erwägt in der frühern Fassung der *Chinesischen Mauer* die Möglichkeit, sich eine Kugel in die Schläfe zu jagen, überlegt aber gleich weiter, daß der Tod vielleicht nicht einfach das Nichts ist, das den Menschen wegnimmt, daß alles lautlos weitergehen könnte . . . Das aber ist das Thema eines neuen Werkes von Max Frisch, der drei szenischen Bilder *Triptychon.*

Im ersten Bild findet sich eine Gesellschaft von Trauernden nach einer Bestattung zusammen, in Verlegenheit gegenüber dem Tode. Es werden Mutmaßungen über den Tod und den Zustand des Menschen nach dem Tode angestellt. Die Witwe sieht den Toten in seinem Sessel, reglos, unansprechbar; ein junger Mann behauptet, daß es kein Bewußtsein ohne biologische Grundlage, also kein bewußtes Leben nach dem Tode gebe; der Pfarrer spricht von der Auferstehung im ewigen Lichte des christlichen Gottes; eine junge Frau ahnt im platonischen Sinne eine seelische Existenz unabhängig vom Leib. Durchgehend ist der Gedanke der Ewigkeit als Zeitlosigkeit, die aber verschiedenartig gedeutet wird.

Das zweite Bild zeigt die Welt nach dem Tode, die Toten sind unter sich in einer unveränderlichen Unterweltsbeleuchtung, man hört ein immer sich wiederholendes Vogelzwitschern, «es ist wieder April», ein Mann spielt auf der Flöte immer dieselbe Melodie, wobei ihm an derselben Stelle immer derselbe Fehler unterläuft, und die Menschen wiederholen Sätze, die sie schon oft gesprochen haben. Nicht alle haben das gleiche Bewußtsein ihres Zustandes; zwei Gestalten indessen erscheinen als besonders bedeutungsvoll durch ihre Erfahrung und ihr Wissen: Katrin und der Clochard. Programmatisch sagt Katrin zu Beginn des Bildes: «Es geschieht nichts, was nicht schon geschehen ist, und ich bin Anfang dreißig . . . Es kommt nichts dazu, was ich nicht schon erfahren habe. Und ich bleibe Anfang dreißig. Was ich denke, das habe ich schon gedacht. Was ich höre, das habe ich schon gehört.» (*Tr.,* 31) Das Dasein der Toten, ihre Ewigkeit besteht in einer ständigen Wiederholung des schon Gewesenen, ohne Erwartung auf ein Neues, alles bleibt wie gewesen, zukunftslos. Der Clochard, der immer wieder die Rolle seines Lebens, den Hamlet spricht, drückt es so aus: «Sie wandeln in der Ewigkeit des Vergangenen und lecken an ihren dummen Geschichten, bis sie aufgeleckt sind.» (*Tr.,* 43) «Langsam verleiden die Toten sich selbst». (*Tr.,* 83)

Das dritte Bild besteht aus einem Gespräch zwischen einem Lebenden und seiner toten Geliebten; es ist das Paar Roger und Francine, die sich schon im ersten Bild über den Zustand des Menschen nach dem Tode unterhalten haben, dessen Wesen sie erst jetzt erkennen können. Damals ist es ihre erste Begegnung, es folgt ihre Liebe und ihr gemeinsames Leben; wie die Senora und der Lehrer in *Andorra* brechen sie aus in das Reich des ganz anderen und auch sie scheitern, es folgen die Trennung und der Tod der Francine. Diese ganze Lebensphase wird wiederholt im letzten Gespräch, die Wieder-Holung erweist sich als eine Sinnenthüllung, der Sinn des ganzen Triptychon wird offenbar. Die Kernpartie ist jene große Erinnerungsrede, wo Francine ihre gute Zeit mit Roger wiederholt, die eine Zeit der Gnade war, des Umdenkens der Wirklichkeit, der Entscheidung und der Wahl, der Veränderung der Welt. Der Tod aber, das ist die Veränderungslosigkeit, ohne die Möglichkeit des Umdenkens, ohne die Gnade der Wahl, die die Würde des Menschen ausmacht. Der Tote ist verdammt zu der Wiederholung des Gewesenen, so wie Francine vor ihrem Verstummen nochmals ihre immer gleichen Sätze wiederhersagen muß, zukunftslos. Daher kann Roger die von ihm so ersehnten neuen Worte nicht hören: «Was uns von unserer Geschichte erlöst, Francine!» (*Tr.,* 111) Die Geschichte ist die gemeinsame Vergangenheit, die Folge der Begebenheiten, welche die beiden aneinandergekettet und dann getrennt haben, welche sie nun festlegen als ein fertiges Bildnis.

Die Gedanken über Leben und Tod und über ihre Bezogenheit, die in den drei Bildern des *Triptychon* abgehandelt werden, sind nicht neu. Sie erscheinen zuerst in *Nun singen sie wieder* und in der ersten Fassung der *Chinesischen Mauer,* sie erscheinen wieder im *Stiller* und werden nun in ihrem Gesamtzusammenhang ausgestaltet im *Triptychon.* Sie überwölben als großer Bogen das Schaffen von Max Frisch und sind hintergründig in fast allen seinen Werken präsent. Als erster spricht Romeo von dieser Verschränkung von Leben, Erlösung und Tod im bedeutungsvollen Zusammenhang mit der Möglichkeit eines Atomtodes der Menschheit. Die gleich nach seinen Worten auftretende Polonaise der Masken, d. h. der Toten ist wie eine Vorwegnahme des zweiten und dritten Bildes des *Triptychon,* ein Zug von Verdammten, Unerlösten, die unter der Herrschaft von Bildern ihr Leben versäumt haben und nun in der Veränderungslosigkeit des Todes im Kreis treten und das Gewesene ewig wiederholen. Ein entsprechendes Bild bieten die Figuren der Spieluhr, «die immer die gleichen Gesten machen, sobald es klimpert . . .» (V, 485, 577) Und auch die Toten im *Triptychon* «gehen im Kreis herum», wie Katrin sagt. (Tr., 66) Stiller erlebt nach seinem mißlungenen Selbstmordversuch die Möglichkeit, zu entscheiden, noch einmal zu leben, «jetzt aber so, daß ein wirklicher Tod zustande kommt», (III, 727) als Gnade. Die Würde des Menschen besteht in der Wahl des Lebens, im Vollzug der Erlösung durch das wirkliche Leben. Diese Möglichkeit ist den Toten für immer verschlossen: «Es ist grauenvoll, die Toten lernen nichts dazu», (Tr., 35) klagt Katrin. Wie viele Lebende aber versäumen die ihnen gebotene Gnade! «O ja, es ist grauenvoll, wenn wir auf einmal erfahren, daß wir nicht leben, nicht wirklich leben, und dennoch verrinnt unsere wirkliche Zeit!» (*CM* I, 92) ruft Mee Lan aus, als sie erkennt, daß die Menschen unter der Herrschaft der Bilder ihr Leben zu einer Farce machen. Die wirkliche Zeit ist die Frist der Erlösung. Katrin erkennt dasselbe, aus der Sicht der Toten, nachdem sich eben ein nichtiger Streit mit ihrem ehemaligen Gatten wiederholt hat: «So haben wir unsere Zeit verbracht . . .» (*Tr.,* 46) «La mort est successive», zitiert der Clochard. «Man ist nicht plötzlich tot . . .» (*Tr.,* 43, 61) Wer sich nicht mehr verändert, begibt sich der Würde des Menschen und ist schon im Leben tot. Wahl und Entscheidung öffnen den Weg zum wahren Ich und damit zur Erlösung. Die Ewigkeit ist eine Ewigkeit des Gewesenen. «Ewig sein: gewesen sein», (IV, 199) sagt der todkranke Walter Faber, nachdem er eingesehen hat, daß sein Leben falsch gewesen ist. Das «ewig sein» ist nur dann ein erlöstes Sein, wenn das «gewesen sein» ein wirkliches Leben und damit ein Weg der Erlösung gewesen ist. Diese Erlösung von seiner «Geschichte» ist Roger nicht mehr möglich. Auch Katrin bleibt unerlöst und ist sich dessen bewußt, die Erkenntnis ihrer Verdammnis bringt sie zur Verzweiflung: «Ich möchte schlafen, ich möchte nie gelebt haben und von allem nichts wissen – nur schlafen.» (Tr., 68) Sie und Roger wissen, daß sie ihr Leben versäumt haben.

Romeo und Stiller lehnen den Selbstmord ab, da der Tod ja nicht das Nichts, da Erlösung nur im Leben möglich ist. Roger aber nimmt voller Überlegung den Selbstmord als Lösungsmöglichkeit wieder an, obgleich er gerade einen Blick in die veränderungslose, kreisende Leere des Todes getan hat, er nimmt ihn an, weil er die Möglichkeit im Leben bereits eingebüßt hat und lebend oder tot an die unerlöste Francine gebunden bleibt.

Vergleicht man das *Triptychon* mit Frischs früheren Werken, so ergibt sich ein ähnlicher Befund wie beim zweiten Tagebuch. Es fehlt jener dringende Appell, wie ihn etwa Mee Lan direkt ans Publikum richtet, wie er aber auch von *Stiller, Homo Faber* oder *Andorra* ausgeht. Der Autor unternimmt eine Bestandesaufnahme und gibt Zustandsbilder, die insofern offen sind, als sie keine abgeschlossene oder abschließbare Handlung geben, sondern Ausschnitte aus einem endlos weitergehenden Geschehen. Innerhalb der Bilder allerdings läßt er einzelne Gestalten bis zu letzten Einsichten und bis zur Verzweiflung vordringen. Darstellung mißlungenen Lebens mit den in die Ewigkeit hinüberreichenden Folgen, gesehen und erkannt aus der Sicht der Lebenden wie vor allem der Toten, das ist das Thema, das Frisch seit seiner Jugend beschäftigt und das im *Triptychon* zum Abschluß gebracht wird.

4. Max Frisch und die Schweiz

Max Frisch hat sich immer als Schweizer Schriftsteller verstanden. Doch steht er zu dem Lande, in dem er geboren worden ist und dessen Staatsbürgerschaft er besitzt, in einem ambivalenten Verhältnis. Seine Haltung und Einstellung der schweizerischen Demokratie gegenüber ist im Verlaufe seiner Entwicklung als Schriftsteller wie auch als Staatsbürger immer kritischer geworden. Die Kritik an der Schweiz findet ihren Niederschlag in den beiden Tagebüchern, in den Romanen und Theaterstücken, aber ganz besonders auch in seinen polemischen Schriften und Reden.

Die erste Eintragung im *Tagebuch 1946–1949* über die Schweiz betrifft die Kleinheit des Landes:

> «Wie klein unser Land ist.
>
> Unsere Sehnsucht nach Welt, unser Verlangen nach den großen und flachen Horizonten, nach Masten und Molen, nach Gras auf den Dünen, nach spiegelnden Grachten, nach Wolken über dem offenen Meer; unser Verlangen nach Wasser, das uns verbindet mit allen Küsten dieser Erde; unser Heimweh nach der Fremde –» (II, 364)

Frischs Antwort auf die Kleinheit und Enge der Schweiz ist hier einfach die Sehnsucht nach der Weite des Meeres und der Fremde ferner Horizonte. Damit ist bereits das Spannungsfeld angegeben, innerhalb dessen sein Verhältnis zur Schweiz grundsätzlich zu sehen ist. Seine Grenzwerte sind das beschränkte und eingrenzende Hier und das verlockende, bewegende ganz andere Dort.

Stiller bricht aus der Enge der Schweiz aus in die unendliche Weite der mexikanischen Wüste. Nachdem er in sein Land zurückgekehrt ist, erscheint ihm die Schweiz als ein Kerker, von dem das wirkliche Gefängnis, in dem er sitzt und dessen helvetische Hinlänglichkeit ihn beklemmt, ein gültiges Bild ist. Aus diesem schweizerischen Gefängnis sehnt er sich hinaus in die Ferne von Mexiko, das ihm jetzt wie ein verlorenes Paradies vorkommt. Diese Grundspannung zwischen schweizerischer Enge und fremder Weite, zwischen Hier und Dort erweist sich als ein Erlebnismuster, das in wechselnden Erscheinungsformen im Werke von Max Frisch immer wieder hervortritt und in den vielen Geschichten vom Ausbruch aus der unerträglichen Enge in das ferne Paradies thematisch geworden ist: es ist das eigentlich schweizerische Thema bei ihm.[1] Es steht im Mittelpunkt der beiden frühen Stücke *Santa Cruz* und *Graf Öderland*. Sowohl der Rittmeister als auch der Staatsanwalt tragen die Fesseln eines bürgerlichen Berufs, des Wirkens in einem engen Bereich. Als Sklaven der eigenen Gewissenhaftigkeit treten sie im Kreise der Pfichterfüllung, die ihnen plötzlich unerträglich wird. Die Welt der Pflicht und der Ordnung ist Bild geworden in dem in Schnee und Eis starrenden Schloß und im Arbeitszimmer mit den von den Wänden starrenden Ordnern. Als einzig mögliche Befreiung aus diesem Kerker der Ordnung, aus dem Lande, wo immer Winter ist, bleibt dem bedrängten Gefesselten der Ausbruch in das ganz andere. Es erscheint als die verlockende Weite des südlichen Meeres, seine durch nichts begrenzte strahlend blaue Offenheit. Hawai, Santorin, das sind magische Chiffren für eine letztlich ortlose Ferne, die Ferne an sich ist, unerreichbar; denn wenn sie erreicht werden könnte, würde sie aufhören, Ferne zu sein und sich verfestigen zu bald schon unerträglicher Wirklichkeit. Die Unerreichbarkeit ist ein Wesensmerkmal des Sehnsuchtszieles. Jenseits des mechanisierten Alltagslebens mit seinen ewigen Wiederholungen steht verlockend das andere Leben, das seine Kraft aus ewig sich erneuerndem Ursprung schöpft, ein paradiesisches Leben, ewiges Gegenstück zum bürgerlichen Leben der Ordnung und Pflichterfüllung. Hinaus in die blaue Ferne führt «das Schiff mit dem roten Wimpel», das sein Ziel nie erreichen darf, denn «der Weg ist immer das Schönste». (II, 56) Im *Graf Öderland* heißt es «Esperanza» und führt aus dem bürgerlichen Salon hinaus in eine Ferne, wo man nicht mehr von der Hoffnung leben muß, sondern «herrlich und frei» (III, 40) sein kann. Das Schiff ist Symbol der Befreiung, zu dem sich im *Öderland* noch die Axt gesellt, mit der die Ordnungspfähle der Zivilisation zerschlagen werden. Das Land der Enge und der Ordnung, wo immer Winter ist, erscheint in den beiden Stücken nicht explizit als die Schweiz. Das in ihnen gestaltete Grundthema aber kehrt wieder im *Stiller* und stellt sich hier als eminent schweizerisches Problem. Es ist das Leiden unter der bürgerlichen Enge der Schweiz, unter der Ohnmacht des Kleinstaates, der durch den Lauf der Welt immer noch kleiner wird; das Leiden an seiner Unbedeutung, die sich seit dem Ende des Krieges und dem Neubeginn der weltweiten Offenheit immer bedrückender auswirkt. Die Kleinheit manifestiert sich besonders in der Mittelmäßigkeit einer bürgerlichen Gesellschaft, deren materialistischer Perfektionismus zur Sterilität geführt hat. In seinem «Lehrstück ohne Lehre» *Biedermann und die Brandstifter* zeichnet Frisch ein Bild des Bürgers in seiner Welt: Gottlieb Biedermann ist träge, unehrlich und verlogen, unfähig, die Wahrheit zu erkennen und zu ertragen. Die Menschlichkeit ist zur Phrase geworden, tatsächlich aufgeopfert dem eigenen Besitz. Die Welt ist zu einer Welt der materiellen Werte geworden, des Eigentums und dessen Sicherung. Es ist eine festgelegte Welt, die nicht mehr verwandelt werden soll. Die Feuerwehr ist wie eine chinesische Mauer, die das Bestehende schützen muß, damit es immer so bleibe, wie es ist.

Diese Wesenszüge: die Unehrlichkeit des Bürgers und die Scheinhaftigkeit seiner Welt, werden weiter ausgeführt und schärfer konturiert in verschiedenen Gestalten des Stückes *Andorra*. Max Frisch sagt zwar: «Das Andorra dieses Stücks hat nichts zu tun mit dem wirklichen Kleinstaat dieses Namens, gemeint ist auch nicht ein anderer wirklicher Kleinstaat; Andorra ist der Name für ein Modell.» (IV, 462) Trotzdem ist unverkennbar, daß er darin zum guten Teil seine Ansicht des bürgerlichen Kleinstaates Schweiz und seiner Bewohner gestaltet hat. Sie sind für ihn zu einer Gesellschaft geworden, die das Wagnis nicht mehr kennt und sich so an den geistigen Kompromiß gewöhnt hat, daß sie nicht einmal mehr unter ihm leidet. Sie hat Angst vor der Zukunft, weil ihr ein Entwurf des Kommenden fehlt und ihr daher jede Veränderung des Bestehenden als Bedrohung erscheinen muß. Diese Schweiz ist nur noch als Gewordenes, nicht mehr als Werdendes da, sie ist in ein Rentnerstadium eingetreten, das ihre ganze Mentalität trägt: eine Verteidigungsmentalität. Diese äußert sich auch in der Armee, die nach Frisch nur noch Bedeutung besitzt als Erwachsenen-Volksschule im Frieden, sonst aber längst dem Mythos angehört. Die Schweiz ist für ihn in einen Zustand der Geschichtslosigkeit geraten, der Strom der Zeit fegt über sie hinweg; sie ist ein Land ohne Größe, ohne Freiheit der Entscheidung, ohne Mut zur unbedingten Bewährung in der Zeit und der Geschichte. Sie und ihre bürgerliche Gesellschaft sind für ihn Inbegriff des Fertigen, im Festgelegtsein völlig Erstarrten, das jede Weiterbewegung verhindert. «Für viele Schweizer ist die Schweiz heute ein Gebrauchsgegenstand, nicht mehr ein schöpferisches Unternehmen. Was diese Einsicht auslöst, nennt man Malaise.» (V, 392) Karl Schmid hat in seinem Aufsatz «Max Frischs Andorra und die Entscheidung»[2]

Frischs Haltung der Schweiz gegenüber im Zeichen des Unbehagens im Kleinstaate gedeutet. Frisch, der von Schmids Aufsatz stark beeindruckt und betroffen war, hat sich dazu mehrfach geäußert. Sein Unbehagen sei nicht «ein Unbehagen im Kleinstaat, sondern ein Unbehagen in der Stagnation, die auch im Kleinstaat nicht sein müßte». (V, 392) Und in einem Brief an den Autor sagt er noch deutlicher, es sei «das Unbehagen in einer verlogenen Gesellschaft»,[3] das heißt hier deutlich das Unbehagen in der stagnierenden, eigennützigen bürgerlichen Gesellschaft der heutigen Schweiz.

Im *Biedermann* wie auch in *Andorra* steht nun diese bürgerliche Welt vor der Bewährungsprobe, und sowohl Biedermann wie auch die Andorraner versagen im Augenblick der Gefahr. Um sich selbst und sein Eigentum zu retten, wird Biedermann zum Komplizen des Verbrechens und feiert das Abendmahl mit dem Bösen, und die Andorraner paktieren mit dem Feind. «Andorra ist nicht die Schweiz, nur das Modell einer Angst, es könnte die Schweiz sein: Angst eines Schweizers offenbar.» So sagt Frisch in seiner «Heimat»-Rede.[4] Und in seinem Werke fehlt es keineswegs an Hinweisen darauf, daß ähnlich wie Biedermann und die Andorraner auch die wirkliche Schweiz in einer Bewährungssituation hätte versagen können und auch schon wirklich versagt hat. So ruft Stiller seinem patriotischen Verteidiger zu: «Sie hatten Glück, Herr Doktor, daß Hitler damals eure Souveränität und damit euer Geschäft bedroht hat: damit verbot sich die eigene Entwicklung zum Faschismus. Aber Sie glauben doch nicht im Ernst, daß das schweizerische Bürgertum, als einziges in der Welt, kein Gefälle habe zum Faschismus, wenn er einmal ihr Geschäft nicht bedroht, sondern steigert?» (V, 547) Auf die Unhaltbarkeit dieser Darstellung der historischen Situation hat schon Karl Schmid hingewiesen.[5] Es geht aber Frisch vor allem darum zu zeigen, daß die neutrale Schweiz gar nicht in der Versuchung und damit nicht in der Entscheidungssituation gestanden habe, daß sie aber die wirkliche Bewährungsprobe nicht bestanden haben würde. Die Äußerung vom Gefälle des schweizerischen Bürgertums zum Faschismus ist nun gewiß Stiller in den Mund gelegt; daß es sich dabei aber zugleich um Frischs eigene Meinung handelt, ergibt sich daraus, daß er schon in seinem *Tagebuch 1946–1949* dasselbe sagt: «Ich bin restlos überzeugt, daß auch wir, wäre uns der Faschismus nicht verunmöglicht worden durch den glücklichen Umstand, daß er von vornherein unsere Souveränität bedrohte, genau so versagt hätten, wenn nicht schlimmer zumindest in der deutschen Schweiz.» (II, 633) So ist Frisch die bürgerliche, liberale und demokratische Schweiz durchaus fragwürdig und politisch verdächtig geworden. Der geistig bewegte Mensch kann diesen Staat und seine herrschende Gesellschaft nicht mehr annehmen; das ist im *Stiller* deutlich ausgesprochen.

In dem während des Krieges (1942) entstandenen Roman *Die Schwierigen oder J'adore ce qui me brûle,* der in verschiedener Hinsicht als eine Vorstufe zu *Stiller* betrachtet werden kann, wird die bürgerliche Welt dieses schweizerischen Staates noch positiv gewertet. Gewiß wird schon hier in unmittelbarer Nachfolge Albin Zollingers die Verärgerung über die Enge der Heimat ausgesprochen; aber die Hauptvertreter der bürgerlichen Gesellschaft stehen im Zeichen der Bejahung und sogar Bewunderung. So heißt es etwa vom Obersten: «Er war ein Mann aus höherem Bürgertum, aus einer Welt also, die vieles für sich hat und genau so ernstzunehmen ist wie jede andere Menschenwelt.» (I, 482) Er ist ein uneigennütziger Diener seines Vaterlandes, der in seiner Pflichterfüllung vorbildlich erscheint; und das Vaterland ist noch nicht «etwas, das beim Zeughaus beginnt und aufhört auf einem Soldatenfriedhof». (IV, 224) Der bürgerliche Staat mit seinen Ordnungen und Forderungen wird in diesem Roman noch angenommen als Verpflichtung zum Dienst; wer ihm nicht genügt, muß in Kauf nehmen, von seiner Gesellschaft ausgeschlossen zu werden. Frisch selber sagte später über *Die Schwierigen oder J'adore ce qui me brûle:* «Der Roman ‹J'adore ce qui me brûle› ist noch der Versuch, die bürgerliche Welt zu lobpreisen, sie ernst zu nehmen, sie zu bejahen; der Versuch, diese Welt affirmativ darzustellen. Schon im Roman zeigt es sich dann, daß es dem Helden nicht gelingt – er erlebte es aber und bezeichnet es so, als *sein* Ungenügen und nicht als das Ungenügen der Gesellschaft; er nimmt sein Scheitern auf sich und verinnerlicht es.»[6]

Frischs Einstellung dem schweizerischen Staate und seiner bürgerlichen Gesellschaft gegenüber hat sich dann aber gewandelt, und der Roman *Stiller* ist das Ergebnis dieser Wandlung, die sich bereits im *Tagebuch 1946–1949* ankündigt. Die Schweiz ist ein Gegenstand der Kritik geworden, und es wird deutlich, daß ihre Gesellschaft mitschuldig ist.[7]

Das Jahrzehnt zwischen den *Schwierigen* und *Stiller* ist die außerordentlich ereignisreiche und bedeutungsvolle Zeit des Überganges aus dem Krieg über das Kriegsende in die Nachkriegszeit mit all ihren großen Erwartungen und Enttäuschungen. Sie brachte das Ende der Bedrohung der Schweiz, das Wiederaufgehen der Grenzen und damit das Verlangen, nach fünfjähriger Gefangenschaft Zeitgenossen anderer Länder kennenzulernen; Frisch unternahm damals Reisen in alle nachbarlichen Länder: in das zerstörte Deutschland, nach Italien, bald auch in den Osten, in die Tschechoslowakei und nach Polen, und schließlich in die Vereinigten Staaten von Amerika. Die Erfahrung der großen Welt ließ die kleine Schweiz noch kleiner erscheinen. Zugleich erschien Frisch nach der Begegnung mit den vom Krieg verwüsteten Ländern und ihren Menschen die Schweiz saturiert. In Deutschland hatte Frisch gleich das Erlebnis der Weite: «Die Weite im Verwandten. Die anderen Größenverhältnisse spiegeln sich immer auch im Menschlichen. Viele tragen hier den Kopf etwas höher, als ihnen zukommt, und verwechseln sich gerne mit der Größe ihrer Anzahl, also mit einer Größe, deren auch die Schafe und die Läuse sich rühmen können; doch wo man eine wirkliche Persönlichkeit trifft, ist sie freier als im kleinen Land, unverkürzt, unverstümmelt, unverklemmt, bei gleicher Anlage hat sie meistens eine reichere Entfaltung; überall spürt man den größeren Spielraum – auch im Erfreulichen.» (II, 697) Hier spricht Frisch deutlich aus, was ihn quält und leiden macht «im kleinen Land» und was sich gewiß auch auf sein Urteil über dieses sein Land auswirkt. Von großer Bedeutung ist für Frisch dann das Amerika-Erlebnis; auf die «Liste der Dankbarkeiten» im *Tagebuch 1966–1971* setzt er «ein Rockefeller-Stipendium», welches ihm einen einjährigen USA- und Mexico-Aufenthalt ermöglichte. Hier lernte er die scheinbar unbegrenzte Weite des geographischen Raumes einerseits und andererseits die staatliche Weltbedeutung der Super-Macht kennen. Daneben wurde dann die Schweiz noch einmal kleiner und hoffnungslos provinziell in ihrer kleinstaatlichen Ohnmacht und der ewig neutralen Entscheidungslosigkeit. In den Tagebuch-Aufzeichnungen «Lunch im Weißen Haus 2. 5. 1970» drückt sich die Erschütterung aus vor der ungeheuren Größe der Entscheidungs-Verantwortung eines Henry Kissinger: «Ein Chirurg, der einmal pfuscht, ein Lokomotiv-Führer, ein Bundesrat sogar, der versagt . . ., das alles sind ja Verantwortungen, die einer übernehmen kann. Aber Berater eines Weißen Hauses?» (VI, 284)

Dazu aber gesellt sich ein anderes Erlebnis, das in den USA besonders den Architekten beeindrucken mußte: es ist die Zivilisation der Welt durch die Technik, welche eine weitgehende Standardisierung dieser Welt zur Folge hat. «Waschmaschine und Kühlschrank haben keine nationale Physiognomie, die Technik ist antiregional, ihre Formsprache ist ein Esperanto, und da sie die Bedürfnisse schafft, die sie zu befriedigen vermag, unterscheidet sich unsere Lebensart allerdings nach sozialen, immer weniger aber nach nationalen Kategorien.» (V, 393) Nicht nur die Technik verkürzt die Distanzen und läßt die Grenzen verschwinden, sondern auch die Ökonomie und der Handel mit ihren weltumspannenden Verflechtungen. Daraus ergibt sich Frisch ein neues, übernationales und kosmopolitisches Weltverständnis, getragen durch die moderne Vereinheitlichung der Welt. Hinter dieser tatsächlichen Welt ist für ihn die Schweiz in ihrem nationalen Gefüge, in ihrer staatlichen Organisation und politischen Gesinnung zurückgeblieben. Es hat sich durch die technischen und ökonomischen Entwicklungen unseres Jahrhunderts, namentlich der Nachkriegszeit, eine neue Schweiz herausgebildet, mit der sich die durch die Verfassung gegebene Schweiz immer weniger deckt. Die «föderalistische und neutral-souveräne» Schweiz mit ihrer Armee und ihrer Verteidigungsmentalität ist hoffnungslos veraltet; sie ist nach Frisch ein Mythos, ist darin gleichsam zum Bildnis erstarrt. Dieses zeigt die Schweiz als etwas «Großartig-Gewordenes», (V, 381) das sich nicht mehr verändern darf. Im Bundesbrief erstmals formuliert, ist sie im 19. Jahrhundert schöpferisch neugestaltet und vollendet worden, und in dieser fertigen Form soll sie verteidigt werden, damit sie immer so bleibe, wie sie ist. Damit ist sie aber längst zu einem Bildnis geworden, das mit einer anderen Welt rechnet und der modernen vereinheitlichten Welt nicht mehr entspricht.

Das fertige Bildnis hemmt das Werden und damit das wahre Leben; alles Fertige hat für Frisch immer etwas Trostloses und Unheimliches an sich: «Alles Fertige hört auf, Behausung unseres Geistes zu sein; aber das Werden ist köstlich, was es auch sei.» (II, 634) So müßte auch die Schweiz als Staat wiederum ein Werdendes sein, dadurch würde eine Bewältigung der stagnierenden Gegenwart möglich; so fordert Frisch eine Regeneration, eine freiwillige schöpferische Veränderung des Landes in seiner staatlichen Struktur. Wie diese umgestaltete Schweiz dann aussehen sollte, das allerdings wird bei Frisch nur in Andeutungen sichtbar, er gibt keinen klar ausgeführten Entwurf einer neuen Schweiz. Immerhin wird deutlich, daß ihm ein Abbau der Autonomie der Gemeinde und des Kantons und eine weitere Öffnung der Grenzen durch Partizipation und Integration und durch eine radikale Verminderung des nationalen Denkens notwendig erscheint. Was ihm vorschwebt, ist eine Reinigung im Innern, eine Überwindung des Geld- und Profitdenkens und die Herstellung einer totalen sozialen Gerechtigkeit; es ist «eine Schweiz, die nicht mehr regiert wird von den Spekulanten und in der die Gewerkschaften etwas mehr sind als eine müde Gesellschaft von satten Kleinbürgern». (IV, 224) Es ist auch eine Schweiz, die einen konstruktiven Beitrag zur Europa-Politik leistet und die moralische Partizipation am Weltgeschehen öffentlich bekundet. Aber Frisch bleibt eben doch bei mehr oder weniger vagen Andeutungen, die fast nie frei sind vom Zweifel an der Schweiz und ihrer Reformierbarkeit, Zweifel am Staatlichen und seinen Möglichkeiten überhaupt.

Im Roman *Stiller* behauptet der Titelheld immer wieder, daß der Schweiz und den Schweizern jede Größe fehle. Hierauf entgegnet ihm einmal sein sehr bürgerlicher Verteidiger: «Die Größe eines Landes . . ., das ist nicht als Fläche zu messen und nicht als Einwohnerzahl; die Größe unseres Landes ist die Größe seines Geistes.» Und Stiller muß widerwillig zugeben, daß das richtig sei. Tatsächlich sieht hier Frisch die große Möglichkeit des sonst zur Ohnmacht verurteilten Kleinstaates, sieht sie im Bedeutungsvollen einer charakteristischen, besonderen kulturellen Leistung. Als Zeitgenosse der Epoche des zweiten Weltkrieges und ihrer Erschütterungen ist Frisch von einer tiefen Skepsis gegen eine nur ästhetische Kultur erfüllt.

«Zu den entscheidenden Erfahrungen, die unsere Generation, geboren in diesem Jahrhundert, aber erzogen noch im Geiste des vorigen, besonders während des zweiten Weltkrieges hat machen können, gehört wohl die, daß Menschen, die voll sind von jener Kultur, Kenner, die sich mit Geist und Inbrunst unterhalten können über Bach, Händel, Mozart, Beethoven, Bruckner, ohne weiteres auch als Schlächter auftreten können; beides in gleicher Person. Nennen wir es, was die Menschenart auszeichnet, eine ästhetische Kultur. Ihr besonderes, immer sichtbares Kennzeichen ist die Unverbindlichkeit, die säuberliche Scheidung zwischen Kultur und Politik, oder: zwischen Talent und Charakter, zwischen Lesen und Leben, zwischen Konzert und Straße. Es ist eine

Geistesart, die das Höchste denken kann (denn die irdische Schwere werfen sie einfach über Bord, damit der Ballon steigt) und die das Niederste nicht verhindert, eine Kultur, die sich strengstens über die Forderungen des Tages erhebt, ganz und gar der Ewigkeit zu Diensten. Kultur in diesem Sinne, begriffen als Götze, der sich mit unsrer künstlerischen und wissenschaftlichen Leistung begnügt und hintenherum das Blut unsrer Brüder leckt, Kultur als moralische Schizophrenie ist in unserem Jahrhundert eigentlich die landläufige. Wie oft, wenn wir einmal mehr von Deutschland sprechen, kommt einer mit Goethe, Stifter, Hölderlin und allen andern, die Deutschland hervorgebracht hat, und zwar in diesem Sinne: Genie als Alibi – . . .»

«Was hat, so sagt man, Kunst mit Politik zu tun? Und unter Politik versteht man nicht, was die Polis angeht, das Problem, wie die Menschen, da keiner doch allein bestehen kann, zusammen leben, das Problem der gesellschaftlichen Ordnungen, dessen Lösung immer den Anfang der Kultur darstellte, die Kultur gewährleistete, wenn nicht in wesentlichen Graden sogar ausmachte, oder den Untergang einer Kultur verursachte – unter Politik versteht man schlechterdings das Niedrige, das Ordinäre, das Alltägliche, womit sich der geistige Mensch, der glorreiche Kulturträger, nicht beschmutzen soll. Der Kulturträger, der Kulturschaffende. Es ist immer wieder auffällig, wieviel deutsche Menschen (besonders deutsche) unablässig besorgt sind, geistige Menschen zu sein; vor allem, wie sie besorgt sind: indem sie von Literatur, von Musik, von Philosophie sprechen. Und Schluß. Auffällig ist die Angst, ein Spießer zu sein; man wird kaum einem Deutschen begegnen, der dieses Wort nicht schon im ersten Gespräch braucht. Spießer, gemeint als Gegenstück zum geistigen Menschen. Wenn sie Gottfried Keller auf der Straße oder in seiner Staatskanzlei oder gar an einem Schützenfest gesehen hätten, ich bin überzeugt, daß die allermeisten, die dieses ominöse Wort in den Mund nehmen, ihn als Spießer klassifiziert hätten, als das Gegenteil eines geistigen Menschen, eines Kulturträgers, eines Kulturschaffenden, weitab von der Elite. In der Tat empfinden wir, was den Begriff Kultur angeht, einen nicht unbedeutenden Unterschied zwischen dem deutschen und dem schweizerischen Denken, das hier vielleicht am selbständigsten ist gegenüber dem deutschen. Das jedem Volk unerläßliche Gefühl, Kultur zu haben, beziehen wir kaum aus der Tatsache, daß wir Künstler haben; zumindest empfinden wir die Begabung eines Gotthelf (um es bei einem bewenden zu lassen) nicht als Entschuldigung dafür, daß es in seinem Lande auch Verdingbuben gibt, eine hahnebüchene Einrichtung in bezug auf das Soziale. Unter Kultur verstehen wir wohl in erster Linie die staatsbürgerlichen Leistungen, die gemeinschaftliche Haltung mehr als das künstlerische oder wissenschaftliche Meisterwerk eines einzelnen Staatsbürgers. Auch wenn es für den schweizerischen Künstler oft eine trockene Luft ist, was ihn in seiner

Heimat umgibt, so ist dieses Übel, wie sehr es uns persönlich trifft, doch nur die leidige Kehrseite einer Haltung, die, von den meisten Deutschen als spießig verachtet, als Ganzes unsere volle Bejahung hat – eben weil die gegenteilige Haltung, die ästhetische Kultur, zu einer tödlichen Katastrophe geführt hat, führen muß.» (II, 629 ff.)

So kann Frisch Geist, Talent und die daraus hervorgehende kulturelle Leistung nur in unmittelbarer Verbindung mit der Verantwortung für den Menschen und seine Gemeinschaften annehmen. In der aus dem Zusammenwirken von Geist und Politik, von Kunst und Politik entstehenden Kultur sieht Frisch die große Möglichkeit des Kleinstaates Schweiz: hier kann er Größe zeigen und hat sie auch bewiesen, in der schöpferischen Leistung der Staatsneubildung im 19. Jahrhundert etwa. Aber gerade dieses spezifisch schweizerische Schöpfertum ist im 20. Jahrhundert und ganz besonders in der welthistorisch wichtigen Zeit nach dem zweiten Weltkriege erlahmt. Statt sich in politisch-kultureller Tat wieder zu erneuern, beruft sich die Schweiz nur noch auf die Errungenschaften der Vergangenheit, die sie selbstgefällig als eigene Leistung nimmt. Hier sieht Frisch ein Versagen der Schweiz in ihrem ureigenen Gebiet. Das Ergebnis einer langen geschichtlichen Entwicklung mit ihren bedeutenden kulturellen Taten wird emporstilisiert zum Sonderfall Schweiz, dessen Eigenart allein schon eine Auszeichnung bedeute. Hierin sieht Frisch die große Gefahr des Schweizers und der Schweiz: die Gefahr der Selbstüberschätzung. Selbstüberschätzung, Stagnation und Verlogenheit gehören für Frisch zusammen.

Die große Leistung des 19. Jahrhunderts ist die Leistung des damals emporkommenden und dynamischen liberalen Bürgertums. Dieses politisch und sozial erfolgreiche Bürgertum hat sich in der Schweiz bis in die Zeit nach dem zweiten Weltkrieg intakt erhalten, ist aber konservativ geworden und hat seine ursprüngliche kulturelle Dynamik eingebüßt.[8] Es hat den von ihm einmal geschaffenen staatlichen und gesellschaftlichen Zustand für endgültig richtig befunden und unterstellt ihm nun einen unabänderlich gültigen Sinn. Damit verschließt es sich dem Wagnis der Erneuerung und der Zukunft. «Verzicht auf das Wagnis, einmal zur Gewöhnung geworden, bedeutet im geistigen Bezirk ja immer den Tod.» (III, 593) Das ist der Zustand des schweizerischen Bürgertums, wie Max Frisch ihn sieht: es ist in tödliche Erstarrung geraten und nur noch vom Bilde einstiger Größe geleitet; es beherrscht immer noch die Schweiz, verhindert ihre Entfaltung und hemmt die Entwicklung schöpferischer, zukunftsträchtiger Kräfte. Diesem Bürgertum hat Frisch den Kampf angesagt. Er sagt zwar 1958 in seiner «Büchner-Rede»: «Mein Engagement als Schriftsteller aber gilt nicht der Schweiz. Überhaupt keinem Land.» (IV, 237) Und acht Jahre später faßt er den Vorsatz, «über die Schweiz mindestens öffentlich keine Äußerungen mehr zu machen». (VI, 11) Beides erweist sich als unrichtig, weder entzieht er ihr sein Engagement, noch kann er schweigen zu ihren Problemen. Was ihm keine Ruhe läßt, ist die Bedrängung durch die Tatsache, daß ein falsches Bildnis die Schweiz und ihre herrschende Gesellschaft davon abhält, sich einem notwendigen Erneuerungsprozeß zu unterwerfen und dabei sich selbst wiederzufinden. Aus dieser Unruhe heraus entstehen die beiden stark polemischen Schriften *Wilhelm Tell für die Schule* (1970) und *Dienstbüchlein* (1973). Sie sind für das Thema dieser Arbeit insofern wichtig und aufschlußreich, als Frisch in ihnen den Versuch unternimmt, ein seines Erachtens falsches Bildnis der Schweiz zu zerstören, andererseits aber selber immer mehr unter die Herrschaft eines eigenen Bildnisses dieser Schweiz gerät, welches in seiner Darstellung die Wirklichkeit der Schweiz zu verfälschen droht.

Zu Beginn der Rede, die Frisch anläßlich der Verleihung des großen Schiller-Preises des Landes Baden-Württemberg 1965 in Stuttgart hielt, spricht er von möglichen Themen, über die er reden könnte, z. B.: «Wilhelm Tell und die Schweizer, eine Untersuchung etwa in diesem Sinn: Friedrich Schiller als Begründer eines schweizerischen Selbstmißverständnisses, das mir selber viel zu schaffen gemacht hat. Selbstverständlich meinte Schiller nicht die wirklichen Schweizer; aber wie distanziert sich ein Volk von dem bestechenden Geschenk eines importierten Nationaldramas? . . . Die Eidgenossenschaft, die so manche ideologische Reformation überstanden hat, ist eben ihrem Ursprung nach nicht ideologisch, sondern ein Fall, der nachträglich ideologisiert worden ist, ein geschichtliches Happening, Resultat einer Rebellion, aber nicht einer Revolution; der pfiffige Vorschlag von Brecht, ich solle ein Tell-und-Rütli-Stück schreiben, das den Bauernaufstand der Vierwaldstätte als reaktionär zeigt gegenüber der Habsburg-Utopie, ist, wenn auch auf aktuell-demagogische Legitimation heutiger Vögte hin gedacht, der geschichtlichen Wirklichkeit näher als das Idol, das wir Friedrich Schiller mit dem Rütli-Denkmal gedankt haben: wir sind eine Partisanen-Verbündung von Pragmatikern, die Ansehnliches zustande gebracht haben, und unter Pragmatikern gibt es kein Engagement an einer Utopie.» (V, 362 f.) Er sprach dann zwar nicht über dieses Thema, weil ihn zur Zeit etwas anderes beschäftigte: die Entstehung jener neuen Dramaturgie, welche er «eine Dramaturgie des Unglaubens, eine Dramatik der Permutation» (V, 368 f.) nennt. Diese schafft die Möglichkeit der Befreiung vom Glauben an die Unabänderlichkeit bestimmter Verläufe oder an die Unwiderlegbarkeit des Sinnes, der einer Begebenheit unterstellt worden ist. Die Dramaturgie der Permutation schafft die Möglichkeit der Befreiung von der Herrschaft des Bildnisses. Daraus ergibt sich nun aber wieder ein Bezug auf die Schiller-Tell-Geschichte. Mit seiner idealistischen Deutung der Befreiungssage gibt Schiller dem Bauernaufstand am Vierwaldstättersee einen ideellen Hintergrund und unterstellt ihm einen Sinn, den er nach Frisch nicht hat und der ihm keineswegs zukommt. Er begründet oder fördert damit ein schweizerisches Selbstmißverständnis, das mitschuldig ist an der Selbstüberschätzung der Schweiz. Schiller hat mitgeholfen, ein falsches Bildnis der Schweiz und der Schweizer zu schaffen, das von diesen willig übernommen worden ist.

Das Tell-Stück, das Brecht Frisch zu schreiben bedrängte, entstand nicht, dafür schrieb er aber *Wilhelm Tell für die Schule,* und in der Tat durchaus nach dem Brecht'schen Vorschlag, um zu zeigen, «daß der Bauernaufstand der Vierwaldstätte zwar erfolgreich war, aber reaktionär gegenüber der Habsburg-Utopie, eine Verschwörung von Querköpfen». (VI, 25) Frisch gibt mit seiner Erzählung gegenüber dem Schillerschen Drama und der Befreiungssage, die auf unsicheren Überlieferungen beruhen, eine neue Lesart der Quellen und schafft damit eine Variante, welche dem Mythos seine Einmaligkeit und seinen festen Sinn nehmen soll. Frisch arbeitet mit den überlieferten Personen, betrachtet sie aber aus einer neuen Perspektive und verändert dadurch ihre durch die Überlieferung festgelegten Charaktere.

Die Habsburger sind bei ihm nicht die ländergierigen Feudalherren, welche die Gebiete entlang der Gotthardstraße mit Gewalt in ihr System einordnen wollen, sondern die fortschrittsgläubigen Herrscher, welche im Wandel der Zeit die Einrichtungen auf Erden verbessern wollen. Worin allerdings die «Habsburg-Utopie» bestand, in einem zentralisierten Alpenfürstentum mit einheitlichen Zöllen oder in der Reichsidee oder in der Verbindung von beidem, das wird nirgends ausgeführt. Jedenfalls vertreten die Habsburger den Fortschritt und schicken zu dessen Verwirklichung ihren Beamten Konrad von Tillendorf in die Urschweiz. Dieser ist nicht mehr wie Geßler der böse Landvogt, sondern ein gutmütiger dicklicher Ritter, ein harmloser Zirrhotiker, der sich den Schweizern wohlmeinend und mitleidig naht, aber unter der Enge des Bergtales und dem ewigen Föhn leidet und aus Ärger über die urschweizerischen Dickschädel eine Gelbsucht bekommt. Wolfenschießen, auch er ein liebenswürdiger Mensch, ist nach Unterwalden strafversetzt worden, und zwar wegen homosexueller Vergehen; er kommt also für die Vergewaltigung der Gattin Baumgartens sicher nicht in Frage, diese muß eine aufgebauschte Verleumdung der Waldleute sein, die sich immer im Recht glauben.

Die Innerschweizer sind geprägt durch ihr Land, das enge Täler hat, Flühe rechts und links und hohe Berge, die noch im Sommer von Schnee bedeckt sind; der Fremde empfindet Beklemmung und glaubt sich am Ende der Welt. Und die Menschen, die hier wohnen, sind mißtrauisch, humorlos, verletzbar und empfindlich, fremdenfeindlich, rechthaberisch und allem Neuen gegenüber verschlossen. Inbegriff des Schweizers ist der alte Attinghausen, der eine geschichtliche Entwicklung überhaupt nicht zur Kenntnis nimmt und ausschließlich auf die Vergangenheit sinnt, die nicht verändert werden darf. Der leidige Zwischenfall mit Tells verweigertem Gruß und dem dadurch verursachten Apfelschuß entsteht lediglich aus der starrköpfigen Rechthaberei eines primitiven Querkopfes, dem allein Trotz Freiheit bedeutet und der seine Eigenart bereits als besseres Recht betrachtet.

Max Frisch gibt seiner Erzählung einen reichen Anmerkungsapparat bei. Er zitiert aus historischen Quellen, vor allem aus dem *Weißen Buch von Sarnen,* aus wissenschaftlichen Darstellungen zur Gründungsgeschichte und zur Tellen-Sage, er führt Teile aus Sagen an und gibt auch eigene Kommentare, die er mit zeitgenössischen Belegstellen untermauert. Es geht Frisch besonders darum, schweizerische Konstanten aufzudecken, die von 1291 bis 1970 immer wieder festzustellen und daher für ihn von tieferer Bedeutung sind. Eine Essenz urschweizerischer Denkungsart, die sich bis zum heutigen Tag erhalten habe, erkennt er im Glauben an das Althergebrachte und in der Furcht vor Neuerungen. Er findet ihren Ausdruck bereits im Bundesbrief, der Zeugnis gibt vom Zusammenschluß von Grundeigentümern, die sich zur Wahrung ihrer althergebrachten Privilegien und gegen die Interessen ihrer Hörigen zusammengefunden haben. Diesen Geist des Bundesschwures von 1291 findet er immer noch lebendig in der Einstellung der Schweizer von 1970 gegenüber den Fremdarbeitern. Eine privilegierte Oberschicht von Besitzenden verbündet sich zur Unterdrückung und Ausbeutung von rechtlosen Untergebenen: so war es zur Zeit der Gründung des Schweizerbundes, so ist es in der schweizerischen Gegenwart, nach Max Frisch.

«Wahrscheinlich Konrad von Tillendorf, ein jüngerer und für seine Jahre dicklicher Mann, damals wohnhaft auf der Kyburg, vielleicht auch ein anderer, der Grisler hieß und in den gleichen Diensten stand, jedenfalls aber ein Ritter ohne Sinn für Landschaft ritt an einem sommerlichen Tag des Jahres 1291 durch die Gegend, die heute als Urschweiz bezeichnet wird.» (VI, 407) So beginnt Frischs *Wilhelm Tell für die Schule,* aber gleich schon zu Beginn des zweiten Abschnittes wird bemerkt, daß es auch ein Graf von Seedorf gewesen sein könnte. Sicher hieß er nicht Geßler, und Frisch entschließt sich in der Folge für Tillendorf. Sein Name sei Konrad von Tillendorf, könnte man in Anlehnung an den Gantenbein-Roman sagen. Mit dessen Geschichte probiert Frisch Varianten zu der überlieferten Sage aus. Er wählt eine neue Erzählperspektive, er erzählt die Geschichte aus der Sicht des Ritters Konrad, der als Fremder in die Urschweiz kommt und von den Einheimischen auch als fremder Fötzel betrachtet wird. Aus dieser Sicht wird die vertraute Geschichte verfremdet. Diese Verfremdung wird unterstützt und erweitert durch die Anmerkungen, welche die Erzählung ständig unterbrechen und den Leser aus deren Zusammenhang und Zeit herausreißen, ihn aufmerksam machen auf Unsicherheiten und Unstimmigkeiten der Überlieferung, auf Analogien mit seiner Gegenwart und das scheinbar Gewohnte in ein völlig ungewohntes Beziehungsfeld verlegen. Immer ist der Erzähler bestrebt, sowohl durch die Art des Erzählens wie auch durch das Arrangement der Anmerkungen und die Auswahl der Zitate die Schweizer, die alten und die heutigen, aus den Angeln ihres vermeintlichen Rechts zu heben.

«Ein nationaler Mythos wird demontiert; die Vorgänge von 1291 werden aus der Gegenwart von 1970 gesehen und interpretiert.»[9] So lesen wir in der kurzen Einführung zu Frischs *Tell.* Tatsächlich erfolgt nicht nur ein Abbau, sondern auch ein Umbau. Abgebaut wird der Helden- und Freiheitsmythos, wonach die Vorgänge um 1300 etwas Außergewöhnliches darstellten. Die umgebaute Geschichte zeigt die Eidgenossen als eine stockkonservative Herrenkaste, die einen Schutzbund zur Wahrung der alten Besitzverhältnisse abschließen, und sich so einseitig an das Vergangene klammern, daß sie sich gegen die fortschrittlichen Habsburger verteidigen müssen. Der Bund von 1291 erscheint wie die chinesische Mauer, errichtet, «damit es für immer so bleibt, wie es ist». Die Tötung Tillendorfs aber, entstanden aus Fremdenhaß, Starrköpfigkeit, primitivem Trotz und Geltungsdrang, ist ein gemeiner Meuchelmord. Mit diesem Umbau ist der idealistische Freiheitsmythos demontiert: ein Anti-Mythos ist entstanden.

Im *Dienstbüchlein* unternimmt Max Frisch den Versuch einer Demontage des «Mythos» von der Schweizerischen Armee und der Zerstörung der überlieferten «Legende» vom Aktivdienst 1939–1945.

Während seiner Untersuchungshaft hat Anatol Stiller einmal einen Militärtraum: während einer Defilierübung marschiert er nicht im Takt, und sein wütender Hauptmann schreit ihn an, für Leute seiner Art gebe es im Krieg ganz besondere Posten. Er erzählt diesen Traum seinem Verteidiger, und an dessen Reaktion stellt er fest, daß Militär auch in der Schweiz etwas Heiliges zu sein scheine. In Stillers Traum erscheint ein Ereignis, das Max Frisch zu Beginn des Aktivdienstes am 3. September 1939 widerfahren ist, und das er später als entscheidendes Erlebnis erkennt: daß ein Mensch als Vorgesetzter unter bestimmten Umständen dank seiner Befehlsgewalt über Leben und Tod eines Untergebenen verfügen kann. Es ist eine Erfahrung, die er lange nicht los wird und die in seinem schriftstellerischen Werke viermal erwähnt wird, zuerst 1940, zuletzt 1973, und hier am ausführlichsten.[10] Es wäre möglich, daß dieses Erlebnis seine Einstellung zur Armee mitbestimmt hat.

Das Militär als etwas Heiliges in der Schweiz: 1966 schreibt Frisch: «Ob unsere Armee, wichtig als Erwachsenen-Volksschule im Frieden, im übrigen noch ein realistisches Unternehmen darstellt, wer dürfte es auch nur erwägen und noch hoffen, daß er als rechter Schweizer genommen wird? Die Armee in der Schweiz ist ein Tabu wie nirgends sonst: vielleicht weil man spürt, daß sie einem Mythos angehört. Übrigens würde ich nicht für ihre Abschaffung stimmen; wir brauchen sie als Spielraum für nationales

Empfinden, das dort, wo wir unsere Existenz wirklich bestreiten, kaum unterzubringen ist: dort handeln wir realistisch, gottlob –» (V, 394) Schon zwei Jahre früher stellt Frisch fest, daß jeder Kleinstaat sich militärisch als ohnmächtig erkennen müsse. Das sei hart, aber mit Selbsttäuschung nicht zu ändern.[11] Selbsttäuschung also ist es, wenn die schweizerische Armee noch als realistisches Unternehmen betrachtet wird, sie gehört zu jenem längst überholten Bild der Schweiz, welches auch das nationale Empfinden enthält, das die moderne Existenz eigentlich überwunden haben müßte. Die zitierte Stelle über «unsere Armee» zeigt die bemerkenswerte Zwiespältigkeit, mit der Frisch der schweizerischen Armee wie der Schweiz überhaupt gegenübersteht. Aus derselben Haltung entsteht dann die umfangreiche Auseinandersetzung mit den Erlebnissen und Erfahrungen aus der Zeit des Aktivdienstes. «Ich wagte nicht zu denken, was denkbar ist. Gehorsam aus Stumpfsinn, aber auch Gehorsam aus Glauben an eine Eidgenossenschaft. Ich wollte als Kanonier, wenn's losgeht, nicht draufgehen ohne Glauben. Ich wollte nicht wissen, sondern glauben. So war das, glaube ich.» Diese Worte stehen am Schluß des *Dienstbüchlein*, und um den Glauben geht es darin vor allem, um den Glauben an die Schweiz und deren staatliche Leitung, um den Glauben an die Armee und ihre Führung, letztlich um den Glauben an die Gesinnung der Schweiz. War der Glaube des Kanoniers gerechtfertigt? Das ist die Frage, die sich der erfahrene Schriftsteller mit seiner Denkart des Jahres 1973 in seinem Erinnerungsbuch stellt.

Es ist ein Erinnerungsbuch eigener Art, das keine chronologische Reihenfolge kennt. Der Schatz der Erinnerungen, der aus zahllosen Bruchstücken besteht, ist in seiner Gesamtheit ständig verfügbar. Die Einzelstücke werden evoziert, und eine besondere Kunst erweist sich in der Art der Zusammensetzung, durch die sie gegenseitig beleuchtet, in Frage gestellt oder ridikülisiert werden können. Bei diesem Vorgehen wird keine Entwicklung sichtbar gemacht, es scheint, als ob es keine Veränderung gegeben habe und die Armee von 1939 bis 1945 gleich geblieben sei, in ewiger Wiederholung des gleichen. Was Frisch ganz besonders beschäftigt und interessiert, ist das Offizierskorps, seine Zusammensetzung und soziale Schichtung, seine Gesinnung und sein Verhältnis zu der Mannschaft. Die Offiziere sind eine Kaste, das ist Frischs oft wiederholte Feststellung; sie sind die Privilegierten, welche die

Macht haben und im Zweifelsfalle immer im Recht sind. Die Mannschaft ist gläubig – fügsam, entmündigt bis zum Stumpfsinn und zur blinden Unterwerfung gezwungen. Der Kastengeist, den Frisch in der Armee findet, ist für ihn nichts anderes als der Ausdruck der gesellschaftlichen Struktur der Schweiz. Die Offiziere der Armee sind auch die Herrschenden im Zivil: «Der Bankier als Oberstleutnant, sein Prokurist mindestens als Hauptmann, der Inhaber mehrerer Hotels als Major, der Vorsitzende eines Konzerns als Oberst, der Fabrikant als Major, ein starker Mann auf dem Liegenschaftsmarkt oder ein Hochschullehrer, der die Industrie forschend bedient, oder der Besitzer eines Zeitungsverlages, der Besitzer eines führenden Bauunternehmens, ein Verwaltungsrat hier und dort, der Besitzer eines führenden Werbe-Büros, der Präsident eines wirtschaftlichen Interesse-Verbandes usw. als Oberstleutnant, mindestens als Major; ihre Söhne vorläufig als Leutnants: eine Armee der Vaterlands-Besitzer, die sich Unsere Armee nennt.» (VI, 614) Die meisten in der Mannschaft aber sind Arbeiter, gelernte und ungelernte, ihr militärisches Milieu entspricht dem des Kleinbürgertums, über das der großbürgerliche Offizier am besten herrschen kann. Wie schematisch und klischeehaft dieses von Frisch dargestellte Kastenwesen ist, wird dem unvoreingenommenen Leser aus der aufmerksamen Lektüre des *Dienstbüchleins* selbst deutlich, denn Frischs eigene Erfahrungen widersprechen seinem schematisierten Bilde: unter seinen Kameraden in der Batterie sind ein Assistent der Astronomie an der Universität Bern, ein Chemiker, ein Gymnasiallehrer; andererseits ist der von ihm mehrfach erwähnte Hauptmann Wyss Bautechniker und sein Nachfolger Primarlehrer. Schon daraus wird ersichtlich, daß die Wirklichkeit von 1939–45 anders war als das Bildnis nach Frischs Denkart von 1973. (Vgl. VI, 556)

Dieser Denkungsart entspringt auch sein Zweifel an der Gesinnung der höheren und höchsten militärischen Führer. Frisch entwickelt für das Anbringen seiner Zweifel eine besondere stilistische Manier; es ist die Kunst des Andeutens und halben Verschweigens, der Implikation und Insinuation.[12] «Man kann nicht sagen: sie haben uns zur Sau gemacht. Dazu fehlte in diesen Jahren die Gelegenheit. Schießen auf Teile unsrer Bevölkerung, die anders denken als die schweizerische Finanz und ihre Offiziersgesellschaft, war nicht nötig. Dazu wußte die Bevölkerung in diesen Jahren zu wenig. Die Armee entmündigte uns nur übungshalber für den Fall.» (VI, 603) Frisch verschweigt, wer die «sie» sind, wahrscheinlich die Offiziere, vielleicht auch die Regierung, jedenfalls aber Angehörige der herrschenden Klasse. Er sagt nicht: «Sie haben uns nie zur Sau gemacht», sondern «man kann nicht sagen . . .» und deutet damit an, daß sie es ohne Zögern gemacht haben würden, wenn sie Gelegenheit gehabt hätten, so wie sie auch auf Leute hätten schießen lassen, die anders dachten als die Finanz und «ihre» Offiziergesellschaft.[13] Frisch stellt fest, daß er nie einen Offizier vor der Mannschaft sich für die Nazi habe aussprechen hören. «So wenig wie das Gegenteil.» Er habe aber auch nie etwas über die hinter Odessa blutende rote Armee sagen hören. «Die Mannschaft hätte gelacht, wenn die schweizerischen Offiziere ihr eigentliches Feindbild namentlich verraten hätten. Das hätte nicht empört, glaube ich, aber verwirrt; warum sollten wir denn, wenn uns schon das Bekenntnis zur Neutralität nicht schützte, die deutsche Wehrmacht schwächen?» (VI, 596) Als militärischer Feind kam damals gewiß nur Deutschland in Frage. Aber Frisch deutet an, daß der «eigentliche» Feind der Offiziere ein anderer gewesen sei, ohne aber ausdrücklich zu sagen wer. Der Leser ist auf Vermutungen angewiesen und denkt an diejenigen, welche anders denken als die schweizerische Offiziersgesellschaft. An einer anderen Stelle stellt Frisch fest, daß es ein Gespräch über die Kasten-Grenzen, d. h. zwischen Offizier und Mannschaft nicht gegeben habe. So war es im Dienst «nicht zu erfahren, welche unsrer hohen Offiziere damals fanden, daß gegen Adolf Hitler, sofern er unsere Neutralität nicht antastet, nicht viel zu sagen wäre, im Gegenteil: – Schluß mit den roten Gewerkschaften, eine gewisse Eindämmung der Juden, wobei Ungerechtigkeiten bedauerlich sind, anderseits ein gesunder Aufschwung, eine gesunde und tüchtige Jugend . . .» (VI, 563) Frisch sagt nicht, welche hohen Offiziere Hitler-freundlich waren, obwohl er es weiß; er stellt eine indirekte Frage und läßt vermuten, daß es wohl sehr viele waren, daß die Offiziere überhaupt mehrheitlich faschistisch eingestellt waren; gleich nachher heißt es: «Die Armee, die dieses ihr Vaterland vertrat, äußerte sich nicht politisch, nur national; ihre Devise war nicht Kampf gegen Faschismus, sondern Kampf für die Schweiz.» (VI, 563) Und der Kampf gegen Hitler war selbstverständlich gerecht, denn «Hitler war kein Schweizer und hatte sich hier nicht einzumischen». (VI, 592) Eine Widerlegung der faschistischen Propaganda brauchte es also nicht, denn Hitler war als Fremder und nicht als

Führer des Nationalsozialismus Feind der Schweiz. Frisch beklagt überhaupt den Mangel an Orientierungsvorträgen für die Mannschaft. «Die Armee hatte kein Bedürfnis, die Mannschaft zu unterrichten in der Dienstzeit.» (VI, 595f) Was unrichtig ist: 1940/41 wurde die Sektion «Heer und Haus» zu einer wirksamen Aufklärungsinstitution umgewandelt, die einen ausgedehnten militärischen und zivilen Vortragsdienst organisierte. Wenn sich Frisch nicht erinnern kann, in seiner Batterie einen solchen Vortrag gehört zu haben, so dürfte ihm die Aktivität dieser Sektion während des Aktivdienstes sonst bekannt sein, zum Beispiel aus dem Bericht von Edgar Bonjour,[14] den er kennt und auch zitiert, wenn es ihm darum geht, die Deutschlandfreundlichkeit eines Diplomaten oder eines Offiziers zu beweisen. Aus eben diesem Bericht dürfte er aber auch wissen, daß solche nazi-freundlichen Diplomaten und Offiziere in der Schweiz eine verschwindend kleine Minderheit ausmachten und die allgemeine Tendenz gerade umgekehrt war und bis zum Gelöbnis eines Offiziersbundes ging, den Widerstand gegen Hitler notfalls auch gegen den Willen des Bundesrates und des Generals zu leisten.[15] In diesem Zusammenhang sind ihm auch die im Herbst 1940 geschriebenen Worte eines Mitgliedes dieses Bundes bekannt, die als Gegenstück zu Frischs Mutmaßungen über die Kaste der Offiziere angeführt werden müssen: «Wenn es uns gelingt, für unsere Idee mutig in den Tod zu gehen – und das dürfen wir hoffen, wenn Gott mit uns ist – so ist etwas gewonnen. Dann werden von unserem Tode Kräfte ausgehen, denen die Deutschen nichts anhaben können. Sie werden vielleicht unser ganzes Land zerstören und es lange besetzt halten. Einmal werden unsere Kinder im Gedanken an uns sich zu befreien wissen. Ihr Glaube wird letzten Endes stärker sein als die äußere brutale Gewalt der Deutschen oder ihrer schweizerischen Freunde. Wir dürfen auch nicht vergessen, daß in Deutschland selber über kurz oder lang der Nationalsozialismus und der totale Staat verschwinden werden. Gerade die Deutschen werden eine ungeheure Sehnsucht nach Freiheit und Menschenwürde empfinden, die sie nun schon jahrelang entbehren mußten . . . Ob wir untergehen, ist nicht entscheidend, wohl aber, daß unsere Idee weiterlebe.»[16] Diese Worte stehen in einem Brief des damaligen Hauptmanns i Gst Alfred Ernst an den Chef des schweizerischen Nachrichtendienstes, Oberst Masson.[17] Sie geben beispielhaft eine Gesinnung wieder, die damals in allen Rängen des schweizerischen

Offizierscorps verbreitet war und bieten ein Stück der lebendigen Wirklichkeit jener Jahre dar, gegenüber der Frischs Darstellung der Offiziers-Kaste als ein Klischee-Bild nach der «Denkart heute»[18] erscheinen muß.

Frischs insinuierendes Andeuten macht auch vor General Henri Guisan nicht Halt. Er spricht von der Genugtuung, mit der man Ende Juli 1940 vom Rütli-Rapport des Generals las, in dem er den unbedingten Unabhängigkeits- und Widerstandswillen kundgab. Dann aber fährt er fort: «Was wir hingegen nicht wissen konnten: einen Monat vorher hat der General sich beim Bundesrat erkundigt, ob sein Auftrag mit der Armee noch derselbe sei. Sein Brustbild in Farbe hing damals in jeder Wirtsstube und in Ämtern: ein väterlicher Herr, vertrauenswürdig, Gesicht eines Landedelmannes. Was wir ebenfalls nicht wissen konnten: am 14. August 1940, also kaum einen Monat nach dem Rütli-Rapport, ersucht General Guisan den Bundesrat, eine Delegation unter der Führung von Minister C. J. Burckhardt nach Berlin zu entsenden: ‹pour tenter un apaisement et instituer une collaboration›. Der Bundesrat ging darauf nicht ein.» (VI, 566) Diese raffiniert kombinierte Eintragung deutet unmißverständlich an, daß der General, dieser vertrauenswürdig aussehende Herr, öffentlich von unverändertem Widerstandswillen spricht, nachdem er kurz vorher Zweifel an seinem Auftrag geäußert hat und nachher insgeheim um eine Kollaborations-Wallfahrt nach Berlin bittet, das heißt seine eigenen auf dem Rütli proklamierten Verheißungen verrät: Willfährigkeit gegenüber Nazi-Deutschland also auch auf der allerhöchsten Stufe der Offiziers-Hierarchie.

Die Wirklichkeit sah wesentlich anders aus. Angesichts der nach der Kapitulation Frankreichs grundlegend veränderten strategischen Situation und nach der fragwürdigen Rede des Bundespräsidenten Pilet vom 25. Juni 1940 *mußte* der Oberkommandierende vom obersten Kriegsherrn, das heißt vom Bundesrat, die klare Zusicherung haben, daß sein Auftrag unverändert aufrecht erhalten bleibe. Er brauchte diese Rückenstärkung, um im Rütli-Rapport vor seine höheren und höchsten Kommandanten und vor das ganze Schweizervolk zu treten, und um nachher die der neuen Situation Rechnung tragende Réduit-Idee zu verwirklichen. Diese Zusammenhänge sind auch Frisch aus dem Bonjour-Bericht bekannt.

Am 14. August 1940 schrieb General Guisan einen persönlichen und geheimen Brief an Bundesrat Minger, den damaligen Chef des Militärdepartements, dem er sich besonders verbunden fühlte. Wenn nun Frisch behauptet, er habe um die Entsendung einer Delegation nach Berlin *ersucht,* so ist diese Formulierung irreführend, der General macht lediglich Anregungen für ein mögliches Vorgehen und schließt sein Schreiben mit dem Satz: «Je vous laisse le soin de juger dans quelle mesure il y aurait lieu de donner suite *à ces remarques et à ces suggestions.*»[20] Im übrigen kann der Brief nicht in einem einzigen insinuierenden Satz unter Verwendung eines herausgerissenen Zitates abgetan werden; er muß in jenem größeren Zusammenhang, in den er hineingehört, gewertet werden. Guisan war unzufrieden mit der Arbeit der Schweizerischen Gesandtschaft in Berlin und stand namentlich dem Gesandten mit unverhohlenem Mißtrauen gegenüber; er wußte, daß die geltungssüchtigen Alt-Bundesräte Musy und Schultheß ihre guten Dienste für Reisen nach Berlin zur Verfügung stellen wollten; er stellte mit Mißbehagen fest, daß die deutschfreundlichen Militärs, Oberstkorpskommandant Wille, Oberstdivisionär Bircher und Oberst Däniker, das Gespräch mit der deutschen Führungsschicht führten und prägten. Schließlich muß man wissen, daß der Name C. J. Burckhardts schon seit Ende 1939 im Zusammenhang mit einer Sondermission nach Berlin im Gespräch war. Wenn also Guisan mit seinen Anregungen und Überlegungen an die Bundesräte Minger und im November auch Pilet herantrat, so geschah es im Sinne einer Stellungnahme zu bereits bestehenden Vorhaben und Möglichkeiten; er wandte sich gegen die Sondermission Musy, Schultheß oder Bircher, er manifestierte seine Unzufriedenheit mit der ständigen Mission Frölicher, die er durch eine starke und integre Persönlichkeit ergänzt wissen wollte; und Burckhardt sollte nicht nach Berlin wallfahren, sondern dort die Position der Schweiz zur Geltung bringen.[20] Damit aber steht General Guisans Brief in keinem Gegensatz zu seinem Rütli-Rapport, wie Frisch es andeuten will, er ist vielmehr im Einklang mit der dortigen Manifestation.[21]

Nach Frisch gab es zwischen der Kaste der Offiziere und der Mannschaft kein Gespräch. Die Offiziere verkehrten mit der Mannschaft als die privilegierten Höheren und vor allem kraft ihrer Befehlsgewalt. Es ist daher im *Dienstbüchlein* auch viel vom Gehorsam die Rede. Frisch versteht zwar «zu einem gewissen Grad», daß Gehorsam notwendig ist und auch geübt werden muß;

aber er fällt ihm schwer, vor allem deswegen, weil das Militär Disziplin mit Gehorsam verwechselt. «Disziplin hat ihren Ansatz in einer Freiwilligkeit.» (VI, 560) Über den Kanonier aber wird verfügt; durch den von ihm geforderten Gehorsam wird er von morgens bis abends entmündigt und so fügsam gemacht, daß er schließlich in einen Zustand des Stumpfsinns und jener blinden Unterwerfung gelangt, welche die Befehlshaber brauchen. Womit das Bild der Zweiheit von oben nach unten, von Herrschern und Beherrschten wieder komplett wäre.

Wie der Roman *Stiller* hat auch das Erinnerungsbuch *Dienstbüchlein* einen Vorgänger: es ist das im Grenzdienst 1939 geschriebene Tagebuch *Blätter aus dem Brotsack*, das unter dem unmittelbaren Eindruck des Aktivdienstes entstanden ist. Auch da ist vom Befehlen und Gehorchen die Rede. Kanonier Frisch wird als angehender Architekt mit der Leitung einer kleinen Baustelle beauftragt und macht dabei die Erfahrung, «daß es tatsächlich nicht ohne Befehlen geht, auch beim besten Willen aller Leute. Man muß gehorchen können, wo es verlangt ist – aber auch befehlen können, wo es verlangt ist». (I, 151) Und auch später noch spricht er von der Notwendigkeit des Gehorsams, der «Unterordnung unter die führende Übersicht», die umso fruchtbarer ist, je mehr sie getragen ist vom Vertrauen in die verantwortliche Persönlichkeit des Führers. Was hier Frisch aus unmittelbarer Erfahrung sagt, entspricht dem, was in der Truppenführung auf allen Stufen auch heute noch Gültigkeit hat. Er spricht in diesem Aktivdiensttagebuch auch von der Freude an der Waffe und am Üben. Von der Landesausstellung, die bei ihm in der späteren Erinnerung einen «dezenten Geruch von Blut-und-Boden-helvetisch» annimmt, spricht er damals mit Begeisterung, «für den Grundzug schweizerischer Eidgenossenschaft, für diese freie Bruderschaft verschiedener Sprachen! . . .» (I, 133) Aber damals war auch das Vaterland noch nicht das, was beim Zeughaus beginnt und beim Soldatenfriedhof aufhört, er konnte noch aussprechen, daß er daran hange und es liebe, er konnte sogar aus inbrünstiger Seele das Vaterlandslied mitsingen. Das Brotsack-Tagebuch ist noch erfüllt von Glauben: vom Glauben an die Armee, vom Glauben an das Land und seine Sendung. Es ist aus der Zeitstimmung heraus geschrieben und getragen von der Ergriffenheit von dieser Zeit und ihren Forderungen.

Dreißig Jahre später sieht das alles anders aus, es nimmt sich im

Gedächtnis anders aus. Weil Max Frisch, sich erinnernd, alles Damalige natürlich nach neuer Denkart sieht, widerlegt jetzt das Gedächtnis sein damaliges Verhalten und Erleben, widerlegt es auch sein «treuherziges Tagebuch». (VI, 545) Das *Dienstbüchlein* ist die kritische Revision und die Zurücknahme der *Blätter aus dem Brotsack*, die Demontage seines Glaubens, der für ihn jetzt einer Legende angehört. (VI, 582)

Ernst Leisi stellt in seinen «Bemerkungen zu Max Frischs Dienstbüchlein» fest, Frisch habe vom gleichen Gegenstand zwei separate Erinnerungen: eine alte (persönliche) und eine neue (politische), und im Konfliktfall habe die zweite den Vortritt.[22] In den ereignisreichen dreißig Jahren, die zwischen dem Aktivdienst und dem *Dienstbüchlein* liegen, hat Max Frisch ungeheuer viel erlebt, erfahren und Geschichten schreibend erforscht, er hat auch viel über die Schweiz gelesen, geschrieben und nachgedacht; daraus ist schließlich eine andere Denkart entstanden und mit ihr das Bildnis von der Schweiz, das nun seine Erinnerung umformend prägt.

Es bietet sich aber noch ein anderer Aspekt an. J. R. von Salis schreibt in einer Besprechung des *Dienstbüchlein,* hier sei die Schweiz «in einem wohldurchdachten literarischen Kunstwerk, das auch ein Geschichtswerk ist, beschrieben».[23] Ob das *Dienstbüchlein* wirklich ein zuverlässiges Geschichtswerk sei, muß man mit gutem Recht bezweifeln. Hingegen ist es zweifellos ein Kunstwerk, ein Werk jener spezifischen Kunst, wie sie Frisch etwa seit der Gantenbein-Zeit folgerichtig ausübt. Kunst als Ausprobieren und Anpassen von Geschichten, als Auswählen, Vergleichen und Kombinieren von Situationen und Varianten. Es ist die in *Mein Name sei Gantenbein* und *Biografie: Ein Spiel* virtuos geübte Kunst, durch die ein frei fabulierendes Ich Geschichten erfindet, um seine eigene Verfassung auszukundschaften. Nun handelt es sich aber im *Dienstbüchlein* nicht um erfundene Geschichten, sondern um Erinnerungen an Erlebtes während einer geschichtlich genau festgelegten Zeitspanne, um ein Stück Autobiographie also. Es erweist sich nun aber, daß im Kunstwerk kein grundsätzlicher Unterschied besteht zwischen erfundener und erinnerter Geschichte. «Leben ist langweilig», sagt Frisch zu einem amerikanischen Zeitungsmann, «ich mache Erfahrungen eigentlich nur noch, wenn ich schreibe.» Und etwas später: «Ich möchte wissen, was ich, schreibend unter Kunstzwang, erfahre über mein Leben als Mann.» Diese Sätze stehen in der Erzählung *Montauk*,[24] die ein Jahr nach dem *Dienstbüchlein* erschienen ist und auch nicht von erfundenen, sondern von autobiographischen Geschichten handelt. Man könnte den zweiten zitierten Satz auf das *Dienstbüchlein* beziehen und leicht umformen: ich wollte wissen, was ich, schreibend unter Kunstzwang, erfahre über mein Leben als Kanonier. Frisch schreibt auch in seinem Erinnerungsbuch unter Kunstzwang. Die zahllosen Erinnerungsbruchstücke werden zum literarischen Material, mit dem er arbeiten kann: er wählt aus, montiert und formuliert. Damit wird aber auch das erlebnismäßig längst Festgelegte umgestaltet, literaturfähig gemacht, oder eben *erfunden* und damit für Frisch erst jetzt mitteilbar.[25] Die «Treuherzigkeit» der *Blätter aus dem Brotsack* besteht für den späteren Frisch wohl gerade darin, daß sie nicht unter Kunstzwang geschrieben worden sind, daß in ihnen der Versuch unternommen wird, ein starkes Erleben unmittelbar auszudrücken. Das muß Frisch dreißig Jahre später höchst fragwürdig erscheinen. In dieser langen Zeit hat sich seine Denkart entwickelt und gewandelt; sie drückt sich künstlerisch aus in einem virtuosen Spielen mit Geschichten, politisch unter anderem in einem veränderten Bild der Schweiz. Für Werke wie *Mein Name sei Gantenbein* und *Biografie* bleibt dieses Schweiz-Bildnis wirkungslos. Nicht aber für das *Dienstbüchlein*, hier ist es wirksam als ein die Gestaltung ständig bestimmendes Muster.

Dadurch vollzieht sich nun aber etwas höchst Merkwürdiges. Mit der Erfindung des frei fabulierenden Ichs gewinnt Frisch eine vorher ungeahnte Freiheit; bevor noch eine Geschichte sich verfestigt zum Bildnis, wird sie wieder aufgehoben. Das freie Fabulieren bedeutet die Befreiung von der Herrschaft der Bildnisse. Was aber gelingt im geschichtslosen Raum reiner Fiktion, das mißlingt im Spiel mit der geschichtlich gebundenen Erinnerung. Sie gerät unter den Zwang des späteren Bildes der Schweiz, welches sie verformt, verengt, vereinseitigt und letztlich fälscht. Es ist ein fertiges Bildnis, das dem Leser seit der Stiller-Zeit überall entgegentritt, wenn Frisch sich über die Schweiz äußert. Es erscheint im *Dienstbüchlein* in der erinnernden Darstellung einer für die Schweiz außergewöhnlich wichtigen geschichtlichen Zeit der Bewährung, und im *Wilhelm Tell für die Schule* bestimmt es einen neuen Mythos der Schweiz.

«Du sollst dir kein Bildnis machen, auch nicht von der Schweiz,» überschreibt ein kluger Kritiker eine Besprechung von *Wilhelm Tell für die Schule,* und er will damit sagen, daß der Schweizer sich nicht unter dem Zwang der Überlieferung ein falsches Bild seiner Schweiz machen solle. Am Schluß aber deutet er an, daß auch Frisch gerade in der Schule zum Begründer eines schweizerischen Selbstmißverständnisses werden könnte.[26] In diesem Sinne muß man Frisch selbst zurufen: Du, Max Frisch, sollst dir kein Bildnis machen – auch nicht von der Schweiz! «Das ist das Lieblose, der Verrat.» (II, 370) Die lebendige Fülle der Wirklichkeit dieser «freien Bruderschaft verschiedener Sprachen» (I, 133) erstarrt im Bildnis zum leblosen Klischee. Dieses Bildnis hat weder Raum noch Farben für die so erstaunliche Vielfalt der wirklichen Schweiz, für die Verschiedenartigkeit etwa der französischen und italienischen von der deutschen Schweiz, die sich in den Eigenarten ihrer Städte und Landschaften, der Sprache und ihrer Dialekte, der Kulturen und Temperamente und des Volkstums so farbenreich ausdrückt. Es verengt die Schweiz auf einige politische, soziologische und ökonomische Aspekte, läßt ihr lebendiges Antlitz in wenigen Zügen veröden und den bunten Reichtum der Wirklichkeit des Lebens zum schwarz-weißen Klischee verblassen. Es erscheint, in quasi mythischer Darstellung, im uralten, tauben Attinghausen, der nichts Neues mehr wahrnimmt, im einfältig-trotzigen Tell, der den fremden Fötzel meuchelmörderisch erschießt und in den Waldleuten, welche ihre Hörigen unterdrücken und immer im Recht sind; und im *Dienstbüchlein* erscheint es im Zweikastensystem, in das die lebendige militärische, gesellschaftliche und politische Wirklichkeit der Schweiz hineingepreßt wird.

Es stellt sich natürlich die Frage, wie in aller Welt es gerade bei Frisch, der sein Leben lang vor der Gefahr des Bildnis-machens gewarnt und sie in seinem Werke bekämpft hat, zu einem solchen Bildnis kommen konnte. Frisch wirft dem Schweizer vor, daß er mißtrauisch sei gegenüber allen Utopien und sich nicht auf sie einlasse. Man kann Frisch sicher nicht als einen Utopisten bezeichnen; aber trotz seinem unbestreitbaren Realitätssinn hat er einen Hang zum Utopischen. Er äußert sich bereits früh in jenem Ausbrechen aus der Alltagswirklichkeit in zauberische Fernen, wo eine totale Erfüllung erwartet wird. Dieses verlockende Ziel, das Ferne an sich ist, hat utopischen Charakter. Später versagt sich Frisch das romantische Abenteuer des Ausbruchs, die Ausbrechenden scheitern bei ihrem Versuch, wie die Señora und der Lehrer in *Andorra*, die in die Niederungen des Alltags zurückkehren. Aber es bleibt die Sehnsucht nach dem erfüllten Augenblick, nach der Erfüllung in einem Augenblick, der die Ewigkeit mitenthält. Sie erscheint im *Homo Faber*, an einer der eindrücklichsten Stellen des Romans, wo der moribunde Walter Faber über sein verpaßtes Leben meditiert: «. . . standhalten der Zeit, beziehungsweise Ewigkeit im Augenblick. Ewig sein: gewesen sein.» (VI, 199) Und kehrt wieder als Zitat in *Montauk.* (VI, 685) Das Sehnsuchtsziel bleibt aber nicht eine unbestimmte Ferne an sich, es füllt sich mit konkreten Inhalten, zum Beispiel eines vollkommenen Staates und einer vollkommenen Gesellschaft. Diese utopische Vision wird dann bestimmend für die Beurteilung und Bewertung der Wirklichkeit. «Alles Lebendige hat es in sich, Widerspruch zu sein.» (IV, 236) Aus der Sicht des Vollkommenen widerspricht Frisch der an sich immer unvollkommenen Wirklichkeit, gerade auch der schweizerischen, welche ihm darob zum widerlichen Bildnis erstarrt, das ihm eine gerechte Schau der schweizerischen Demokratie verwehrt.[27]

Diese Problematik hat auch ihren geschichtlichen Aspekt. Frisch hat die Zeit des zweiten Weltkrieges als eine ungeheure Katastrophe erlebt. In diesen Bereich gehört etwa das entscheidende, ganz persönliche Schock-Erlebnis, daß ein Mensch in Grenzsituationen über Leben und Tod eines andern Menschen entscheiden kann; dieses steigerte und weitete sich am Ende des Krieges zu dem Erlebnis und der Erkenntnis, daß *ein* Mensch die Möglichkeit besitzen könnte, über Leben und Tod, über Bestehen und Nicht-Bestehen der Menschheit zu entscheiden. Nach dem Atombombenabwurf auf Bikini hat Frisch das Gefühl, an einer Wegkreuzung zu stehen, «das Bewußtsein, daß wir uns entscheiden müssen, das Gefühl, daß wir noch einmal die Wahl haben und vielleicht zum letztenmal; ein Gefühl von Würde; es liegt an uns, ob es eine Menschheit gibt oder nicht». (II, 401) Das ist die Kulmination eines Bewußtwerdungsprozesses, der zu Beginn des Krieges eingesetzt hat. Schon in den *Blättern aus dem Brotsack* erlebt Frisch die große bewußte Gefährdung als einen Segen, der mutige und gültige Entscheidungen veranlassen kann. Später sieht er im Weltkrieg nicht nur eine Katastrophe und Krise, sondern eben auch einen Durchgang, der zu einer Wende führen muß. Und angesichts der Möglichkeit einer gleichsam absoluten Gefährdung der Menschheit, ist für ihn der Augenblick einer totalen, einer Weltwende eingetreten. In dieser notwendigen, mächtigen Erneuerungsbewegung könnte die Schweiz eine wichtige Aufgabe erfüllen, welche gerade ihr als Kleinstaat gestellt wäre und sie über ihre sonstige Ohnmacht emporheben würde. Schon in den *Blättern aus dem Brotsack* ist angedeutet, wie er sie versteht: «Menschen eines Kleinstaates, was haben wir denn in der Welt zu erobern, wenn nicht die Weite des Herzens, die Reinheit und den Adel einer Gesinnung?» (I, 160) Im *Tagebuch 1946–49* sieht ja dann Frisch die eigentlich schweizerische Kulturarbeit in den gemeinschaftlichen politisch-staatsbürgerlichen Leistungen. Frisch weiß zwar, daß der Schweizer Schwierigkeiten hat mit der Idee, «genauer: Schwierigkeiten beim Schritt von der Idee zur Ausführung». (III, 297) Er ist aber damals noch überzeugt davon, daß die Schweiz nichts anderes ist, «als eine Idee, die einmal realisiert worden ist». (III, 297) Das gilt für 1291 wie vor allem für die Gründung der neuen Schweiz: die Verfassung von 1848 ist für Frisch ein kühner Entwurf in die Zukunft. Die daraus hervorgehende Schweiz «ist der Triumph einer utopischen Idee über die Gegebenheiten». (III, 33) In der Wende-Situation der Nachkriegszeit erkennt er nun die unbedingte Notwendigkeit einer schöpferischen staatsbürgerlichen Leistung, die zur inneren Erneuerung der Schweiz führen müßte. Es ist die Zeit, da er mit Lucius Burckhardt und Markus Kutter zusammen die kühne Idee entwickelt, statt einer Landesausstellung eine moderne Stadt zu gründen, die ein Entwurf in die Zukunft, das Modell einer künftigen Schweiz sein sollte.[28] Die innere Erneuerungsbewegung müßte sich auch nach außen wenden und in offiziell kundgegebener moralischer Partizipation am Weltgeschehen manifestieren. Die Wandlung des Denkens, das Wagnis und die kühne Tat für die Zukunft aber sind ausgeblieben. Die Schweiz verharrt innerlich in einer sterilen Stagnation und nach außen in einer längst überholten, schwächlichen Neutralität und schweigt zum Weltgeschehen «im Interesse privater Wirtschaftsbeziehungen».[29] Die Schweiz hat in einer Zeit von welthistorischer Bedeutung, in der Zeit einer Weltwende angesichts der ihr zustehenden spezifischen Aufgabe versagt, und dieses Versagen erfüllt Frisch mit einer Enttäuschung, über die er nicht mehr hinwegkommt. Das immer wieder erscheinende, widerliche Bildnis der Schweiz ist im Wesentlichen entstanden aus der heftigen Reaktion des höchste Ansprüche stellenden, enttäuschten Idealisten, der einmal von der Hoffnung erfüllt gewesen war, die Schweiz aus der Idee heraus zu erneuern und daran nun nicht mehr zu glauben vermag. «Ich . . . brauchte lange Zeit, um zu begreifen, daß wir, die wirklichen Eidgenossen, nie im Geist des deutschen Idealismus gehandelt haben oder handeln werden. Die Meinung, die Eidgenossenschaft sei hervorgegangen aus einer Idee, hat mich zu Forderungen verleitet, unser Land müßte Ideen zu verwirklichen versuchen auch heute, zu Hoffnungen also, und dann, da sie sich als wirklichkeitsfremd erwiesen, zu Unmut und Verurteilungen, die gegenstandslos sind.» (V, 362f)

Max Frischs Einstellung der Schweiz gegenüber bleibt indessen zwiespältig. «Ich bin Schweizer und begehre nichts anderes zu sein, mein Engagement als Schriftsteller aber gilt nicht der Schweiz. Überhaupt keinem Land.» (IV, 237) So sagt er 1958. Und acht Jahre später heißt es: «Selber weiß ich nur, daß ich nicht anderswo dazugehöre.» (V, 399) Frisch ist sich im klaren darüber, daß sein Widerspruch sich gegen jede staatliche Organisation mit ihrem Machtinstrumentarium und in ihrer menschlichen Unvollkommenheit richten müßte. Wenn er aber feststellt, daß sein Engagement als Schriftsteller nicht der Schweiz gelte, so ist das ganz einfach nicht wahr. Frisch kommt nicht los von der Schweiz und engagiert sich immer wieder für sie, gerade auch aus der Verneinung und Ablehnung heraus. Die Schweiz bleibt eines seiner Themen. Und auch wenn er zögert zu sagen, die Schweiz sei seine Heimat, so fühlt er sich ihr eben doch zugehörig. «Bedürfnis nach Zugehörigkeit, ich bin hier und nicht anderswo geboren, das naive Gefühl von Zugehörigkeit und später das Bewußtsein von Zugehörigkeit, ein kritisches Bewußtsein, das die Zugehörigkeit keineswegs aufhebt.» (VI, 611) Das klingt gewiß nicht mehr begeistert wie in den *Blättern aus dem Brotsack*,[30] aber die Tatsache der Zugehörigkeit bleibt unausrottbar bestehen. Sogar gegenüber der Armee! Hier manifestiert sie sich in einer bemerkenswerten Empfindlichkeit, «wenn Ausländer meinen sich zur schweizerischen Armee äußern zu können . . .» (VI, 594) Aber gerade aus diesem Gefühl und Bewußtsein der Zugehörigkeit, das er nicht loswerden kann, kommt sein trotz allen Vorsätzen immer erneutes Engagement für die Schweiz, und umso tiefer ist seine Enttäuschung dann, wenn sie seinen Erwartungen nicht entspricht. Aber auch dann und gerade dann, wenn er glaubt, die Haltung der Schweiz ablehnen zu müssen, auch dann, wenn er ungerecht wird gegen die Schweiz und verhältnisblind, fühlt er sich ihr zugehörig, versteht er sich als Schweizer ganz und gar, «dieser meiner Heimat verbunden – einmal wieder – in Zorn und Scham». (VI, 517)

5. Geistesgeschichtliche Bezüge

Max Frisch ist nicht der Typus des poeta doctus, aber er ist ein sehr belesener Autor. Er ist ein genauer und gründlicher, ein kluger und auch sehr kritischer Leser, und als Leser ist er zugleich immer auch der selber Schaffende. Er liest daher anders als ein gewöhnlicher Leser, und unversehens stellen sich Bezüge zum eigenen Schaffen, zur eigenen schriftstellerischen, dichterischen oder stückeschreiberischen Position her. Dadurch wird diese Tätigkeit des Lesens so besonders bedeutungsvoll. Im Laufe seiner früh einsetzenden Lektüre sind für Frisch viele Autoren wichtig geworden, haben seine Achtung, seine Bewunderung und Zuneigung gewonnen, ihn wohl auch unmittelbar angesprochen, einige erkennt er als sich verwandt. Unter den vielen aber, die in seiner geistigen Welt wohnen, ist einer, den er liebt wie einen älteren Bruder im Geiste, ein Zeitgenosse und Mitbürger: Albin Zollinger. «Nie werde ich über den Pfannenstiel wandern, ohne daß ich länger oder kürzer an den Dichter denke, den ich von allen zeitgenössischen Landsleuten am meisten liebe, nämlich an Albin Zollinger, der diese Landschaft ein für allemal dargestellt hat.» (II, 496) Die Verwandtschaft und Gemeinsamkeit äußert sich in der Liebe zu derselben Landschaft, die sie beide hingebungsvoll durchwandert und beschrieben haben, in der Verbundenheit mit derselben Stadt, welche beide, Frisch wohl noch mehr als Zollinger, mitgeformt hat, und in der widerspruchsvollen und unlösbaren Beziehung zu dem Lande, dessen kritische Bürger sie in einer ungewöhnlich bewegten Zeit sind. Max Frisch liebt die Person, den Menschen Zollinger mit dem glühenden Dichterherzen; aber diese Liebe macht ihn nicht blind gegenüber den Mängeln und Fragwürdigkeiten seines Werkes, namentlich gegenüber den Romanen, die ihn trotzdem so tief bewegen. Er ist begeistert vom «Pfannenstiel», «in Liebe mit der Sprache dieses Mannes», (IV, 265) einer Sprache, deren Schönheit in der Lyrik zur Vollendung gelangt ist. «Als Lyriker bleibt er ein Gestirn, wie es nicht alle Jahrzehnte über dem deutschen Sprachraum aufgeht.» (I, 213) Aber auch in den Romanen kommen immer wieder Partien vor, wo die Handlung von einem «Gespinst von Visionen» überwuchert wird, deren Sprache «die blühende Vielfalt aller irdischen Gewächse» hat. (I, 197) Zwanzig Jahre nach

Zollingers Tod schrieb ihm Frisch nochmals einen Nachruf; die Liebe ist geblieben und niemals als Irrtum empfunden worden. Aber jetzt unternimmt Frisch den Versuch einer geschichtlichen Betrachtung, er versucht Zollinger in seiner Besonderheit aus der Situation der dreißiger und der beginnenden Kriegsjahre zu verstehen. Er sieht ihn geprägt durch diese historische Zwangssituation, eingeschlossen in die kleine Schweiz, die gefährdet ist von außen und sich innerlich durch die geistige Landesverteidigung neu gefunden hat. Aus diesen Gegebenheiten heraus sei Zollingers Werk zu einem Schweizerspiegel geworden. Frisch sieht Zollinger in der Lage eines Emigranten ohne ein Hinterland außer eben der kleinen Schweiz, die zu klein und zu geschichtslos gewesen sei, als daß sie für ihn zum produktiven Raum hätte werden können. Die Liebe zum eigenen Lande sei dadurch zu einer «Art von Heimatverzücktheit» geworden, die Frisch provinzlerisch erscheint. Er sieht Zollinger als Opfer seiner Zeit, die ihn kleiner machte als er war. «So sehe ich das Werk von Albin Zollinger als das Vermächtnis eines Opfers, und als solches sollten wir, seine Landsleute, es nicht bloß pflegen, was bequem ist, sondern es sehr ernst nehmen.» (IV, 270) Das ist aus der Sicht von 1961 geurteilt. Ob damit Max Frisch die Mängel von Zollingers Romandichtung genügend erklärt, ob dieser wirklich so sehr ein Opfer seiner Zeit gewesen ist, soll hier nicht erörtert werden. Doch ist eine andere Tatsache bedeutungsvoll: Max Frisch sieht in dem von ihm dargestellten Schicksal des brüderlich geliebten, älteren Zeitgenossen und Landsmanns ein Verhängnis, das ihn selbst hätte treffen können, wenn sich seine Schaffenszeit damals vollendet hätte, als er die *Blätter aus dem Brotsack* und *Die Schwierigen* schrieb; daß er selbst hätte verkümmern können in der Eingeschlossenheit in einem Lande, unter dessen Kleinheit er auch später noch so sehr gelitten hat.

Zu den Dichtern, die für Frisch von größter Bedeutung sind, gehört natürlich Bertolt Brecht. Die Beziehung zu ihm ist völlig anders als die zu Albin Zollinger. Es ist nicht Liebe, was ihn mit ihm verbindet, auch nicht Verehrung, denn das würde allzu sehr an Begeisterung und damit an Emotion und Sentiment erinnern, was Brecht durchaus nicht gemäß gewesen wäre. Es ist vielmehr eine Bewunderung, welche auf der Erkenntnis einer manifesten Größe beruht: Brecht ist für Frisch «die weitaus bedeutendste, am eigentümlichsten geartete, in ihrer Art am konsequentesten entwickelte Potenz des deutschsprachigen Theaters seit Wedekind», der

Schöpfer des «Grundmusters des modernen Theaters». (III, 343 f.) Seine Bewunderung gilt einem Leben, das wirklich «vom Denken aus gelebt wird», (II, 594) gilt der Schärfe eines Intellektes, der sowohl dem Stückeschreiber wie auch dem Theoretiker eigen ist; die Bewunderung gilt ganz besonders dem Theaterpraktiker, dem unermüdlichen Probierer und Bühnenexperimentator. Am meisten aber gilt sie wohl dem Künstler Brecht: Frisch nennt die *Dreigroschenoper* einen «provokatorischen Geniestreich». «Etwas an dieser Dreigroschenoper, die nie so verstanden wird, wie Brecht sie selbst interpretiert, ist kennzeichnend für Brecht: sie ist, als Kunstwerk, viel blühender, mehrschichtig, offener und realer als seine Theorie vom Theater, von Politik; sie ist ein Kunstwerk.» (III, 343) Das ist das denkbar Klügste, was man über Brecht sagen kann. Gerade auch vom Künstlerischen her kommt Frischs Bewunderung für die Lyrik von Brecht, er sieht in ihm «den originalen Lyriker deutscher Sprache». (III, 343) Hier findet er etwas, das ihm außerordentlich wichtig ist: das Gedicht, welches der Welt, der wirklichen modernen Welt, standzuhalten vermag. Es geht um das «Wirklich sein», das für Frisch von zentraler Bedeutung ist. «Das Gedicht, das wirkliche, hat die wirkliche Welt nicht zu scheuen.» (II, 542) Und kurz nach dieser Stelle folgt im Tagebuch die Eintragung über das «Wirklich sein» und «immer aufs neue wirklich werden» bei Goethe. Unmittelbar vorher aber macht Frisch einen sehr wichtigen und notwendigen kritischen Einwand gegen jene Brecht-Gedichte, in denen das «Nur-Ideologische» zum Ausdruck kommt, er sieht darin eine Art des Nicht-Wirklichseins.

Frischs Kritik am bewunderten Brecht ist deswegen so bedeutungsvoll, weil sie deutlich werden läßt, daß er ihm nie verfallen ist, ihm, dem «Jesuiten des Diesseits», (II, 595) der alle umbauen will. Frischs Bewunderung ist immer eine Bewunderung auf Distanz, was dann besonders im zweiten *Tagebuch 1966–1971* spürbar wird. Im Gespräch mit Brecht und Helene Weigel über Polen muß er erleben, wie das ideologische Vorurteil sich als verfälschendes Bildnis vor die Wirklichkeit stellt. Und seine Reaktion auf die maßregelnde Unterrichtung ist eindeutig sauer. (IV, 32) Brechts Einfluß auf Frisch ist manifest; er ist auch oft dargelegt worden, und Frisch selbst ist sich durchaus im klaren darüber, daß man «um diesen Brecht» nicht herumkommt. Aber viel wichtiger ist die Tatsache, daß Frisch sich eben doch auch wieder wesentlich von

Brecht unterscheidet. Frischs eigenes episches Theater, seine Verfremdungstechnik steht nicht im Dienste einer politischen oder soziologischen Lehre und dient nie dem doktrinären Umbau des Zuschauers. Vielmehr verwendet er sie für die Durchleuchtung und Zersetzung jeglicher Ideologie; sie wird ihm zum ästhetischen Hilfsmittel, um die Wirklichkeit durchschaubar zu machen, den Menschen in seiner Existenz seiner selbst sich bewußt werden zu lassen, sich vom Bildnis zu befreien und hinter allen Bildern das eigene Selbst zu finden. Frischs kritische Distanz aus der zeitlichen Entfernung des zweitenTagebuches ist wohl mitverursacht worden durch Brechts politisches Verhalten während der Vorgänge im Jahre 1953 in Berlin, das voller unbeantworteter Fragen ist. Aber so wie er ihm von Anfang an nie verfallen ist, so wendet er sich jetzt auch nicht ab von ihm, die Bewunderung bleibt, und sein Brecht-Abschnitt schließt mit dem schönen Wort Gorkis über Tolstoi: «Trotz der Einseitigkeit seiner Lehre ist dieser märchenhafte Mensch unendlich vielseitig.» (VI, 38)

Zum engsten Kreis der Dichter um Max Frisch gehört Georg Büchner. Er fühlt sich ihm verbunden durch die Gemeinsamkeit von politischem Engagement und Lust am eigenen Schaffen; er sieht in Büchner den auch ihm selber eigenen Widerspruch des Lebendigen gegen alles Starre, ideologisch Festgelegte, das Engagement am Lebendigen. Andererseits aber auch das Leiden am Widerstand und an der Trägheit der Welt, die sich nicht ändern lassen will und den Dichter in die Emigration treibt, ihn zum Außenseiter einer Gesellschaft macht, die er nicht annehmen kann; Frisch sieht sich mit Büchner verbunden durch die Verpflichtung «an eine Gesellschaft der Zukunft». (II, 397)

Gottfried Keller gehört Frischs Bewunderung und wohl auch seine Liebe. Auch ihm fühlt er sich verbunden, obwohl er an ihm «das Emigrantische» kaum wird finden können. Er macht zwar Vorbehalte gegenüber der Welt von Seldwyla, aber in einer frühen Lebenskrise traf ihn die Lektüre des *Grünen Heinrich* im Innersten: «Das Buch, das mich seitenweise bestürzte wie eine Hellseherei, war natürlich der beste Vater, den man nur haben kann.» (II, 587) Später sieht Frisch in Keller einen Träger jener typisch schweizerischen Kultur, die wesentlich in staatsbürgerlicher Leistung besteht. Keller ist für ihn einer der wichtigen Repräsentanten des schöpferischen 19. Jahrhunderts, welches den neuen eidgenössischen Staat geschaffen hat, dem er als Staatsschreiber und auch mit seinem dichterischen Werke gedient hat.

Max Frischs Beziehungen zu Zollinger, Brecht und Keller werden immer wieder erwähnt und sind auch schon ausführlich behandelt worden. Es soll hier nicht bereits Bekanntes nochmals wiederholt werden. Dieses Schlußkapitel hat ein anderes Anliegen. Es sollen hier Bezüge zu Erscheinungen und Gestalten aufgedeckt, Ähnlichkeiten, Übereinstimmungen, aber auch Unterschiede trotz offensichtlicher Verwandtschaft festgehalten und gedeutet werden; Bezüge, welche Max Frischs Verbundenheit mit den Entwicklungen der Literatur- und Geistesgeschichte deutlich werden lassen. Es geht dabei nicht einfach um den Nachweis von Einflüssen, die ja meistens schwer erfaßbar sind, sondern um das Feststellen von Gemeinsamkeiten, welche das Einbezogensein in das Beziehungsgeflecht der geistigen und literarischen Tradition erweisen. Die knappen Hinweise auf Frischs Verhältnis zu Zollinger, Brecht, Büchner und Keller bilden den Ausgangspunkt zu einem Ausblick in größere Zusammenhänge.

In seinem Frisch-Buch *Zwischen Protest und Traditionsbewußtsein*[1] stellt Hans Bänziger eine Verwandtschaft zwischen Max Frisch und Hermann Hesse fest und vergleicht die beiden Romane *Der Steppenwolf* und *Stiller*, bei denen er eine «auffallende Ähnlichkeit» feststellt. Beide Titelgestalten sind Einsame in der modernen Welt, Fremdlinge in der bürgerlichen Gesellschaft, von der sie trotzdem nicht loskommen; beide sind «Schwierige», die sich nach einer anderen Welt sehnen. Beide Romane weichen ab von der überlieferten Form und haben eine gewisse Ähnlichkeit in ihrer Struktur. Die von Bänziger dargestellten Übereinstimmungen oder Ähnlichkeiten sind unbestreitbar, ja, sie sind wohl noch tiefer, als aus seinen Ausführungen hervorgeht. Es handelt sich um eine innere Verwandtschaft, die sich nicht nur im *Steppenwolf* und im *Stiller* manifestiert, sondern in einer weitgehenden Übereinstimmung grundlegender Problemstellungen besonders im Umkreis des Bildnisses und der Identität. Sie erweist sich bei einer genauen vergleichenden Lesung der beiden genannten Romane. Die Betrachtung kann aber nicht dabei stehen bleiben, sondern muß auf den Zusammenhang mehrerer Werke ausgedehnt werden; denn eine weitere Ähnlichkeit der beiden Autoren besteht gerade darin, daß sie nie aus einem einzelnen Werk heraus beurteilt und verstanden werden können, weil diese Werke in einer sinnfälligen und sehr folgerichtigen Entwicklung stehen und einander ergänzen und sich gegenseitig erklären.

Im ersten Teil von «Harry Hallers Aufzeichnungen» empört sich Harry im Hause eines ihm bekannten Gelehrten in verletzender Weise über ein Goethe-Bild, das den dämonischen Alten in eine sentimentale spießbürgerliche Salonfigur verwandle. Es ist Haller unerträglich, daß Goethe dadurch verfälscht, auf ein falsches, völlig unzulängliches Bildnis festgelegt wird. Im nachfolgenden Gespräch mit Hermine wird dieselbe Unzulänglichkeit bei vielen Heiligenbildern festgestellt, die in ihrer Verlogenheit eine verfälschende Wirkung ausüben und besonders dann eine Gefahr bedeuten, wenn ihre Relativität nicht mehr erkannt wird und sie verabsolutiert werden: dann legen sie die lebendige Fülle des Urbildes auf wenige Züge fest. Später muß aber Harry Haller feststellen, daß er sich von sich selbst auch ein Bildnis gemacht hat, ein «verlogenideales Harrybild», das dem bürgerlich idealisierten Goethe zum Verwechseln ähnlich sieht und mit dem er die Welt und sich selbst über sein wahres Wesen täuscht und das ihn dermaßen fesselt, daß er eine krisenhafte Erschütterung braucht, um davon loszukommen. Haller hat aber nicht nur ein einseitiges Bild von sich, er hat auch ein Bild vom Leben, das der Wirklichkeit nicht entspricht und ihn mit dieser in unlösbare Konflikte bringt. *Der Steppenwolf* behandelt eine krisenhafte Episode im Leben eines Menschen, der unter dem Zwang eines falschen Bildnisses erstarrt, in Stagnation und tiefste Einsamkeit geraten ist und sich nun davon befreit, um eine Neuwerdung zu vollziehen. Harry Haller legt ein entscheidend wichtiges Stück auf dem Wege zum Ich zurück, zu der Identität des Ichs mit sich selbst, zum Wirklichsein, um mit Frisch zu reden. «Ich nenne es Wirklichkeit», sagt Stiller, «Sie können auch sagen: daß einer mit sich selbst identisch wird.» (III, 417) Frischs Verwandtschaft mit Hesses Denken wird indessen noch deutlicher. Für Hesse ist der Mensch nicht etwas Erschaffenes, sondern «eine Forderung des Geistes», ein Werden; sobald er sich fertig glaubt, folgt Erstarrung, und der Tod tritt in sein Leben ein.

Der Weg der Ichwerdung ist, wie für Max Frisch, auch für Hesse ein immer wiederkehrendes Grundthema. Mit Vorliebe behandelt er es an der Entwicklung junger Menschen; *Demian* und *Siddhartha* sind Musterbeispiele dafür.

Die Geschichte von Emil Sinclairs Jugend ist die Geschichte vom irrenden Suchen und Finden des Weges zum Ich; «zu sich selbst zu kommen», «das eigene Schicksal zu finden», wird als die wesentliche Aufgabe des Menschen erkannt. Sinclairs Kindheit und Jugend ist von Bildern umstellt, die ihm den Weg zu sich selbst erschweren; sie erscheinen als konventionelle Klischees des Elternhauses, der Schule und der Kirche, aber auch als selbstgemachte Bildnisse vom Ich und von der Welt, die alle durchbrochen werden müssen. Der Selbstwerdungsprozeß als ein Identischwerden mit sich selbst wird besonders deutlich an der Entwicklung von Siddhartha. Um zum wahren Ich zu gelangen, muß er temporäre Ich-verwirklichungen immer wieder überwinden. Im Menschen sind zwei Ichs: «Unser subjektives, empirisches, individuelles Ich . . . zeigt sich als sehr wechselnd, launisch, sehr abhängig von außen, Einflüssen sehr ausgesetzt . . . Dann ist aber das andere Ich da, im ersten Ich verborgen, mit ihm vermischt, keineswegs aber mit ihm zu verwechseln. Dies zweite, hohe, heilige Ich (der Atman der Inder, den sie dem Brahma gleichstellen) ist nicht persönlich, sondern ist unser Anteil an Gott, am Leben, am Ganzen, am Un- und Überpersönlichen.» (VII, 635 f.) Bei Frisch heißt dasselbe «Gott als das Lebendige in jedem Menschen, das, was nicht erfaßbar ist». (II, 374) Mit diesem göttlichen Ich nun muß das empirische Ich sich immer reiner vereinen, was eine lebenslange Aufgabe sein kann, was aber auch mißlingen kann. Ein Kapitel im *Siddhartha* heißt «Erwachen»: der junge Held erkennt seine bisherigen Versuche, zum Ich zu gelangen, als Irrwege; er erwacht zu sich selbst. Das Erwachen ist für Hesse ein Ereignis von gesteigerter Wirklichkeit, das Vergangenes als falsch erkennen läßt und den Durchbruch zum Neuen fordert. Es kann in entscheidenden Augenblicken immer wieder vorkommen, die Selbstwerdung erscheint somit als eine ganze Folge von Erwachensakten, wodurch die Identität der beiden Ichs immer reiner hergestellt und der Mensch immer aufs neue wirklich werden soll. Alle Hesseschen Helden seit *Demian* erfahren dieses Erwachen. Der Steppenwolf Harry Haller erlebt ein gleichsam radikales und totales Erwachen im magischen Theater, und Josef Knecht im *Glasperlenspiel* wird geradezu der «Mann des Erwachens» (VI, 436) genannt, sein Leben erscheint als ein Transzendieren von Lebensraum zu Lebensraum, zu immer vollkommenerer Verwirklichung des Ichs.

Solches Erwachen wird auch im Werke von Max Frisch immer

wieder gestaltet. Schon im frühen Stück *Nun singen sie wieder* erwacht der amerikanische Fliegerhauptmann nach dem tödlichen Absturz zu der Ahnung von einer ganz anderen Welt und erkennt, daß er anders hätte leben sollen. (II, 120f.) Die chinesische Prinzessin Mee Lan erwacht unter dem Einfluß des Dichters Min Ko aus ihrer chinesischen Bilderwelt, erkennt sie als eine Farce und geht den Weg der Selbstwerdung. Der Staatsanwalt erwacht mitten in der Nacht, und aus dem Dunkel seines bürgerlichen Daseins bricht er als Graf Öderland aus in die Helle eines abenteuerlichen Tages, und «herrlich ist er und frei». (III, 49) Stiller erlebt das Erwachen nach seinem mißglückten Selbstmord, da er plötzlich erkennt, daß sein bisheriges Leben nie eines gewesen ist und er sich entschließt, von nun an wirklich zu leben. Walter Faber erwacht während des Niederschreibens seines Berichtes und vollendet dieses Erwachen frühmorgens vor der Operation, wo er feststellt, daß in seinem bisherigen Leben nichts stimmt. Auf das Erwachen folgt bei Max Frischs Gestalten immer das Durchschauen der Bilderwelt: der Erwachende erkennt, daß er unter dem Zwang eines Bildnisses, daß er falsch, das heißt nicht wirklich gelebt hat.

Hans Mayer stellt in seinen «Anmerkungen zu Stiller» mit Recht Bezüge zum deutschen Erziehungsroman her und weist in diesem Zusammenhang darauf hin, daß in seinen späten Erscheinungsformen der Erziehungsroman «den Weg nach Innen zu weisen»[2] habe, der allein noch zur echten Individualität führen könne. Von den Hesseschen Helden geht Sinclair als erster konsequent diesen Weg nach innen, und alle seine Nachfolger beschreiten ihn auf ihre Weise. Gewiß führt er zum Ich, zu dem, was aus dem erwachenden Ich von selbst heraus will. Aber dieser Weg ist nicht ohne Gefahr, weil er von der vita activa wegführen kann in ein bloßes Schauen, fern von Geschichte und Verantwortung. Siddharthas völlig passive vita contemplativa zeigt die ganze Fragwürdigkeit des Verharrens in reiner Innerlichkeit.

Hesses Führer auf dem Weg nach innen war, neben den fernöstlichen Weisen, vor allem Novalis, durch den er lernt, daß Schicksal und Gemüt Namen eines Begriffs sind. Er bekennt einmal, daß beinahe alle seine Prosadichtungen «Seelenbiographien» seien; und er nennt den *Heinrich von Ofterdingen* des Novalis als eines seiner «heiligen Vorbilder». Das gilt gewiß für Hesses früheres Werk und ganz besonders für die Zeit vom *Demian* bis zum

Siddhartha, da er Novalis als ein magisches Erlebnis, als «Erlebnis der Initiation, der Einweihung ins Mysterium» (VII, 280) erfuhr. Nun ist aber der *Ofterdingen,* Musterbeispiel des romantischen Künstlerromans und Werk des magischen Idealismus, nicht denkbar ohne *Wilhelm Meisters Lehrjahre,* auch wenn er noch so sehr als «Anti-Meister» konzipiert worden ist. Auch Wilhelm Meister geht den Weg nach innen, seine gefährlichen Vorbilder heißen Werther und Hamlet; aber dieser Weg ist, wenn nicht vom jugendlichen Wilhelm selber, so doch von seinem Schöpfer längst als tödliche Gefahr erkannt worden, und so ermöglicht Goethe seinem liebenswerten Helden, unter dem Einfluß der Freunde von der Turmgesellschaft den Weg nach außen zu beschreiten, der ein Weg zur Wirklichkeit der irdischen Welt ist. Bei Hermann Hesse wird der Weg nach innen im *Steppenwolf* vollendet, er führt nicht mehr weiter als in Harry Hallers magisches Theater. Nach den hier gemachten Erfahrungen und Erkenntnissen wird Harry den Weg nach außen beschreiten; seine Führer nach innen waren Novalis, Nietzsche (und C. G. Jung), seine Führer nach außen, in das Leben in der wirklichen Welt, sind Goethe und Mozart. Diesen Weg gehen dann auch Goldmund und beispielhaft Josef Knecht, der sein kastalisches Geistreich verläßt, um draußen in der wirklichen Welt praktische Erzieherdienste zu leisten.

Auch Max Frisch kennt den Weg nach innen, und er gestaltet ihn in seinem Werk seit dessen Anfängen in verschiedenartigen Ansätzen. Anatol Stiller etwa, wie schon sein Vorgänger Jürg Reinhart, beschreitet einen solchen Weg. Seine Flucht aus Europa, aus seinem Beruf, weg von Julika und Sibylle führt zwar primär aus dem Hier-und-Jetzt in die Weiten von Amerika und Mexiko, aber zugleich auch ins eigene Innere, auf der Suche nach dem eigenen wahren Ich. Amerika muß hier auch als ein «Kontinent der eigenen Seele» verstanden werden, wo «das Abenteuer der Wahrhaftigkeit» zu bestehen ist. (*St.* I, 205) Eine wichtige Strecke auf Stillers Weg nach innen bildet das Höhlenerlebnis, sein Abstieg in die riesige unterirdische Grotte in Texas mit ihrer phantastischen Formenvielfalt. Die Tiefenfahrt in diese Höhle bedeutet zugleich eine einweihende Reise in das eigene Innere, in die Abgründe der eigenen Seele. Er dringt ein in ein «Museum zeitloser Historie», in dem «alles, was die Menschenseele je an Formen erträumte, . . . noch einmal in Versteinerungen wiederholt und aufbewahrt» erscheint, «wie in einem unterirdischen Arsenal von Metaphern».

(III, 514f.) Stiller dringt damit ein in die Tiefen des Unbewußten, in vorzeitliche Seelenräume, die das Individuum mit dem Kollektiv aller Menschen gemeinsam hat.[3] Diese Höhlenfahrt durch die Bilderwelt der Seele mit dem Todeskampf der beiden Jim White ist Stillers magisches Theater, sein Ringen um das neue, das wahre und wirkliche Ich; und als ein Verwandelter tritt er daraus hervor: von jetzt an nennt er sich nicht mehr Stiller, sondern White. Das Höhlenerlebnis ist die wichtigste Station auf Stillers Weg nach innen, der sich dann im Selbstmordversuch vollendet, worauf er eine Art von Neugeburt erlebt. Durch sie sollte jetzt die Wende erfolgen, das Identischwerden mit sich selbst, die Annahme des Ichs und der Beginn des Weges nach außen. – Nach innen führt auch die Erzählweise des Stiller-Romans mit ihrer Technik der allmählichen Enthüllung, die mit der Preisgabe des Innersten endet, des Selbstmorderlebnisses.

Auch Walter Faber beschreitet einen Weg nach innen. Alles scheint dem allerdings auf den ersten Blick zu widersprechen, denn Fabers ganzes Leben und Streben ist nach außen gerichtet, auf das Gegenständliche, auf Technisierung und Automatisierung und die totale Beherrschung der äußeren Welt unter möglichster Ausschaltung des Innerseelischen. Aber das gehört im Roman bereits der Vergangenheit an; eine Wendung hat sich vollzogen. Stiller schreibt seine Tagebuch-Berichte im Auftrag seines Verteidigers, Faber beginnt aus eigenem Antrieb zu schreiben. Nach der Katastrophe, die er erlebt und verschuldet hat und angesichts seiner tödlichen Krankheit beginnt er zurückzuschauen, über sich selber nachzudenken und sich über sich und sein Handeln Rechenschaft abzulegen. Mit diesem Entschluß und dem Beginn der Niederschrift seines wiederholenden Berichtes begibt sich Walter Faber auf den Weg nach innen, und dieser Weg führt zur Erkenntnis, daß sein Leben und Denken falsch war, daß nichts stimmt, führt zur Entdeckung oder doch Ahnung des wahren Ichs.

Frischs Ähnlichkeit mit Hesse ist unabweisbar, aber ebenso unverkennbar sind nun gewiß auch die Unterschiede. Emil Sinclair und Siddhartha gehen trotz vielen Irrwegen letztlich unbeirrbar und von einer inneren Führkraft geleitet ihren Weg nach innen, und beiden gelingt die Einswerdung mit Ich und Gott. Josef Knecht gelingt nicht nur der Weg nach innen, sondern, von Raum zu Raum schreitend, auch das immer erneute Wirklichwerden, im Weg dann auch nach außen, und schließlich die Vollendung im

Austritt aus Kastalien und im Selbstopfer für seine praktische Erziehungsarbeit. Den Helden von Max Frisch bleibt solches Gelingen versagt, sie sind Scheiternde. Sinclair und Siddhartha wenden sich nach innen, weil ihnen die äußere Wirklichkeit nicht genügt, weil sie wahre Wirklichkeit nur im eigenen Innern finden können. Stillers Verinnerlichung erfolgt aus Angst vor der Welt, deren Ansprüchen er nicht genügt; aus Selbstüberforderung gerät er in eine dauernde Unsicherheit. Ihm fehlt die innere Führkraft, das Daimonion; sein schlechtes Gewissen treibt ihn auf die Flucht in die Ferne und Weite eines fremden Kontinents, wo er ziellos hin- und herirrt und immer wieder in die Abgründe des eigenen Inneren stürzt. Sein letzter Fluchtversuch ist der Selbstmord, der nicht gelingt. Und jetzt begegnet ihm der Engel, er erfährt die einzigartige Chance des Erkennens und der Wahl, des Neubeginns. Aber trotz momentaner klarer Einsicht fehlt ihm die Kraft, die Konsequenzen zu ziehen, die Kraft zur Vollendung des Weges nach innen, zur Selbstannahme und zum Weg nach außen. Hesse nannte seinen *Steppenwolf* ein Buch der Katharsis, der Heilung und des Glaubens. Im *Stiller* erfolgt keine Katharsis, obschon fast alle Voraussetzungen dazu gegeben sind, auch keine Heilung, weil der Glaube fehlt; Stiller fehlt jene überzeitliche, verpflichtende Glaubenswelt der Unsterblichen, aus der Haller den Mut zum Neubeginn schöpft und welche Knecht zu immer höherem Verantwortungsbewußtsein führt. Stiller «blieb in Glion und lebte allein», gebeugt über den Abgrund der Vergangenheit eines mißlungenen Lebens.

Demian ist der Lebensbericht eines verwundeten, sterbenden Soldaten; aber er ist durchaus nicht von der Vergangenheit bestimmt, sondern strebt mit einer ungestümen Bewegung in die Zukunft. Demian ist der Stifter einer neuen Religion, und Sinclair sein erster Adept und Verkünder für eine Welt im Werden. Auch *Homo Faber* ist der Bericht eines Moribunden, aber Faber wird von der Vergangenheit, die er zu bestimmen und selbstherrlich zu beherrschen glaubte, eingeholt und zu Tode gedrückt; es bleibt ihm nicht die geringste Möglichkeit der Beeinflussung der Zukunft offen.

In seinen bereits zitierten «Anmerkungen zu Stiller» bezeichnet Hans Mayer *Das Glasperlenspiel* und *Doktor Faustus* als Abschlußschöpfungen und Zurücknahmen des Erziehungsromans, «eines Romantyps .. , worin ein junger Mensch durch Irrungen und Wirrnisse des Lebens und der eigenen Individualität zur Reife gelangt, nämlich zur Konformität von Persönlichkeitsentwicklung und gesellschaftlicher Norm».[4] Das mag für den *Faustus* seine Richtigkeit haben, nicht aber für das *Glasperlenspiel*. Hesse legt alles darauf an, zu zeigen, wie Knecht in völliger Konformität mit der kastalischen Welt seinen Entwicklungsgang bis zur ersten Reife geht. Seine letzte Reife aber führt ihn über Kastalien hinaus; erst durch seine Empörung gegen die Hermetik des Geistreiches gelangt seine Persönlichkeit zur Vollendung. Das bedeutet aber keineswegs eine Zurücknahme des Erziehungsromans, sondern eine notwendige Erweiterung, welche ihn in der Mitte des 20. Jahrhunderts noch oder wieder möglich gemacht hat. Knecht ist der tapfere, der vorbildliche Mensch, auf den der Steppenwolf Harry Haller, Narziß und der Morgenlandfahrer H. H. schon vorausweisen und der zur imitatio auffordert. Betrachtet man nun neben diesem Werk und seiner Hauptgestalt die beiden Romane *Stiller* und *Homo Faber,* so erkennt man in ihnen in der Tat eine Umkehrung und Zurücknahme des Erziehungsromans, «die erschrecken macht».[5] Stiller gerät durch die Wirrnisse der eigenen Individualität und einer Welt der orakelhaft-despotischen Bildnisse immer tiefer in Irrungen und Verwirrungen, bis der einzig feste Punkt in seinem Leben nur noch die Negation ist: «Ich bin nicht Stiller», der Widerspruch des seit dem Höhlenabenteuer und dem Selbstmordversuch Gewandelten gegen die Gesellschaft, welche in ihm immer noch den alten Stiller sehen will. Von dieser vorletzten Station seines Daseins aus betrachtet er nun sein Leben, das als eine Geschichte sich fortsetzenden Scheiterns erscheinen muß. Dadurch ist er innerlich dermaßen zerstört, daß er die Kraft nicht mehr aufbringt, die letzte ihm gebotene Chance zu nützen. Stiller scheitert an der Welt, der Gesellschaft und, vor allem, an sich selbst. Walter Faber blickt von der Endstation des Daseins auf sein Leben zurück, das von einem technisch-rationalen Denken beherrscht wurde, welches mit dem Anspruch auf absolute Gültigkeit in Erscheinung trat und, Schritt für Schritt, das katastrophale Ende verursachte. Faber kann am Ende seines Lebens nur noch sein totales Scheitern feststellen.

Den Helden der Erziehungsromane des 19. und beginnenden 20. Jahrhunderts, die alle irgendwie auf Goethes Wilhelm Meister zurückgehen, ist die Ausbildung ihrer Persönlichkeit gewährt, durch den bildenden Umgang mit der Natur, mit Menschen und mit den Gütern der abendländischen Kultur, welche eine verpflichtende Bildungs- und Wertwelt darstellen. Dadurch wird ihnen eine Selbstverwirklichung möglich, die sie befähigt, sich in menschliche Gemeinschaften einzuordnen und die Welt verantwortungsbewußt zu bewältigen. Den Begabtesten und bedeutendsten dieser Helden gelingt es, sich immer wieder zu erneuern und, was Max Frisch an Goethe so bewundert: «immer aufs neue wirklich zu werden». Für Stiller ist von alledem kaum etwas übriggeblieben. Zwar gibt er einige großartige Landschaftsschilderungen, aber die Natur hat für ihn keinen faßbaren Bildungswert, sie ist unbestimmtes Ziel seiner schweifenden Sehnsucht, die sich mit dem Jetzt-und-Hier nicht abzufinden vermag. Die überlieferte Kultur hat für ihn keine wesentliche Bedeutung; er negiert vieles, ohne als Künstler etwas Gleichwertiges schaffen zu können. Der Leser erfährt überhaupt wenig von seinem Werk: er weiß nur, daß es immer auf seine Person bezogen ist und er es braucht als Leistung, die ihn vor sich selbst und der Welt bestätigt. Weder kann er sich einer Gemeinschaft einordnen, noch recht mit sich selbst allein sein. – Für Walter Faber ist die abendländische Kulturwelt ohne jede Bedeutung, er ersetzt sie durch die alles umspannende Welt der Technik, der Roboter und Computer. «Technik statt Mystik!» An ihr allein bildet er sich aus, muß aber erfahren, daß durch diese Verabsolutierung der technischen Welt diese sich in ihrem Ungenügen selbst entlarvt und der Homo Faber gerade als der ausschließlich durch Technik und Mathematik gebildete Mensch scheitert. Wenn *Stiller* eine Zurücknahme des überlieferten Typus des Erziehungsromans ist, dann ist *Homo Faber* ein modern-technischer Erziehungsroman, der sich selbst widerlegt und zurücknimmt.

Es zeigt sich deutlich, daß Frisch und Hesse durch die Ähnlichkeit ihrer Thematik einander nahe stehen. Mit deren Durchführung und den daraus hervorgehenden Folgerungen und Resultaten aber ergeben sich wesentliche Unterschiede. Hermann Hesse steht geistig in der Nachfolge des 18. und 19. Jahrhunderts, jener großen geistigen Bewegung, die von der Aufklärung über den Idealismus bis zu Schopenhauer und Nietzsche hinüberreicht. Ein Leben lang hat er sich bemüht, diese Überlieferung lebendig zu erhalten und zu erneuern und über die Zeit des Ungeistes und der Weltkriege hinüberzuretten. Gewiß ist auch Max Frisch derselben geistigen Welt zutiefst verpflichtet, aber er versteht sie und schöpft aus ihr aus der Optik der Zeit nach dem zweiten Weltkriege. Hesse hat sich durch alle Krisen und tragischen Entzweiungen hindurch jenen oft angefochtenen aber immer neu errungenen, gläubigen Optimismus bewahrt, der im *Glasperlenspiel* zu überzeugender Gestaltung gelangt. Einen solchen Optimismus hat Frisch trotz allem Aufklärertum nicht mehr, und sein Glaube ist durch viele Anfechtungen und stets neue Enttäuschungen schwer erschüttert. Das manifestiert sich in der etwas resignativen Haltung seiner letzten Werke.

Aber alle festgestellten Unterschiede, die sich vor allem aus dem zeitlichen Abstand ergeben, ändern nichts an der inneren Verwandtschaft, welche die beiden Autoren verbindet. Sie tritt auch überzeugend hervor in der Ähnlichkeit des Grundtyps der von ihnen vertretenen Prosadichtung. Hesse spricht von seinen Romanen als von «Seelenbiographien», von Monologen einer «mythischen Person», welche «für eine Weile Symbol und Träger meines Erlebens, meiner Gedanken, meiner Probleme werden kann» und welche «in ihren Beziehungen zur Welt und zum eigenen Ich betrachtet wird». (VII, 303) Das hat nun gewiß, Wort für Wort, Gültigkeit auch für die Romane von Max Frisch, ganz besonders für seinen *Stiller;* und es ist natürlich kein Zufall, daß Hesse gerade dem «einsamen Kauz Stiller» seine unverhohlene Sympathie bekannt hat.[6] Aber auch Walter Faber wird zum Träger von Gedanken Max Frischs, und wie sehr er Symbol eines ganzen Problemkreises ist, drückt sich schon im Titel *Homo Faber* aus. Das Monologische, von dem Hesse spricht, ist bei Frisch nicht nur durch das Bekenntnishafte des Inhaltes, sondern besonders auch mit der Form des tagebuchartigen Berichtes gegeben. Auch der *Gantenbein* gehört zu dem von Hesse skizzierten Roman-Typ. Das Entwerfen und Erfinden von Geschichten, welche die eigene Erfahrung lesbar machen sollen und damit ins Innerste des unfaßbaren Ichs vorzudringen versuchen, deuten einen neuen Weg nach Innen an. Das Roman-Ich, das heißt das fabulierende, Geschichten erfindende Ich ist wohl die schlüssigste «mythische Figur» als «Symbol und Träger» der Gedanken und des Erlebens des Autors Max Frisch. Dieses symbolische Ich erfindet nun seinerseits Gestalten als Träger seines Erlebens, an deren Geschichten es sich selbst erforscht und mit denen es sich unterhält, woraus auch hier der Roman als dauernder Monolog entsteht.

Alle zwischen den Werken von Max Frisch und Hermann Hesse festgestellten Einzel-Ähnlichkeiten stammen aus einer tiefer liegenden, einer Verwandtschaft in der Grundanlage der beiden Dichter: aus ihrem spezifischen Verhältnis zu der Wirklichkeit, der äußeren und der inneren. Hesse und Frisch haben Schwierigkeiten mit der vorhandenen Wirklichkeit. Diese reichen vom Ertragen und Erleiden der völlig unkritisch erfahrenen Alltags-Wirklichkeit bis hinauf zu den erkenntniskritischen Problemen des Erfahrens und Erkennens von Wirklichkeit überhaupt. Die Wirklichkeit in ihrer bedrängenden Nähe und Abgeschlossenheit, als Fertiges und als Ordnungsmacht bereitet den beiden Mühe; sie bemühen sich auch immer neu um die Frage, was Wirklichkeit überhaupt ist, wie sie erfaßbar, wie darzustellen ist. – Beide widerstreben sie von Anbeginn an der vorhandenen Wirklichkeit, wünschen sie zu verwandeln, ihr eine andere, selbstgeschaffene Wirklichkeit entgegenzustellen, beiden erscheint die Utopie einer anderen Welt. Aber zugleich tragen sie in ihrem Gewissen eine tiefe Verantwortung gegenüber der bestehenden Lebenswirklichkeit, gerade auch der politischen Realität des Staates.

Schon der Knabe Hermann Hesse war unzufrieden mit der Wirklichkeit und empfand den brennenden Wunsch, sie zu verzaubern, zu verwandeln, zu steigern, und auch dem erwachsenen Dichter erscheint sie oft so enttäuschend und öde, daß er sich über sie erhebt und eine eigene Welt schafft. So entsteht dann etwa als Vollendung magischer Poiesis die neuerschaffene Welt des Malers Klingsor, wo das Wirkliche unwirklich und das Phantastische Wirklichkeit geworden ist. Gewiß meldet sich die enttäuschende Öde wieder, aber immer wieder hat der Dichter die Kraft, ihr die andere Welt seiner Vorstellung entgegenzuhalten. So entsteht dann aus dem Widerstand des Geistes gegen die barbarischen Mächte der wirklichen Zeit die Utopie vom überzeitlichen Kastalischen Reiche. – Aus der Ferne-Trunkenheit des jungen Max Frisch entsteht sein erster Roman; seinen Grafen Öderland läßt er ausbrechen aus der öden Wirklichkeit der Ordnung und des Alltags hinaus in die blaue Ferne einer ganz anderen Welt. In seinem ganzen fortschreitenden Werke führt er einen unentwegten Kampf gegen Festlegung und Stagnation unter dem Aufgebot aller ihm möglichen Hilfsmittel zur Lösung von Fesseln und zur Erlösung aus dem Fertigen.

«Alles Lebendige hat es in sich, Widerspruch zu sein», sagt Frisch, «es zersetzt die Ideologie.» (IV, 236) Und Hesse nennt sich einen Protestanten, «denn der echte Protestant wehrt sich gegen die eigene Kirche wie gegen jede andere, weil sein Wesen ihn das Werden mehr bejahen heißt als das Sein». (IV, 482) Beide wenden sich aus dieser Grundanschauung heraus gegen jede einseitige Festlegung und stehen ein für das Werden als schöpferische Bewegung. In einem Fernsehgespräch mit Bundesrat Kurt Furgler, das im Sommer 1978 stattfand, führte Frisch aus, gegenüber dem in den Selbstverständlichkeiten des Alltags erstarrten Menschentum sei die Poesie Ausdruck eines profunden Ungenügens und der Sehnsucht, und so entstehe die Utopie einer anderen Welt. Er forderte auch, die Literatur müsse «subversiv» sein in jenem eigentlichen Sinne des Lösens und Öffnens: sie müsse erlösen aus jeglicher Art von ideologischer Erstarrung. Und das hat Max Frisch gewiß immer wieder unternommen, und Hermann Hesse hat während eines langen Lebens nicht aufgehört, es zu tun.

Noch auf eine letzte Ähnlichkeit soll hier hingewiesen werden, sie wird dann zugleich einen neuen Bezug ergeben. Der junge Siddhartha ist als Adept des reinen Geistes zuerst Zögling des Brahmanen, dann der asketischen Samanas; nach der Begegnung mit Gotama erwacht er zum Leben, verläßt die Einsamkeit, zieht in die Stadt und wird dort Kaufmann und zugleich Schüler und Geliebter der schönen Kurtisane Kamala. Aber alles, was Siddhartha tut, ist wie ein Spiel; er bleibt unberührt vom wirklichen Leben, dem er sich nicht verbindet. Als Samana bringt er es in den geistlichen Übungen zu höchster Virtuosität; er experimentiert mit den Möglichkeiten des reinen Geistes und probiert sie bis zum Äußersten aus. Dieses Spielerische bleibt ihm treu auch nach seinem scheinbaren Eintritt in das Leben in der Stadt. Er wird jetzt zum Künstler und Spieler des Lebens und der Liebe, ohne sich zu binden; er bleibt der artistische Narziß, eine Art von geistig-ästhetischem Abenteurer. Als solcher sieht er dem jungen Don Juan von Max Frisch ähnlich, der in einer vom Leben abgeschirmten Welt der reinen Mathematik lebt und im Bordell Schach spielt, auch er ein narzißhafter Spieler und Abenteurer des reinen Geistes. Und beide, Siddhartha und Don Juan haben eine verblüffende Ähnlichkeit mit dem ästhetischen Toren Claudio von Hugo von Hofmannsthal.

Claudio, die Hauptgestalt des Dramas *Der Tor und der Tod,* ist ein allseitig gebildeter, alles verstehender Mensch. Er hat ein Reich des Schönen um sich errichtet, in dem alle Künste in schöner Totalität versammelt sind. Mit überklarer Bewußtheit kennt er nicht nur die ihn umgebenden Dinge und seine Beziehungen zu ihnen, er durchschaut auch seinen eigenen Zustand und erkennt, daß sein Leben ein Spiel ist, daß er sich ganz an Künstliches verloren hat. Angesichts des Todes aber muß er erschüttert feststellen, daß er nicht wahrhaft gelebt, sein Leben verfehlt hat.

Mit Claudio ist Hugo von Hofmannsthal eine höchst bedeutungsvolle Gestalt gelungen, in welcher ein Grundtypus erscheint, der in anderen Erscheinungsformen in seinem Werke wiederkehrt und ihn immer wieder beschäftigt hat und dessen Bedeutung weit über sein Werk und seine Zeit hinausreicht. In seinen Aufzeichnungen «ad me ipsum» kreist der Dichter in wechselnder Amplitude um die Problematik des schönen Lebens und die Notwendigkeit seiner Überwindung, das Durchstoßen zum wirklichen Leben. Mit Präexistenz bezeichnet Hofmannsthal einen menschlichen Zustand des magischen Mitteninneseins. Das Ich hat teil am Über-Ich, am Ewigen, es ist erhaben über die Zeit. Jeder Mensch geht während seiner individuellen Entwicklung durch die Phase der Präexistenz, sie bedeutet aber ganz besonders für den Künstler, für den Dichter einen Zustand außergewöhnlicher Produktivität. In der Präexistenz fühlt sich der Dichter als Angehöriger der höchsten Welt, an deren Totalität er teilhat. Er fühlt sich eins mit dem höchsten Wesen und erfährt sich selbst als Universum. Der Dichter übt in diesem Zustand eine magische Herrschaft über das Wort aus, seine Kunst ist Wort-Magie. Er erlebt bereits das ganze Leben und die Welt, aber es ist ein bloßes Vor – Erleben, ohne Erfahrung. Es ist ein «antizipierter Weltbesitz», eine Antizipation des Weisheitszustandes des Alters vor jeder Erfahrung.[7] Dem jungen Dichter gelingt in der Kulmination des magischen Augenblicks die Beschwörung der Welt und des Lebens durch das Wort: die Präexistenz ist ein «Reich der Worte worin alles Gegenwart».[8]

Aber fast schon von Anfang an erweist sich in Hofmannsthals Jugendwerk die Präexistenz als ambivalent, als ein «glorreicher, aber gefährlicher Zustand».[9] Die Ambivalenz des präexistenten Menschen zeigt sich darin, daß er einerseits in diesem glorreichen Zustand verharren möchte, sich aber andererseits trotz allem Bangen danach sehnt, ihn zu verlassen. Der Versuch, diesen erhöhten Zustand zu wahren, ist mit der ungeheuren Gefahr verbunden, dadurch dem wahren Leben abzusterben. Das Durchdringen aus der Präexistenz zur Existenz, die Vorbereitung des Eintritts in das wirkliche Leben ist verbunden mit der Bangnis und zugleich Lust an der «Süßigkeit der Verschuldung».[10] Süß ist die Verschuldung, weil sie «die Verknüpfung mit dem Leben», das «Durchdringen zum Sein»[11] ist. Hofmannsthal sagt einmal vom Dichter, er sei «aus jener höchsten Welt, deren Bote der Tod, herausgefallen». Er erlebt bereits in der Präexistenz, «daß alles gegenwärtige Schöne in der Natur nur auf ein ganz unerreichbares Früheres hinzudeuten»[12] scheine. Er wird auch aus der Totalität der Präexistenz austreten müssen und bewahrt dann in der Existenz des wirklichen Lebens die Sehnsucht nach dem Urbild, von dem alles, was ihm jetzt begegnet, nur Abbild ist. Aber dieser schicksalhafte Übertritt muß geleistet werden, damit der Mensch zu sich selbst kommt, die Selbstwerdung sich vollziehen kann. Immer wieder spricht Hofmannsthal von diesem Weg zum Leben: er führt durch das Opfer, durch das Werk und das Kind; er führt aus den Totalitäten zum Einzelnen und zu den Entscheidungen, es ist der Weg zum Sozialen.

Hugo von Hofmannsthals eigene Jugenddichtung steht unter der magischen Herrschaft des Wortes; aber alle Schönheit der Sprache kann nicht darüber hinwegtäuschen, daß das alles ihm nicht genügt ohne das andere, das sich erst mit dem Übergang zur Existenz verwirklichen läßt. «Als junger Mensch sah ich die Einheit der Welt, das Religiöse, in ihrer Schönheit: die vielfältige Schönheit aller Wesen ergriff mich, die Kontraste, und daß alle doch aufeinander Bezug hatten. Später war es das Einzelne und die hinter der schönen Einheit wirksamen Kräfte, das ich darzustellen mich gedrungen fühlte, aber vom Gefühl der Einheit ließ ich nie ab.»[13] Dieser Weg zum Einzelnen führt vom Ästhetischen zum Ethischen, aus der Schicksalslosigkeit in die verantwortliche Tat, aus der Zeitlosigkeit in die Zeit und die Geschichte, an den Ort der sittlichen Entscheidung. Dieser Weg beginnt im Jugendwerk, dessen Bekenntnischarakter Hofmannsthal betont, «das furchtbar Autobiographische»,[14] und führt hinüber in das Werk der Reife.

Claudio hat diesen Weg nicht vollendet, ist nicht zur Existenz durchgedrungen. Hofmannsthal sagt einmal vom Abenteurer, er sei «jener die Totalität umfassende, umarmende Geist – in die Sphäre des Lebens gefallen: der Zeit und den verändernden Gewalten ausgeliefert».[15] Das gilt auch für Claudio, nur liefert er sich dem Leben und den verändernden Gewalten der Zeit nicht aus. Er kann auf die Totalität nicht verzichten, aber sein Weltbesitz ist bloße Antizipation, Fülle der Möglichkeiten ohne Wirklichkeit. Er ist der ewig Spielende, der zu keiner sittlichen Entscheidung fähig ist und daher schicksallos bleibt, quasi gestorben ist, ohne gelebt zu haben. Bei ihm ist die Ambivalenz zum Dauerzustand geworden: er gehört nicht mehr zum Reich des Ewigen, weil der Überschwang der Jugend verraucht ist, und hat sich trotzdem nicht mit dem vergänglichen Leben verknüpfen können. Hofmannsthal macht auf die Bedeutung des Namens Claudio aufmerksam, den er von claudere herleitet: Claudio ist eingeschlossen in sein selbstgeschaffenes Reich des Schönen; aber dieses künstliche Paradies erweist sich als ein kristallenes Gefängnis, aus dem er ins Leben hinüberschauen kann, von dem er nun ausgeschlossen ist. Claudio ist der Abenteurer des Geistes, des schönen Scheinlebens, des ästhetischen Spiels, der das Leben verfehlt hat.

Die große Leistung von Hofmannsthals reifen Werken ist die Darstellung des Weges zum wirklichen Leben, zur Selbstfindung und zur Selbstverwirklichung. Es ist der Weg zum Sozialen, der durch die Verknüpfung mit dem anderen Menschen zur Verknüpfung mit der Welt und schließlich zum höheren Selbst führt. Der Mensch kommt nur ganz zum Ich über das Du und die Welt. Das ist das Thema von Hofmannsthals Komödie: die Komödien sind «das erreichte Soziale».[16]

Eine Gestalt nimmt Hofmannsthal aus seinem präexistenten Jugendzustand hinüber in die reife Komödie: den Abenteurer. Er ist der die Totalität umfassende Geist, der in die Sphäre des Lebens gefallen ist und auch in der alles verändernden Zeit nicht verzichten kann auf die absolute Fülle aller Möglichkeiten. So unternimmt er den Versuch, die Zeit wegzuzaubern. Die Präexistenz ist ein Zustand der Zeitlosigkeit, wer dort weilt, ist der Zeit und der Veränderung enthoben. Tizian verkörpert die Utopie vom Künstler, der lebenslang in präexistenter Vollkommenheit und Allverbundenheit wirken kann; vergehende Zeit und Dauer sind hier eins, und so kann ihm jeder Augenblick Erfüllung sein. In der Sphäre des Lebens, in die der Abenteurer geworfen ist, fallen Zeit und Dauer antinomisch auseinander. Trotzdem unternimmt er den Versuch, sich im Augenblick zu erfüllen, indem er sich den fliehenden Augenblicken ganz hingibt. Damit wird der Zeitstrom als Kontinuum aufgelöst in lauter einzelne Momente. Das zeitlose Zugleich in der Totalität der Präexistenz verwandelt sich in der Sphäre der Existenz in eine dahinrasende Folge einzelner Zeitpunkte. Der Abenteurer versucht, die Magie der Präexistenz in die

Zeitlichkeit hinüberzuretten; das läßt ihn zum Verführer werden durch das magische Wort, durch das er nun in unablässiger Wiederholung das Werk der Verführung unternimmt. Der Abenteurer ist ein «Ewigspielender», ein «Artist des Lebens». Er ist so dem Augenblick preisgegeben, daß es für ihn keine Dauer geben kann. «Er verwandelt sich dauernd, aber es verändert sich nichts. Er wird ewig ein anderer und bleibt eben dadurch immer der Gleiche.»[17] Es ist ein Irrtum zu glauben, daß er im Leben durch die Selbstpreisgabe an den ständig wechselnden Moment die Zeitlosigkeit der Präexistenz ersetzen könne, denn «ohne Glauben an die Ewigkeit ist kein wahrhaftes Leben möglich».[18] Der Abenteurer bleibt daher schicksallos, die Folge ist der Selbstverlust und schließlich die völlige Einsamkeit. Hofmannsthals Grundproblem ist «Verknüpfung mit dem Leben = Durchdringen zum Sein», sein Grundthema heißt: «Sich selbst finden.»[19] Beides mißlingt dem Abenteurer, und er verfehlt so sein Leben. «Ach keinem auf der Welt hat der was weggenommen. Nie hat dem nichts gehört!» So sagt Cristina von Florindo. Und über ihre Verbindung mit dem Kapitän: «Gut ist die Ehe. In ihr ist alles geheiligt.»[20] Das ist auch «das erreichte Soziale», hier ist die Verwirklichung des Ichs und des Lebens gelungen.

Max Frischs Don Juan ist beides, Geistspieler und Verführer, und sowohl als der eine wie auch als der andere ist er Abenteurer und bewegt sich in präexistenten Daseinsformen. Mit der Geometrie hat er sich ein in sich selbst geschlossenes, stimmiges Reich geschaffen, das abgetrennt ist von der Wirklichkeit. Es entspricht genau Claudios Kunstreich, denn die Geometrie ist nicht nur das Wissen, das stimmt, sondern auch «Schönheit: das Klare, Lautere, Durchsichtige, was Don Juan meint, wenn er von Geometrie redet, und natürlich meint er die noch vorstellbare Geometrie». (III, 174) Es ist also auch ein Reich der Schönheit, Don Juan ist der Ästhet der Mathematik. Er betreibt die Geometrie aus Durst nach dem Unbedingten, die Schönheit ihrer Formen liefert ihm einen Hinweis auf das Vollkommene, Göttliche. Von einem entsprechenden Jugend-Erlebnis spricht Hofmannsthal: der Dichter, herausgefallen aus der höchsten Welt, «Liebhaber der höchsten Schönheit, hielt was er schon gesehen hatte nur für ein Abbild dessen, was er noch nicht gesehen hatte und begehrte dieses selbst, das Urbild, zu genießen».[21] Auch Don Juan ist aus jener höchsten Welt herausgefallen und ist nun immer auf der Suche nach dem Höchsten, an das er eine Urerinnerung in sich trägt, er sucht das Paradies und findet eine Entsprechung, ein Abbild in der Schönheit der Geometrie. Auch bei ihm handelt es sich um ein Jugenderlebnis, wie überhaupt alles an ihm jugendlich ist: schlank und «fast knabenhaft» ist seine äußere Erscheinung, und «sein Geist bleibt pueril im Verhältnis zur Schöpfung». (III, 172) All das verweist auf den präexistenten Zustand seines Wesens; dahinein gehört auch die narzißhafte Ich-Setzung, die das Ich allein ohne Du sieht. Auch er erfährt das Ich als Universum und sieht nur Totalitäten. Die Mathematik bedeutet ihm einen antizipierten Weltbesitz.

Die Verbindung Don Juans mit Donna Anna sollte zur Ehe führen und könnte das Durchdringen in die Existenz verwirklichen. Aber gerade davor schreckt er zurück und flüchtet sich in die Rolle. Wenn er sich auch nicht mit ihr identifiziert, so entspricht sie ihm doch völlig. Er ist der die Totalität umfassende Geistspieler, der, in die Sphäre des Lebens gefallen, nun den abenteuernden Verführer spielt, der von Frau zu Frau eilt, von Episode zu Episode, ohne Liebe und Verbindung. Er bleibt das absolute Ich, das nur sich selbst liebt ohne sich selbst zu finden; er bleibt es auch nach seiner Verheiratung mit Miranda, die ihn liebt. Der verheiratete Verführer ist weder ein Widerspruch in sich selbst noch ein bloß komischer Effekt, denn er beweist klar, daß er unverändert in seinem präexistenten Seelenzustand verharrt. Aus der Verheiratung wird keine Ehe, die ins wirkliche Leben führt: der Weg zum Sozialen bleibt Don Juan versperrt. *Don Juan oder Die Liebe zur Geometrie* ist, was die Hauptgestalt betrifft, die Komödie vom nicht erreichten Sozialen. Don Juan in Ronda, das ist der letzte Versuch des Geometers, in einem vom Leben abgeschlossenen künstlichen Paradies der Ewigspielende zu bleiben. Don Juan bleibt bis zuletzt unverwandelt. Aber durch ihn und durch ihre Liebe zu ihm wird Miranda verwandelt: durch die Treue und das Kind gelangt sie zum wirklichen Leben.

Die Verwandtschaft des Homo Faber mit Don Juan ist bereits festgestellt worden: auch Faber ist ein Spieler, ein Ich ohne Du und ohne Bindung, auch er verharrt im Leben in einem präexistenten Seelenzustand. Es mag komisch erscheinen, wenn nun Faber auch ein Verwandter Claudios, des Kunstsammlers, Schöngeistes und Ästheten genannt wird, ausgerechnet Faber, dem Sabeth mit ihrem Kunstbedürfnis Mühe bereitet, für den die Skulpturen im Louvre nur Bedeutung haben als Vorfahren des Roboters, der daher mit Museen nichts anfangen kann und Fra Angelico kitschig findet: was in aller Welt soll Walter Faber mit Claudio zu tun haben? Und trotzdem stammt er aus derselben Familie wie der Tor, nur tritt bei ihm die Technik an die Stelle der Mystik, sie ist das Künstliche, an das er sich verliert. Das Spiel besteht bei ihm aus dem mathematisch-technischen Reflektieren und Experimentieren. Sein Kunstreich ist das weltumspannende Reich der Technik: er fliegt von einem Flughafen zum andern, die alle gleich aussehen, auch die Turbinenanlagen, die er installiert, sehen sich zum Verwechseln ähnlich, in Italien interessiert ihn «Straßenbau, Brückenbau, der neue Fiat, der neue Bahnhof in Rom, der neue Rapido-Triebwagen, die neue Olivetti-» (IV, 108) Photographie und Filmspule bieten ihm einen vollwertigen Ersatz für die wirkliche Welt. Die Wahrscheinlichkeitsrechnung tritt an die Stelle des Schicksals. So lebt Faber in einem internationalen Kunstreich der Technik, welches im Computer, im Elektronenhirn kulminiert. Dieses technische Reich ist ebenso hermetisch geschlossen wie das ästhetische des Claudio, und Faber ist darin eingesperrt und abgetrennt vom Leben wie Claudio in dem seinen.

Kurz vor dem Ende berichtet Faber von einer Diskussion mit Hanna über Technik. (IV, 169f.) Alle ihre Äußerungen treffen das präexistente Wesen von Fabers Weltbild. Claudio erlebt sein Leben wie ein Buch, und Faber richtet durch den Kniff der Technik die Welt so ein, daß er sie nicht erleben muß. «Die Weltlosigkeit des Technikers» entsteht dadurch, daß die Welt als Fülle des Lebendigen durch die mathematisch-technischen Kategorien aufgehoben wird. So verschwindet die Zeit als das Medium, in dem sich Leben abspielt und Gestalt annimmt, und das Leben wird zur bloßen Addition. Wie Claudio hat Faber an der Schwelle des Mannesalters die Liebe dem Künstlichen geopfert. Statt sich mit dem Leben zu verknüpfen, haben sie beide Welt und Leben so eingerichtet, daß sie es nicht mehr zu erleben brauchen, beide haben sich an Künstliches verloren. Doch bei der Begegnung mit dem Tod durchfährt Claudio die jähe Einsicht, daß er nicht gelebt hat, und mit einem Mal schreit die tiefste Lebenssehnsucht in ihm.[22] Und Faber faßt angesichts des herannahenden Todes den Entschluß, «anders zu leben» (IV, 173), und auf einmal hängt er an diesem Leben wie noch nie. (IV, 198) Hofmannsthal sagt einmal im Zusammenhang mit Claudios Sterben: «‹Tor und Tod›. Beim Vorübergehen dieser lebendigen Toten hat er die Wallung von Schwindel, das θαυμάζειν wobei man plötzlich über die ganze

Existenz staunt. Das Leben kommt ihm einen Augenblick vor wie ein Traum, eine Fata Morgana, eine Sinnestäuschung. Dann erkennt er diesen Phantasmen, an die ihn tiefe Gefühle knüpfen, die höchste aller wirklichen Realitäten zu.»[23] Faber hat kurz vor dem Ende eine genau entsprechende Erfahrung, als er in Düsseldorf die Filme von der Reise mit Sabeth anschauen muß. Diese letzte Wieder-Holung der Todesreise, dieses letzte Wieder-Sehen der toten Sabeth löst auch in ihm das Thaumazein aus, das eine derartige Erschütterung verursacht, daß er nur möchte, er wäre nie gewesen. (IV, 192) Auch der Roman *Homo Faber* ist ein Drama von Tor und Tod.

Hofmannsthals Grundthema: «Sich selbst finden», und sein «Grundproblem: Verknüpfung mit dem Leben = Durchdringen zum Sein»[24] sind Grundthemen auch für Max Frisch. Selbstfindung, Selbstannahme und Eingang in das wirkliche Leben, das sind auch die Themen des Stiller-Romans: hinter allen Bildnissen das Ich zu finden und dieses Ich dann auch anzunehmen, das ist die schwierige Aufgabe, die sich Stiller immer neu stellt; und es ist seine sich wiederholende Erfahrung, daß, wer sich nicht selbst annimmt, sich auch nicht dem Leben verbinden kann. Stiller kann sich nicht entscheiden, lebt stets in Erwartung und läßt am liebsten alles in der Schwebe. Er flieht das Hier und Jetzt: (III, 601) das ist die typische Ambivalenz des Menschen, der zwar äußerlich im Leben steht, aber nie wahrhaft zur Existenz durchgedrungen ist; der in der präexistenten Unentschiedenheit verharrt, in der Totalität aller Möglichkeiten. Stillers Flucht nach Amerika ist eine Flucht vor der Entscheidung, vor der Verknüpfung mit dem Leben, die er weder in der Ehe mit Julika noch in der Liebe zu Sibylle vollzogen hat. Er ist zwar nicht der Narziß wie Don Juan, aber auch er kreist ständig um sein Ich, das er nicht anzunehmen bereit ist. Auch er ist ein Abenteurer, sowohl in den Vereinigten Staaten und in Mexico, wie auch in den Kontinenten seiner eigenen Seele. Auch er erfährt die «Wallung von Schwindel, das Thaumazein»: in seinem Selbstmorderlebnis, wo ihm sein ganzes bisheriges Leben in plötzlicher Ahnung als unwirklich erscheint und er sich entscheiden kann, von nun an wirklich zu leben, indem er sich selbst annimmt und sein eigenes Leben wirklich lebt; was ihm ja dann nur zum kleinsten Teil noch gelingt.

Die Ähnlichkeit und partielle Übereinstimmung von Hofmannsthals und Frischs Fragestellungen und Grundthematik weisen zurück auf einen bedeutungsvollen gemeinsamen Hintergrund: es ist die Philosophie von Søren Kierkegaard,[25] mit der sich beide Dichter intensiv beschäftigt haben. Ein Werk des dänischen Philosophen ist ihnen besonders wichtig geworden: das Lebensfragment *Entweder-Oder*. Der Titel *Entweder-Oder* weist hin auf die antithetische Grundanlage des Ganzen, das vom ästhetischen und vom ethischen Menschentum und von der Entwicklung des Menschen zu sich selbst handelt. Im Verlaufe dieser Entwicklung sind das Ästhetische und das Ethische Stadien, die zu durchlaufen sind; auch das Ethische ist nicht etwa als Ende zu betrachten, es ist auch ein Durchgang zum eigentlichen Ziel, welches im religiösen Stadium erreicht ist. Dorthin gelangt, wer das Wagnis des Glaubens unternimmt, der Mensch also, dem der Sprung in den Glauben gelingt. Im Religiösen ist dann der Mensch so aufgehoben, daß er die Unsicherheit des Lebens bestehen kann. Der Weg zum Religiösen kraft des Glaubens ist tatsächlich auch der Weg zu sich selbst, zum wahren, wirklichen Ich. Wer zu sich kommt, der wird, was er schon ist; er vollzieht das, was Kierkegaard die Selbstwahl nennt. Aus ihr allein kann die Selbstverwirklichung gestaltet werden.

Der ästhetische Mensch ist bei Kierkegaard mit allen verführerischen Gaben des Geistes ausgestattet: er ist witzig, scharfsinnig bis zur Spitzfindigkeit, von unübertrefflicher intellektueller Beweglichkeit, er ist ein eleganter Sophist und Dialektiker, und das alles mit weltmännischer Überlegenheit. Er ist ein virtuoser Beobachter des Äußeren und des Inneren und auch seiner selbst: seine Selbstbeobachtung geht bis zur Selbstzergliederung. Spielend beherrscht er andere Menschen und sich selbst, aber immer hält er Distanz, von Begebenheiten und Menschen. Seine Beziehungen zu Menschen, auch Freundschaft und Liebe, gestaltet er zum Spiel, zum Experiment; es ist ein Spielen mit Möglichkeiten, welche nie Wirklichkeit werden dürfen. Er ist ein Fanatiker der Freiheit, und Freiheit bedeutet für ihn Unabhängigkeit und totale Ungebundenheit: Freiheit von Bindung und Verantwortung. Der ästhetische Mensch lebt in der flüchtigen, vergehenden Stimmung, im verwehenden Augenblick, er überläßt sich der Laune des Zufalls, dem, was der Moment ihm zufallen läßt. Er huldigt der Weltanschauung des Impressionismus. Das ist aber haargenau die Welt- und Lebensschau, die der siebzehnjährige Hugo von Hofmannsthal seinem Andrea verleiht, der Hauptgestalt seiner dramatischen Studie *Gestern,* welche er in der sublimen Kunstwelt der «sinkenden

Renaissance» spielen läßt. Es ist eine ästhetische Welt, wo jeder nur sich im andern sieht und das Heute nie mit gestern gestört werden darf:

> Das Gestern lügt und nur das Heut ist wahr!
> Laß dich von jedem Augenblicke treiben,
> Das ist der Weg, Dir selber treu zu bleiben;
> Der Stimmung folg, die Deiner niemals harrt,
> Gib Dich ihr hin, so wirst Du Dich bewahren,
> Vom Ausgelebten drohen Dir Gefahren:
> Und Lüge wird die Wahrheit, die erstarrt![26]

In diesen Versen zeichnet der junge Hofmannsthal mit nicht zu überbietender Präzision das Bild des ästhetischen Menschen, wie es in Kierkegaards *Entweder-Oder* erscheint. Dieser ästhetische Mensch ist nicht nur der Ewigspielende, er ist auch der Narziß, der sich in sich selbst verschließt oder sich hinter tausend Masken verbirgt. Mit seiner künstlichen Welt verwandelt der Ästhet das Leben in eine Maskerade, in welcher er sich selbst verirrt und verliert. Auch Hofmannsthal kennt bereits in seiner Frühzeit die Gefahr des schönen Lebens, und neben Andrea steht Claudio, der in sich verschlossene Tor, der einsam und ohne Liebe in müdem Hochmut dahinlebt. Wer das Leben zum Spiel, zur Maskerade verflüchtigt, sagt Kierkegaard, geht «des Heiligsten im Menschen: der zentralen, zentralisierenden Kraft der Persönlichkeit» verlustig. «Wer sich . . . nicht offenbaren kann, der kann nicht lieben; und wer nicht lieben kann, der ist der Unglücklichste von allen.» Der ästhetische Mensch lebt ohne Gemeinschaft, er ist «ein Fremdling in dieser Welt». «Du bist anderen nichts, und so bist du im Grund auch dir selbst nichts»,[27] so sagt Kierkegaard zum Ästhetiker, und in *Der Tor und der Tod* ruft «der Mann» Claudio zu: «Der keinem etwas war und keiner ihm.»[25] Hinter der ästhetischen Weltanschauung lauert die Verzweiflung, bei Kierkegaard und bei Hofmannsthal.

Zum ästhetischen Menschentum gehört auch die Kategorie des Interessanten. Alles was außergewöhnlich, unerhört und neu, pikant und pointiert ist, gehört dazu. Der interessante Mensch ist eine Erscheinungsform des ästhetischen Menschen, der seine höchste Aufgipfelung im Verführer erreicht. Der erste Teil von *Entweder-Oder* enthält als wohl wichtigsten Teil das «Tagebuch des Verführers», das durchaus im Zeichen des Interessanten steht;

Kierkegaard selbst nannte es später eine «ungeheuer pikante Leistung».[29] Bis ins letzte Detail wird hier die komplizierte und raffinierte Spielergestalt des Verführers dargestellt. Die Liebe wird als souveränes Spiel und fortgeführtes Experiment betrieben. Die Berechnung des Verführungsvorganges, dessen kunstvolle Zerlegung in Teilstücke, die planende Taktik und das Auskosten der Einzelerfolge: all das ist erregendes, ästhetisches Spiel. Der Verführer selbst ist Schauspieler, Regisseur und Experimentator in einer Person. Liebe als Experiment ist immer Liebe ohne Verpflichtung, ohne Verantwortung und Dauer. Der Verführer ist ein Narziß, der nur sich selbst liebt, ein Ich ohne Du, der genießt ohne wirklich zu lieben, der es aber versteht, den Genuß bis zum höchsten Raffinement künstlich zu steigern. Der Genuß in der Vereinigung mit dem Opfer der Verführung steht als einmaliger absoluter Höhepunkt am Schluß des Abenteuers und wird interessant nur durch den vorausgehenden Prozeß der Verführung, in dessen Verlauf der Genuß vervielfacht wird. Es ist der Genuß der Erregung, der Bewegung in sich selber, der Genuß der Sehnsucht und der eigenen seelischen Bewegtheit, Genuß als Spannung an sich. Dieser Genuß und seine Steigerung ist für sich selbst ein Experiment des raffinierten Experimentators, der sich und sein Erleben ständig mit höchster Bewußtheit beobachtet, Genuß des Genusses, potenziert dann noch durch die erinnernde Aufzeichnung im Tagebuch, wodurch eine mehrfach gestaffelte Mittelbarkeit des Genusses entsteht. Gerade dadurch unterscheidet sich der ästhetische Verführer wesentlich von Don Juan.

Kierkegaard betrachtet Mozart als den größten aller Klassiker und seinen Don Giovanni für die bedeutendste aller klassischen Produktionen. Er widmet dem Werk und seiner Hauptgestalt eine eingehende Betrachtung im ersten Teil von *Entweder-Oder*. Dort steht die berühmte Stelle: «Don Juan ist nun, wenn ich so sagen darf, die Inkarnation des Fleisches, ist des Fleisches Begeistung mit des Fleisches eigenem Geist.» Er verführt durch die dämonische Macht seiner Sinnlichkeit, die Genialität ist. Bei ihm fehlen Bewußtsein und Reflexion und die Ränke und Listen schlauer Berechnung. «Er begehrt, und seine Begierde wirkt verführerisch, insofern verführt er.»[30] Er ist unmittelbar bezwingend und unwiderstehlich. Kierkegaard zeichnet den Verführer des Tagebuches in bewußter Dialektik zu Don Juan. Der Verführer, der übrigens auch Johannes heißt, ist ein geistiger Mensch, Inbegriff aller

Gefühle und Stimmungen und daher nicht unmittelbar überwältigender Eroberer. Er ist vielmehr der Ästhet der Verführung, der Erotiker der Pointe und der reflektierten Leidenschaft und daher im Gegensatz zu Don Juan ein reflektierter Verführer, der in die Kategorie des Interessanten gehört.

Kierkegaards Kategorie des Ästhetischen und das in der Figur des Johannes ausgestaltete Phänomen des Verführers als Erscheinungsform des ästhetischen Menschen mußte Hofmannsthal als unmittelbar verwandt ansprechen. Das zeigt sich nicht nur in den frühen Figuren des Andrea und Claudio, sondern drückt sich später besonders in den Abenteurern aus, in Baron Weidenstamm und Florindo. Gewiß erscheint Florindo liebenswürdiger als Johannes, weniger bewußt und berechnend, damit weniger «interessant» und gar nicht diabolisch; aber der Grundtypus ist derselbe.

Noch größer ist die Bedeutung des Kierkegaardschen Verführers für Max Frisch, hier kann von einem unmittelbaren Einfluß gesprochen werden, auf den Frisch in «Nachträgliches zu ‹Don Juan›» selber hinweist. «Die beste Einführung zu Don Juan, ausgenommen Kierkegaard, bleibt der Besuch eines spanischen Stierkampfes.» (III, 173) Frisch unternimmt bekanntlich den Versuch, Don Juan als einen Werdenden zu entwickeln; das ist aber nur möglich «um den Preis, daß es kein wirklicher Don Juan mehr ist, sondern ein Mensch, der . . . in die Rolle eines Don Juan kommt. Ein reflektierter Don Juan also! Dann allerdings ist sein Medium nicht die Musik – nach Kierkegaard das einzig mögliche Medium für den unmittelbaren Don Juan –, sondern das Theater, das darin besteht, daß Larve und Wesen nicht identisch sind . . .» (III, 178) Damit spricht Frisch unmißverständlich aus, daß er seine Einführung nicht durch Kierkegaards Don Juan-Betrachtung, sondern durch das Tagebuch des Verführers erhalten hat, des Ästhetikers, dessen Bewußtheit und Reflektiertheit dergestalt sind, daß sein ganzes Leben zu einem Rollenspiel wird. Frischs Don Juan, der mathematische Fanatiker des Unbedingten, ist als solcher zugleich der ästhetische Spieler, dem die Don Juan-Rolle, auch wenn er sich mit ihr nicht identifiziert, doch fast auf den Leib geschrieben ist. Da er nun eine leichte Distanz zu ihr immer wahrt, gibt ihm das gerade die Möglichkeit eines souveränen ästhetischen und höchst bewußten Spiels, das ihn in die Nähe des Torero bringt: je vollendeter die Grazie, je präziser die geometrische Akkuratesse des Spiels, desto größer der ästhetisch-narzißtische Selbstgenuß.

Nun wird aber genau wie in Hofmannsthals *Der Tor und der Tod* bereits auch von Kierkegaard mit aller Eindringlichkeit auf das Fragwürdige des ästhetischen Daseins hingewiesen. Es hat kein richtiges Verhältnis zur Zeit, und da Leben sich in der Zeit verwirklicht, kommt es zu keinem wirklichen Leben und zu keinem wahrhaften Weltbesitz. Wer ästhetisch lebt, lebt im Augenblick; sein Leben zerfällt in lauter zusammenhanglose Einzelerlebnisse, es fehlt ihm die Kontinuität, und daher gelangt es zu keiner Geschichtlichkeit und zu keiner Lebenswirklichkeit, die nur aus dem Zusammenhang entstehen kann. Das ästhetische Dasein ist ein Leben im Möglichen, daher ist es keine wirkliche Existenz, sondern bloße «Existenzmöglichkeit».[31] Daraus kann auch kein wahres Verhältnis zur wirklichen Welt entstehen. Der Ästhetiker hat ein abstraktes, ein nur theoretisches Verhältnis zur Welt. Er umfaßt zwar ästetisch die ganze Welt, aber ihm fehlt die konkrete Anschauung, der wirkliche Weltbesitz.

Es wird deutlich, wie nahe diesen Kierkegaardschen Überlegungen Hofmannsthals Aufzeichnungen über den Zustand der Präexistenz sind: die Totalitäten-Schau, der antizipierte Weltbesitz ohne Realität, das Leben im Möglichen und Künstlichen ohne Entscheidung und Verknüpfung mit der wirklichen Welt. Die ästhetische Weltanschauung entspricht den Denk- und Anschauungsformen des präexistenten Zustandes. Wenn er in die Sphäre des Lebens hinübergenommen wird, dann wird er zu einer großen Gefahr und verursacht Verfehlung des Lebens und Selbstverlust.

Die ästhetische Lebensanschauung ist bei Kierkegaard im Grunde immer von der Verzweiflung bedroht; denn sie kennt keine tiefe Überzeugung, kein wahres Wesen, keinen Halt, keine Anstrengung zum Erkennen und zum Bewußtwerden der eigenen Nichtigkeit. Wenn aber dieses Bewußtsein im Menschen erwacht, wenn die Angst ihn überfällt, dann erfolgt die unabweisbare Forderung eines höheren Daseins, und dann erweist sich die Verzweiflung als unbedingt notwendige Voraussetzung für eine Lebenswende, die zur Existenz führt. Aus der Verzweiflung geht die Wahl seiner selbst hervor; dieses Selbst des Menschen ist das von Gott gegebene innerste Wesen, die zentrale Kraft der Persönlichkeit. Dieses Selbst wird mit seiner ganzen Geschichte, mit seiner Schuld gewählt, und der Wählende findet damit sich selbst in Gott. «Mein Selbst liegt gewissermaßen außer mir und muß von mir erst erworben werden, und die Reue ist die spezifische Liebe zu diesem meinem fremden eigenen Selbst: in ihr wähle ich mich selbst absolut, aus der ewigen Gotteshand.»[32] Der Glaube an die rettende Allmacht Gottes ist für das Gelingen der Selbstwahl das erste und entscheidende. Nur kraft dieses Glaubens kann der Mensch aus der Verzweiflung durch die verschiedenen Stadien der Selbstwerdung in die Freiheit des von Gott empfangenen und in Gott gegründeten Selbst eintreten. Er erfährt so eine Art von Neugeburt oder Wiedergeburt. Zu ihr gehört die Wiederholung. Dieser mißverständliche Begriff bezeichnet nicht einfach die Wiederkehr des immer gleichen, wie sie sich im Vegetativen oder im Alltäglichen abspielt, sondern vielmehr das Hereinholen des Vergangenen in das aus der Verzweiflung geborene neue Leben. Die Wiederholung erscheint bei Kierkegaard als eine neue Kategorie: «Was wiederholt wird ist schon gewesen, sonst könnte es nicht wiederholt werden; aber eben das macht die Wiederholung zu etwas Neuem, daß das Wiederholte schon gewesen ist.»[33] Sie ist das Wieder-Leben des Vergangenen unter den gewandelten Voraussetzungen des neugeborenen Lebens in einer neuen Daseinswirklichkeit. Die Wiederholung ist ein transzendierender Vorgang, in welchem der Mensch sein Selbst wieder erhält oder vielmehr neu erhält und als solches nun verantwortlich in die Wirklichkeit eintritt und zugleich in das Stadium des Religiösen gelangt. Dieser ganze, etappenreiche Vorgang der Selbstwerdung ist für Max Frisch von größter Bedeutung, wenn er ihn auch nicht vollständig nachvollziehen kann. Was ihn bei Kierkegaard vor allem anziehen mußte, ist einmal das Thema seiner Philosophie: die Befreiung des Menschen aus den Zwängen dieser Welt, aus der Entfremdung, aber ebensosehr aus den Sackgassen und Irrtümern seines eigenen Inneren; und zwar nicht nach von außen festgelegten Programmen, nicht nach einer Ideologie, sondern als Prozeß, der sich im Ich des Menschen abspielt, welcher sich dadurch seiner sittlichen Verantwortung als Vernunftwesen bewußt wird. Dann aber ganz besonders auch die Art und Weise von Kierkegaards Vorgehen; es ist ein Philosophieren, das trotz allen Verschlüsselungen «in der Ich-Form» stattfindet, das sich im weitesten Sinne auf das Ich und das Selbst, auf die unverwechselbare Individualität des Menschen in ihrer subjektiven Wahrheit bezieht. Das mußte den «Egomanen» Frisch zutiefst bewegen, denn es geht dabei um seine eigenen innersten Anliegen. Jede Ideologie mit ihren Lebensschablonen und ihrem Arsenal von Phrasen überfällt und umstellt den Menschen von außen und fesselt ihn mit festgelegten Programmen, mit Bildnissen vom Menschen und von der Welt, in der er lebt. Sie raubt ihm seine Freiheit. Demgegenüber sind bei Kierkegaard alle entscheidenden Vorgänge nach innen, in den Menschen selbst verlegt: durch die Angst wird er von innen angefallen und herausgefordert zur Selbstwahl. Die Selbstwerdung ist ein Identischwerden mit sich selber, mit dem eigenen höheren Selbst; sie bedeutet vor allem auch eine Befreiung, und zwar kann sie durchaus im Sinne von Frisch als eine Befreiung von falschen Bildnissen gedeutet werden. Durch die Wiederholung kann die Vergangenheit in die Zukunft hinübergenommen werden und die progressive Selbstverwirklichung in immerzu sich erneuernder Selbstwahl sich vollziehen. So wächst dem Menschen das zu, was Frisch so sehr erstrebt: «Die Kraft, wirklich zu bleiben, oder genauer: immer aufs neue wirklich zu werden.» (II, 543) Nun ist allerdings für Kierkegaard die unabdingbare Voraussetzung für das Gelingen dieser Metamorphose der Glaube; der Mensch muß den Sprung in den Glauben wagen. Und hier setzen für Max Frisch die Schwierigkeiten ein.

Die Wirkung von Frischs intensiver Auseinandersetzung mit Kierkegaard manifestiert sich in *Don Juan oder Die Liebe zur Geometrie,* und vor allem in *Stiller:* den «Aufzeichnungen im Gefängnis» sind zwei Zitate aus *Entweder-Oder* als Motti vorangestellt. Diese haben Anlaß zu Fragen gegeben: wie weit Stillers Wesen und Handeln und seine Konflikte nach Kierkegaardschen Kategorien zu beurteilen seien und ob Stiller den Sinn der Motti wirklich erfaßt und ihnen nachgelebt habe. Die Diskussion hierüber ist kontrovers geführt worden und bis heute nicht verstummt.[34] Sicher ist eines: der Einfluß Kierkegaards auf den Stiller-Roman ist unbestreitbar und in verschiedener Hinsicht bestimmend gewesen. Das Kierkegaardsche Thema der Angst wird zu einem Grundthema des Romans. Stillers Lebensangst ist letztlich Angst vor der eigenen Nichtigkeit und vor der Absurdität seines bisherigen Lebens. Sie schafft die Grundgestimmtheit des Helden, aus der heraus er seine Rettungsversuche unternimmt, die alle mißlingen und zu keiner Wendung führen. Die beiden Zitate auf der Titelseite von «Stillers Aufzeichnungen im Gefängnis» sprechen von der Schwierigkeit der Selbstwahl und bezeichnen genau Stillers eigenes Problem, die scheinbar unüberwindbare Schwierigkeit, sich nicht umzudichten nach den Forderungen eigener und fremder Bildnisse. Das zweite Zitat spricht von der Leidenschaft der Freiheit, welche Freiheit der Entscheidung, der Wahl ist. Nun ist gewiß auch Stiller ein Fanatiker der Freiheit, aber er sucht nur die Freiheit von irgendeiner Bindung, von Verantwortung und Verpflichtung; es ist die Freiheitsidee des ästhetischen Weltverständnisses, das die Möglichkeit anbetet. So ist die Folge seines Freiheitsstrebens immer wieder der Ausbruch, die Flucht, welche letztlich Ausdruck seiner Verzweiflung ist. Schließlich wird er von einer derartigen Panik ergriffen, daß er die radikalste Form der Flucht wählt, die in den Selbstmord. Bei seinem Erwachen aus dem antizipierten Tode schießt es plötzlich von allen Seiten zusammen in jener Ahnung von einer ungeheuren Freiheit, einer Wahlsituation, in der alles von ihm abhängt: «Ich durfte mich entscheiden, ob ich noch einmal leben wollte, jetzt aber so, daß ein wirklicher Tod zustande kommt.» (III, 727) In dem ungeheuren Ahnungsschrekken ist Stiller dem Wesen der Gnade so nahe, daß er ihn «seinen Engel» nennt. Das wäre der Augenblick der Wende, der Selbstwahl, auf welche die Neugeburt folgen sollte, von der Stiller bereits spricht. Aber es bleibt bei der jähen Erkenntnis, dem einmaligen Gnadenerlebnis; dann geschieht zwei Jahre lang nichts, außer dem seit Beginn der Aufzeichnungen bekannten Widerspruch, der Ausdruck des Trotzes ist. Es bleibt die eitle Hoffnung, daß er sich doch entgehen, daß er doch noch umgedichtet werden könnte.

Stillers Verzweiflung könnte an sich der Ausgangspunkt für seine Wandlung und Selbstwerdung sein. Es kommt allerdings auf die Art der Verzweiflung an: wenn er im Kierkegaardschen Sinne verzweifelt ist, sich also im Zustande der «qualifizierten Verzweiflung» befindet, dann stehen zwei Möglichkeiten offen: entweder steigert sich die Verzweiflung noch weiter und wird zur Sünde; Sünde ist «die Potenzierung der Verzweiflung», oder sie führt zum Glauben; der Gegensatz zur Sünde ist nicht Tugend, sondern Glaube. «Glaube ist aber, daß sich das Selbst, indem es es selbst ist und sein will, sich selbst durchsichtig sich gründet auf Gott.»[35] Zu diesem Glauben gelangt Stiller nicht, er bedeutet ein Wagnis, dessen er nicht fähig ist. Dabei weiß er genau, daß der Schritt in die Freiheit des Ichs den Schritt in den Glauben voraussetzt. Aber Stiller möchte mit Gott ein Geschäft abschließen und ist nur bereit, ihn anzunehmen unter der Bedingung, daß Gott ihn, sein Geschöpf, in seiner Nichtigkeit widerrufe. (III, 671) Er möchte sich also wieder umdichten. Damit ist er weit entfernt vom Glauben, der die Selbstwahl möglich macht, weit entfernt aber auch vom wirklichen Verständnis der beiden Kierkegaard-Zitate, die er an die Spitze seines Tagebuchs setzt. Die Frage ist erlaubt, ob Stiller *Entweder-Oder* überhaupt gelesen, ob er die nötige Sammlung für eine systematische Lektüre des Werkes aufgebracht hat. Rolf jedenfalls glaubt nicht daran und stellt fest, daß Stiller «in Kierkegaard offenkundig noch kaum gelesen» hat, (III, 737) und der kritische Leser traut Stiller bestenfalls eine ungeordnete Lektüre zu, in deren Verlauf er auch auf die beiden Stellen gestoßen ist und sich durch sie so betroffen gefühlt, daß er sie als Motti für seine Aufzeichnungen gewählt hat. Daß er sie aber nicht ganz verstanden hat, geht allein schon aus seiner Art zu zitieren hervor: «. . .: indem die Leidenschaft der Freiheit in ihm erwacht (und sie erwacht in der Wahl, wie sie sich in der Wahl selber voraussetzt), wählt er sich selbst und kämpft um diesen Besitz als um die Seligkeit, und das ist seine Seligkeit.» Hier hört Stillers Zitat auf; es ist aber mißverständlich ohne das Folgende, mit dem Kierkegaard weiterfährt: «Er kann nichts in seinem konkreten Selbst aufgeben, nicht das Schmerzlichste, nicht das Schwerste; und doch vollzieht sich dieser Kampf um sich selbst, dieses Erwerben seiner selbst in der Reue. Durch diese Reue tritt er zurück in sich selbst, zurück in die Familie, zurück in das Geschlecht, bis er sich findet in Gott.»[36] In diesen Zusammenhang gehört die Selbstwahl; sie muß die ganze Vergangenheit bedingungslos mit annehmen, und nur im Bewußtsein der Schuld (die Stiller völlig mangelt) und in der Selbstfindung in Gott können die Neugeburt, die Selbstwerdung und die Befreiung sich vollziehen. Auch das andere Motto kann nur von hier aus ganz verstanden werden: «Sieh, darum ist es so schwer, sich selbst zu wählen, weil in dieser Wahl die absolute Isolation mit der tiefsten Kontinuität identisch ist, weil durch sie jede Möglichkeit, etwas anderes zu werden, vielmehr sich in etwas anderes umzudichten, unbedingt ausgeschlossen wird.» Die erste Wirkung der Wahl ist die Isolation; diese muß aber überwunden werden; indem das Individuum die sittliche Verantwortung für sein Selbst übernimmt, ordnet es sich auch ein in den Zusammenhang der Geschichte. «Das ist nämlich des Menschen ewige Würde, daß er eine Geschichte bekommen kann; das ist das Göttliche in ihm, daß er, wenn er will, dieser Geschichte selbst Kontinuität geben kann.» Die ethische Lebensform hat auch eine neue Einstellung zu der Zeit. Der Ästhet lebt im Augenblick, der ethische Mensch «setzt sich mit *einem* Schritt in Kontinuität mit Vergangenheit und Zukunft».[37]

Stiller fehlt die Kraft, den Sprung in den Glauben zu tun. Seine Unternehmungen sind ein ständiges Experimentieren, sein Bemühen besteht in einem experimentierenden Verhalten zu sich selbst, ohne Anerkennung Gottes über sich. Wenn er also eine Selbstwahl vornehmen möchte, dann nur als autonomes Ich, ohne transzendenten Bezug. «Es braucht die höchste Lebenskraft, um sich selbst anzunehmen . . .» und sie fehlt Stiller bis zuletzt. Er kommt nie über Vorsätze und Ansätze hinaus, er kann das Entscheidende nicht leisten. Im letzten großen Gespräch mit Rolf macht er das schluchzende Eingeständnis, daß er um keinen Schritt weitergekommen sei. «Warum ich zurückgegangen bin? Aus Besoffenheit, mein Lieber, aus Trotz. Du mit deinen noblen Meinungen! Geh in ein Kasino, schau sie dir an, wie sie weiterspielen, wenn sie verlieren, immer weitersetzen. Genau so! Weil's einen Punkt gibt, wo sich das Aufgeben nicht mehr lohnt. Aus Trotz, ja, aus Eifersucht!» (III, 768) Nochmals wird deutlich, wie Stillers Verzweiflung Trotz ist, aus dem keine verwandelnde Selbstwahl hervorgehen kann, welche die Vergangenheit mit annehmen müßte. Und nochmals erweist sich, wie weit entfernt Stiller eben doch von Kierkegaard ist, bei dem es heißt: «Das Vergangene ist vielleicht sogar etwas, was eigentlich die Reue hätte auslösen sollen. Soll aber die Reue eintreten, so muß er erst gründlich verzweifeln, auszweifeln, so müßte das Geist-Leben von Grund auf durchbrechen. Aber verzweifelt wie er ist, wagt er nicht es zu einer solchen Entscheidung kommen zu lassen. Er bleibt dann stehen, die Zeit geht hin – je weniger ihm das gelingt, um so mehr verzweifelt er, es mit Hilfe des Vergessens zu heilen, so daß er statt ein Reuiger zu sein, sein eigener Hehler wird. Aber wesentlich wird die Verzweiflung eines solchen Jünglings und eines solchen Erwachsenen dieselbe sein, es kommt nicht zu irgendeiner Metamorphose, in der das Bewußtsein vom Ewigen im Selbst durchbricht, so daß der Kampf beginnen könnte, der die Verzweiflung entweder zu einer noch höheren Form potenzierte oder zum Glauben führte.»[37] Stillers Verhältnis zu seiner Vergangenheit ist gestört. Nach dem Todeserlebnis glaubte er in der Gnadenerfahrung des Jetzt-erst-Geborenen-worden-seins seine ganze Vergangenheit von sich werfen zu können. Nach seiner Rückkehr aber sieht er sich ständig mit ihr konfrontiert, und verneint sie nun einfach.

Diese falsche Beziehung zur Vergangenheit verunmöglicht ihm die Wiederholung. Wiederholung bedeutet bei Max Frisch meistens den öden Kreislauf des ewig Gleichen, Wiederholung als Fluch und Verdammnis. Auch Stiller leidet unter einer unüberwindlichen Angst vor der Wiederholung, die ihn in die Flucht treibt, obwohl er weiß, daß alles daran läge, die Vergangenheit richtig zu wiederholen und in der neuen Gegenwart so zu verwandeln, daß das Ich daraus erneut hervorgehen könnte. Tatsächlich lebt der ganze Stiller-Roman aus der Wiederholung: Stillers Aufzeichnungen sind eine literarische Wiederholung seines früheren Lebens, wobei das experimentierende Vorgehen des Ästheten immer wieder deutlich hervortritt: White-Stiller genießt die Fiktion der indirekten Darstellung einer Vergangenheit, mit der er nichts zu tun haben will. Dieses Wieder-Holen des Geschehenen könnte eine Verarbeitung und Verwandlung des Vergangenen zur Annahme in der Gegenwart vorbereiten, um vor allem Stillers Beziehung zu Julika neu gestalten zu helfen. Stiller versucht als White, der sich in Julika verliebt, in ein neues Verhältnis unter totaler Ausschaltung der Vergangenheit zu ihr zu gelangen. Dabei überfordert er Julika und auch sich selbst, und unmittelbar vor dem Schluß seiner Aufzeichnungen muß er feststellen, daß sie beide sich völlig unverwandelt gegenüberstehen; die Vergangenheit, vor der er geflüchtet, ist wie ein Gespenst unverändert wiedergekehrt. Die wahre Wiederholung kann nur gelingen aus freiem Willen kraft des Glaubens, ist nur möglich, wenn eine wirkliche Selbstwahl vorausgegangen ist. Dann wird die Wiederholung ein Teil der Metamorphose.

Nach der Annahme des Gerichtsurteils, wodurch die äußerlich-rechtliche Identität mit dem verschollenen Stiller wiederhergestellt ist, bleibt Stiller noch ein Freiraum für die Wahl, für die Annahme seiner selbst und seiner Vergangenheit. Doch abermals mißlingt die Wiederholung, muß sie mißlingen, denn «immer wieder hast du versucht, dich selbst anzunehmen, ohne so etwas wie Gott anzunehmen. Und nun erweist sich das als Unmöglichkeit. Er ist die Kraft, die dir helfen kann, dich wirklich anzunehmen.» (III, 775 f.) So sagt Rolf in seiner allzu konzilianten Ausdrucksweise: «so etwas wie Gott.» Er müßte dezidiert sagen: Ohne Gott anzunehmen. Die bedingungslose Annahme Gottes ist gemäß den Kierkegaardschen Motti die unabdingbare Voraussetzung der Selbstwahl. Stiller als das schuldige Opfer der Tyrannis der Bildnisse hat nicht die Kraft, sie zu erfüllen; darin ist sein Mißlingen und Versagen begründet. Nochmals stellt sich die Frage, ob Stiller in dem entscheidenden Abschnitt seines Lebens, der in seinen Aufzeichnungen zur Darstellung gelangt, den Kierkegaardschen Motti entsprechend gehandelt habe. Da zeigt sich gleich der grundsätzliche Unterschied. Stiller geht von anderen Prämissen aus als Kierkegaard, weil bei ihm der Glaube fehlt, weil es in seinem Denken keinen Gott gibt. Unternimmt man aber den Versuch, Stillers Verhalten an den Motti zu messen, so wie sie von ihm zitiert werden, also ohne ihren religiösen Kontext, prüft man also, ob Stiller im rein immanenten Bereich eine Selbstwahl gelinge, etwa im Sinne des französischen Existentialismus als eine freie, verantwortliche Entscheidung, so ist eben das Ergebnis auch negativ; Stiller kommt zu keiner freien Tat, er bleibt ein Versager, der an der eigenen Mediokrität verzweifelt. Mißt man seine Handlungs- und Daseinsweise an den beiden Kierkegaard-Sätzen, die er sich offenbar in Glion als Lebensleitsätze herausgeschrieben hat, so wird gerade an ihnen der Gegensatz von Stillers Wollen und Vollbringen in peinlicher Weise evident.

Die Wiederholung ist ein Problem, das Max Frisch seit Beginn seines schriftstellerischen Schaffens immer wieder beschäftigt. Seit den beiden Jugendromanen treten bei ihm immer wieder Menschen auf, die beunruhigt und gepeinigt sind durch die Wiederholung des Gleichen, wie sie die Routine des Alltags, des Berufs und der Ehe, die Festgelegtheiten der menschlichen Einrichtungen mit sich bringen. Aus diesen sich ständig wiederholenden Handlungen oder Begebenheiten entsteht ein Kreislauf, der öde und schließlich fast tödlich wirkt. In *Bin oder Die Reise nach Peking* steht der Satz: «Die Erde ist so groß nicht, wie man meint; auch sie macht es mit Wiederholungen. Aber es ist doch immer anders, . . . nichts kehrt uns wieder.» (I, 651) Was zuerst wie ein Trost erscheinen mag, ist doch leise Trauer: es gibt nur Wiederholung, aber keine wahre Wiederkehr; was wiederkehrt, ist nicht mehr dasselbe, weil es das Neue, Frühe, Unberührte verloren hat, weil der Zauber des Erstmaligen nicht wiederholbar und für immer dahin ist. Das weiß der erfahrene Mensch, daß die Wiederholung nur einerlei ist, leere Hülle bringt. «Alles wiederholt sich, nichts kehrt uns wieder», so heißt es in *Die Schwierigen*, (I, 556) Und der Satz wird zum Leitmotiv des vierten Teils des Romans; er ist Frisch so wichtig, daß er ihn mit einer ganzen Partie fast unverändert in den *Stiller* übernimmt.[39] Die Trauer über die Vergänglichkeit des Erstmaligen, das nicht wiederkehren kann, und Widerwille und Angst vor der zur Sinnentleerung führenden Wiederholung des Gleichen, Festgelegten, nicht mehr zu Verändernden: das ist ein Motivkreis, der von *Jürg Reinhart* bis *Stiller* eigentlich immer präsent ist und auch nachher noch in ganz bestimmter Gestaltungsweise auftritt. In der *Chinesischen Mauer* erscheint die Wiederholung in besonders erschreckender Form. In diesem Spiel von Geist und Macht gelingt dem Prinzen ein Aufstand gegen seinen Kaiser, den ehemaligen Gewaltherrscher, und bevor er nun die Gewaltherrschaft selber übernimmt, ruft «der Heutige», welcher der Vertreter des Geistes ist, verzweifelt aus: «Wir spielen nicht weiter! Weil die ganze Farce (als dürften wir sie wiederholen!) soeben von vorne beginnt . . .» (*St.* I, 241) Hier ist die Wiederholung als sinnlose Repetition des Gleichen aus dem Alltag in die Geschichte übertragen, wo sie sich eben auch ereignen kann und schon oft ereignet hat. Solche Wiederholung einfach hinnehmen, sich ihr überlassen, sich der Absurdität eines sinnentleerten Daseins preisgeben, heißt auf die Wahl, welche die Würde des Menschen ausmacht, verzichten. Bereits in der *Chinesischen Mauer* erscheint im Zusammenhang mit der Polonaise der Masken das Symbol der Spieluhr: in ewiger Wiederholung, wie die Figuren einer Spieluhr, drehen sich die unerlösten Toten im Kreis und sprechen immer dieselben Worte . . .

Im *Stiller* erscheint zum ersten Mal in Frischs Werk der Begriff der Wiederholung in neuer Bedeutung. Sie entsteht durch die Annahme der Vergangenheit, welche sinnvoll verwandelt in die Gegenwart aufgenommen werden kann. Es ist die Wiederholung, die Stiller nicht verwirklichen kann, die aber gefordert wird von Rolf, welcher selbst ein Beispiel dafür liefert in seiner und Sibylles Liebe, die das Vergangene überwunden und hinübergeführt hat in ein wirkliches Leben.

Das Problem der Wiederholung erscheint in höchst origineller Ausgestaltung auch in *Andorra*. In der dramaturgischen Darstellungsweise dieses Stücks gehört die Tragödie des Andri bereits der Vergangenheit an. In der Gegenwart spielen die Zeugenschranken-Szenen im Vordergrund. Dort treten die Überlebenden auf und erörtern in ihren Reden ans Publikum ihre Verhaltensweisen gegenüber der Vergangenheit. So entstehen lauter Rechtfertigungsversuche und Entschuldigungsbezeugungen. Das wird besonders deutlich in der Rede des Doktors, der sagt: «Nachher ist es immer leicht zu wissen, wie man sich hätte verhalten sollen, abgesehen davon, daß ich, was meine Person betrifft, wirklich nicht weiß, warum ich mich anders hätte verhalten sollen.» (IV, 542) Was er ausspricht, ist stellvertretend für alle Andorraner: sie würden noch einmal gleich handeln, würden also die Vergangenheit unverändert übernehmen und wiederholen. Mit einer einzigen Ausnahme: der Pater, der Christ, der Gläubige, der in der tragischen Geschichte des Andri versagt hat, ist sich seiner Schuld bewußt und bereut sie; bei ihm ist durch die innerliche Wiederholung der Vergangenheit eine Verwandlung vollzogen worden. Diese kommt wohl der Kierkegaardschen Metamorphose nahe, wie überhaupt der Pater von Frischs Gestalten im Einflußbereich Kierkegaards diejenige ist, welche dessen Philosophie am nächsten steht.

Die Wiederholung ist inhaltlich und formal ein wichtiges Gestaltungsprinzip im Roman *Homo Faber*. Walter Fabers zweite Reise nach Guatemala und Südamerika erweist sich als Wiederholung der ersten; die Tagebuchberichte sind erinnernde Wiederholung der Vergangenheit, wobei die Aufzeichnungen der ersten Station der Selbstrechtfertigung dienen und mit raffinierten mathematischen Kunststücken den Beweis für Fabers Unschuld erbringen sollen. Die erste Wieder-holung ist nichts anderes als ein Versuch, das erlebte Vergangene zu wiederholen im Bericht. Anders die Aufzeichnungen der zweiten Station. Hier führt das Wieder-Holen zum Durchschauen und Verwandeln des Vergangenen, zur Wertung des Erlebten und seiner Wirkungen. Und als dann die Reise mit Sabeth im Film in mechanischer Wiederholung unverändert wiedererscheint, erlebt Faber das völlig Unerträgliche der Wiederholung des nicht mehr Wiederholbaren, von dem es keine Wiederkehr mehr geben kann. Darauf folgt die Verzweiflung: «Ich möchte bloß, ich wäre nie gewesen.» (IV, 192) Von der zweiten Station aus wird dann auch klar, daß das ganze Sabeth-Erlebnis letztlich nichts anderes war als Wiederholung, Versuch Fabers, die Vergangenheit mit Hanna zu wiederholen; «Repetition . . . als gebe es kein Alter.» (IV, 170) Fabers Irrtum, entstanden aus seinem rein additiven Zeitverständnis.

Fabers Verzweiflung könnte Ausgangspunkt für Selbstwahl und Verwandlung sein, für die Bewährung in der wahren Wiederholung, doch das alles ist nicht mehr realisierbar angesichts der

Unveränderbarkeit des Todes. Trotzdem ist in der Schlußpartie des Romans Kierkegaards Einfluß auf Frisch deutlich spürbar. Walter Faber gelangt auf seiner zweiten Station ganz nahe an den Vorgang der Metamorphose. Aus seiner Verzweiflung erwächst das Erleben der eigenen Schuld, darauf folgt die Reue, und nun betrachtet er die Vergangenheit aus der Sicht des Schuldbewußten. Aber auch hier bleibt der wesentliche Unterschied bestehen. Von Kierkegaard aus gesehen fehlt das Entscheidende: der Einbruch des Ewigen, der aus der Verzweiflung erfolgende Durchbruch zum Glauben und die Begründung der Wandlung in eben diesem Glauben. Die beginnende Wandlung Fabers ist nicht eine Selbstwahl, die zugleich Selbstfindung in Gott ist, also keine Metamorphose im Sinne Kierkegaards; sie spielt sich im immanent menschlichen Bereich ab.

Aus dem vertieften Verständnis des Begriffs der Wiederholung muß natürlich auch das Stück *Biografie: Ein Spiel* betrachtet werden, in dem ja die Wiederholung gleichermaßen Thema und Form bestimmt, oder vielmehr, dessen Thema und Form die Wiederholung ist. Kürmanns Biografie ist bereits Vergangenheit. Teile dieser Vergangenheit werden wiederholt, das heißt durch die Variante eines Stücks Vergangenheit wird diese in verbesserter oder doch veränderter Auflage in die Gegenwart geholt. Die Vergangenheit wird gemäß den durch sie veranlaßten Erfahrungen und Einsichten in der Gegenwart neu gestaltet als Grundlage für eine bessere Zukunft. Es geht also um eine Neugestaltung der Kontinuität von Vergangenheit, Gegenwart und Zukunft. Diese Wiederholung will etwas völlig anderes sein als die Wiederholung als sinnloser Kreislauf des ewig gleichen, wie sie als Folie in den ständig wiederholten Takten auf dem schlechten Klavier der Ballettschule nebenan erscheint. Im Tschechow-Zitat, das als Motto dem Spiel vorangestellt ist, wird programmatisch festgehalten, daß man bemüht ist, «vor allem sich nicht selber zu wiederholen», (V, 483) also ein verwandelndes Wieder-Holen zu erstreben. Und in diesem Stück wird nun der Hauptgestalt tatsächlich die denkbar beste Möglichkeit geboten, wahre Wiederholung durchzuführen und aus der neu durchgeprobten, veränderten, permutierten Vergangenheit das eigene Selbst verwandelt und neu hervorgehen zu lassen. Das Ich könnte eine Wiedergeburt erleben und neu wirklich werden. Doch das alles mißlingt Kürmann: er ist festgelegt durch seine Gewohnheiten und stagnierenden Ansichten, durch seine Verletzlichkeit und sein Selbstbestätigungsbedürfnis. Geht man seinem Wesen auf den Grund, so wird deutlich, daß er gefesselt wird durch Bildnisse: Bildnisse von Verhaltensweisen und Geschehensabläufen, Bildnisse von der Frau und von sich selbst. Sie verunmöglichen ihm eine freie Wahl. Damit ergibt sich eine höchst widerspruchsvolle Situation: von der Form her, von der dramaturgischen Grundanlage des Stücks her wird Kürmann die größtmögliche Offenheit und Freiheit gewährt, auf daß er sich als Wähl-Mann bewähren könne, aber der Verlauf des Spiels enthüllt gerade das Gegenteil, seine Unfreiheit und Determiniertheit, seine Unfähigkeit zur Wahl.

Wiederum tritt in diesem Werke Frischs Grundproblematik, die ihm sein Grundthema liefert, mit aller Eindringlichkeit hervor: die Wahl und die Selbstverwirklichung. Es erweist sich erneut, wie nahe er in diesem Problembereich Kierkegaard steht, wobei wie immer der grundsätzliche Vorbehalt gemacht werden muß, daß er ihn nicht ganz und gerade in den für Kierkegaard entscheidenden Postulaten nicht nachvollziehen kann. Aber das gilt für Frischs ganze Auseinandersetzung mit dem dänischen Philosophen. Er ist beeindruckt, bewegt und in vieler Hinsicht auch angeregt und sogar beeinflußt von ihm. Aber er läßt sich nicht bestimmen durch seine religiösen Prämissen. Für Kierkegaard kann der Mensch überhaupt nur im Verhältnis zum Ewigen existieren, ob er das will oder nicht und ob er das wahrhaben will oder nicht; jede Existenz, die nicht bewußt und klar in Gott gründet und ihre eigenen Fähigkeiten als autonome Wirkkräfte versteht, ist ständig von der Verzweiflung bedroht, ja ist im Grunde nichts anderes als Verzweiflung. Aber auch die Verzweiflung, aus der plötzlich die Wende hervorgerufen werden kann, steht im Verhältnis zum Ewigen, das den sich autonom wähnenden Menschen zur Selbstwahl herausfordert: «Die Verzweiflung die der Durchgang zum Glauben ist, geschieht vermöge des Ewigen; vermöge des Ewigen hat das Selbst den Mut, sich selbst zu verlieren um sich selbst zu gewinnen.»[40] In dieses religöse Stadium folgt Frisch Kierkegaard nicht, bei ihm sind Selbstannahme und Selbstwahl nicht durch den christlichen transzendenten Gott, nicht durch die Ewigkeit bestimmt. Sie vollziehen sich im immanenten Bereich, sind also die Tat des autonomen Menschen, dessen Autonomie sich gerade in der Wahl, in der Fähigkeit wählen zu können manifestiert. Aber auch bei Max Frisch reicht die Transzendenz in die irdische

Welt herein. Transzendent heißt die Grenzen der Erfahrung überschreitend. Frisch unternimmt immer wieder den Versuch, die Grenze zwischen Leben und Tod zu überschreiten. Diese geheime Thematik: die Grenze zwischen Leben und Tod und der Übergang zwischen den beiden Bereichen ist in seinem Werke fast immer präsent. Und gerade die zentralen Themen der Selbstwahl, der Selbstwerdung und der Wiederholung müssen in diesen Zusammenhängen gesehen und verstanden werden. Die geheimnisvollen Bezüge zwischen Leben und Tod, vielleicht sogar der Gedanke der Bestimmung des Lebens durch den Tod gewinnen im Werke von Max Frisch eine zunehmende Bedeutung und treten in letzter Zeit beherrschend hervor; so in *Triptychon* und *Der Mensch erscheint im Holozän,* aber teilweise auch schon im *Tagebuch 1966–1971.* Doch ist diese Thematik eigentlich seit den ersten Werken vorhanden. Schon in den *Schwierigkeiten* steht der Satz: «Der Tod ist nicht einfach ein Nichts, ein Aufhören ins Unverbindliche; im Leben muß es getan werden.» (I, 584) Das Unüberwundene muß im Leben überwunden werden, das erlebt dann der tote Fliegerhauptmann in *Nun singen sie wieder;* denn der Tod ist das Veränderungslose, «das Endlose ohne Veränderung». Romeo, der Liebende,[41] hat eine Vision vom Zustand nach dem Tode und verweist den Menschen beschwörend auf das Leben als die Zeit der Befreiung und Erlösung, der Wahl. Die Vision entschwindet dann, aber später verleiht Frisch sie seinem Stiller, als er aus dem gesuchten Tode wieder erwacht und seine einzige Chance in einem neuen Leben erkennt. Der Engel selbst verweist ihn auf das eigene Leben, in dem und durch das allein er sich befreien kann. Wer die Chance des Lebens nicht nützt, geht unbefreit und unerlöst in den Tod. In der *Chinesischen Mauer* treten die Masken als sich im Kreise bewegende Polonaise auf: «in der Art einer Spieluhr, die immer den gleichen Ablauf wiederholt».[42] Der Reigen der Unerlösten, die im Tode keine Ruhe finden und nun ewig um ihr unbefreites Ich kreisen und ewig die gleichen Worte wiederholen. Die Spieluhr erscheint wieder in der *Biografie,* am Anfang und am Ende des Spiels vom Manne, der die Chance der freien Wahl hat und trotzdem nicht wählen kann und daher die wahre, erlösende Wiederholung nicht findet.

Die Spieluhr erscheint abermals, ausgestaltet zum szenischen Spiel, im *Triptychon,* wo die Toten um das unerlöste Gewesene kreisen. *Biografie* und *Triptychon* sind aufeinander bezogen, wie

Leben und Tod in Frischs ganzem Werk aufeinander bezogen sind. Das *Biografie-Spiel,* das Frisch als Komödie gemeint hat, erhält aus der Sicht des *Triptychon* seinen tiefen, vollen Ernst. «Ist Kürmann vielleicht ein Jedermann, der mit seiner fehlenden Einsicht, seiner Unbeweglichkeit und der grundlegenden Wiederholungen uns allen einen Spiegel vorhält?»[43] Es ist der dringende Appell des am Menschen engagierten Schriftstellers Max Frisch an ebendiesen Menschen, die Frist seines Lebens zu nützen, damit es ein wirkliches Leben werde, weil es zugleich immer ein Dasein zum Tode ist. Für das Wirklich-Bleiben oder genauer: immer aufs neue Wirklich-Werden dieses Lebens trägt der Mensch allein seine Verantwortung; das gehört zu den Grundbeständen von Frischs Denken, und daher liegt seinem Dichten «auch des Scheidens Ernst zu Grund!»[44]

Es ist bereits darauf hingewiesen worden, daß Kierkegaard auf Max Frisch ganz besonders durch sein *Entweder-Oder* eingewirkt hat. Dieses Werk ist in vielen Teilen, vor allem durch das «Tagebuch des Verführers», eine Auseinandersetzung mit der Romantik. Es enthält Kierkegaards Gericht über eine großartige geistige Bewegung, über eine menschliche Daseinsweise und ein schöpferisches Menschentum, dem er sich innerlich zutiefst verwandt fühlte. Mit der Romantik erscheint die geistig-poetische Welt, in der sowohl Kierkegaard und Hofmannsthal wie auch Hermann Hesse mit einem guten Teil ihres Wesens beheimatet sind, und auch Max Frisch fühlt sich ihr zum Teil wenigstens verwandt.

Der junge Kierkegaard ist im Banne der Romantik. In der romantischen Dichtung findet er eine unerschöpfliche und faszinierende Welt, die ganz unter der Herrschaft der schöpferischen Phantasie steht, ein Reich der totalen Offenheit, des Möglichen an sich. Im romantischen Dichter aber erkennt er den ästhetischen Menschen in seiner vielleicht reinsten Erscheinungsform, in seiner Kunst ein geniales Spiel mit der unendlichen Variabilität des Möglichen ohne eine behindernde Verpflichtung oder Festlegung in einem Wirklichen. Der romantische Dichter erscheint ihm als ein ästhetischer Abenteurer und Experimentator, der sich in der schrankenlosen Freiheit und dämonischen Eigenmacht, in der Selbstherrlichkeit des poetischen Genies bewegt. Das Zauberreich der romantischen Poesie und die ästhetische Existenz des romantischen Dichters bedeuten für Kierkegaard eine Faszination und ein Skandalon zugleich, er ist davon zugleich verlockt und zutiefst erschreckt. Gerade am romantischen Dichter wird ihm bewußt, daß die dichterische Existenz als solche eine ungeheure Gefährdung bedeutet. Durch sein ungebundenes, Ich-bezogenes geistiges Spielen und intellektuelles Experimentieren gerät der romantische Dichter in die Gefahr der Selbstanbetung, aber auch der Selbstzersetzung und schließlich des Selbstverlustes. Im Grunde genommen steht er ständig unter der Bedrohung durch die Verzweiflung und die Leere des Nichts. Was nun aber diese ganze Auseinandersetzung für Kierkegaard so erregend macht, ist die ihn beängstigende Tatsache, daß er im Romantischen einen Teil seines eigenen Wesens wiederfindet und die Romantik als eine ungeheure Gefahr für sich selbst erkennt. Die Rettung kann er nur in der christlichen Religion finden, in einer eindeutigen Entscheidung gegen die Offenheit des romantischen subjektivierten Okkasionalismus für die Unbedingtheit des Ewigen im Christentum. Gerade wegen der vom romantisch ästhetischen Menschentum und seiner Welt ausgehenden Verlockung erkennt Kierkegaard die absolute Notwendigkeit der Selbstverwirklichung durch den Akt des Glaubens. Seit dieser Entscheidung steht für ihn das Dichtertum überhaupt im Zwielicht; der Dichter erscheint als gefährlicher Abenteurer und Betrüger, das Dichterische als bloßer Durchgang: es muß überwunden werden. Das dichterische Dasein ist keine wahre Existenz, nur eine Existenzmöglichkeit. In der *Krankheit zum Tode* heißt es dann: «Christlich betrachtet ist (trotz aller Ästhetik) jede Dichterexistenz Sünde; die Sünde: daß man dichtet statt zu sein; daß man sich nur in der Phantasie mit dem Guten und Wahren beschäftigt, statt existentiell danach zu streben es zu sein.»[45] Wenn Kierkegaard die Dichterexistenz geradezu dämonisiert, so ist darin vor allem ein Selbstschutz vor der Verlockung durch diese ästhetische Daseinsform zu sehen.

Kierkegaards Kritik der Romantik beginnt bereits mit seiner Dissertation *Der Begriff der Ironie* und wird weitergeführt in *Entweder-Oder* und mündet in seinen lebenslangen Kampf gegen die ästhetische Daseinsweise, der zugleich immer ein Kampf gegen die Romantik und damit gegen einen Teil seiner selbst ist. Im Kapitel über «Die Ironie nach Fichte» in seinem Buch *Der Begriff der Ironie* befaßt sich der Autor besonders mit Friedrich Schlegel und Ludwig Tieck; für sein Bild des romantischen Dichters sind aber Novalis, Brentano und Hoffmann ebenso wichtig. Die faszinierende Wirkung der Romantik, die über Kierkegaard und Nietzsche auf verschiedene Dichter des Jahrhundertendes und über sie bis weit ins zwanzigste Jahrhundert hinüberreicht, geht nicht nur von den einzelnen Dichterpersönlichkeiten aus, sondern auch von einer neuartigen Wesensbestimmung der Dichtung und deren Stellung im Leben.

Nach romantischer Auffassung kommt der Dichtung unter den Künsten eine hervorragende Bedeutung zu. Ihr Medium ist die Spache, und so hat sie die Fähigkeit, nicht nur ein Bild, sondern einen Prozeß wiederzugeben; sie kann zum unmittelbaren Nachbild der schöpferischen Produktion und «als das Wesen aller Kunst angesehen werden». Daher heißt sie auch Poesie, das heißt Poiesis. Erschaffung durch die schöpferische Wirksamkeit der Phantasie. Diese romantische Poesie ist eine Dichtung im Werden, die nie fertig und ganz abgeschlossen sein kann. Sie ist ein unaufhörliches geistiges Spiel mit der unendlichen Fülle von Verbindungsmöglichkeiten, die der kombinatorische Geist des Witzes herstellt und wieder auflöst. Die romantische Poesie ist undenkbar ohne die spezifisch romantische Kategorie der Ironie: sie verleiht dem dichterischen Kunstwerk seine Struktur, welche den ständigen Widerstreit des Endlichen und des Unendlichen durchscheinen läßt; sie bezeichnet aber auch die Haltung des Dichters, der sich von sich selbst und von seinem Werk ständig befreien und sich darüber erheben kann. Die Ironie ist so eine unerhörte Möglichkeit des schöpferischen Geistes: «Ironie ist klares Bewußtsein der ewigen Agilität, des unendlich vollen Chaos.»[46] Der agile Geist spielt mit der Fülle des Chaos, aus dem er durch dieses schöpferische Spiel immer neue Welten entstehen lassen kann. Damit wird die eigentliche Bedeutung von Poiesis klar: sie ist selbstherrliches Schaffen und Zerstören von Welten, verbunden mit dem Spiel über die Grenze zwischen dem Endlichen und dem Unendlichen, welche durch das Überschreiten bewußt gemacht wird. Und während dieses Schaffens wird sich der Dichter seiner eigenen schöpferischen Agilität inne und erkundet sich und seine Möglichkeiten. Von hier aus erweist sich auch die Progressivität der romantischen Poesie als eine ständige Bewegung nach einer unerreichbaren Grenze; sie ist eine Dichtart, die ewig im Werden ist, nie vollendet sein kann und sich auch gar nicht vollenden will. Sie ist unendlich und völlig frei und anerkennt als ihr erstes Gesetz, «daß die Willkür des Dichters kein Gesetz über sich leide».[47] Diese schrankenlose Rechtfertigung des künstlerischen Schaffens aus der Selbstherrlichkeit des schöpferischen Ichs erfährt seine letzte Steigerung bei Novalis. Er beschreitet den Weg nach innen und dringt vor zu den Wurzelkräften der Poiesis, welche das innerste Wesen der Ichheit ausmacht. Das Ich entfaltet und erfährt sich im schöpferischen Prozeß der Poiesis, durch den die Welt neu erschaffen wird; durch das Gestalten und Umgestalten läßt dieses Ich nicht nur Welten entstehen, es erkundet und experimentiert zugleich sich selbst und bestätigt sich in seiner totalen Autonomie. Diese Inthronisierung der autonomen diktatorischen Phantasie ist zugleich die radikale Absage an die Mimesis-Theorie der Aufklärung und ihr Wirklichkeitsverständnis.

Die Richtung der romantischen Dichtung ist vom Endlichen zum Unendlichen, so lehrt Schelling, und Novalis verkündet eine Poesie des Unendlichen. Die Grenze zwischen dem Endlichen und dem Unendlichen, zwischen Zeitlichkeit und Ewigkeit ist der Tod. Die Bezüge zwischen Leben und Tod, die Erweiterung des Lebens durch das Hereinholen des Todeserlebnisses in das Leben: darum kreisen viele der geistigen Experimente und der magischen Spekulationen des Novalis. Unter Einbezug aller Natur- und Geisteswissenschaften seiner Zeit, betreibt er ein Philosophieren, das ein unruhvolles, hochintellektuelles und zugleich sehnsuchtserfülltes Spiel ist, dessen «Frivolität» Schelling nicht gut ertrug. Kierkegaard aber sah darin wie im experimentierenden romantischen Denken überhaupt «ein glänzend Elend», dessen Faszination er erlag und dessen Gefahr er erkannte, so daß er seine Kehrtwendung in das Christentum vollzog, ohne doch je ganz vom Romantisch-ästhetischen loszukommen.

Auch Max Frisch hat in seinem Dichtertum Wesenselemente, die an die Romantik erinnern und eine Verwandtschaft mit dem Romantischen ahnen lassen. In seinem Jugendwerk zeigen sich unverkennbar romantische Züge in der Grundspannung des Fernwehs, der Sehnsucht nach der Offenheit des Möglichen, nach der Weite und Grenzenlosigkeit des nicht Festgelegten. Aus solcher Fernetrunkenheit lebt zu einem guten Teil Frischs Erstling *Jürg Reinhart. Eine sommerliche Schicksalsfahrt.* Jürg kennt den Eros der Ferne; er sehnt sich nach der geliebten Frau und sucht sie dann nicht auf aus Angst vor der Nähe, die den Zauber der Ferne zerstören könnte. Er liebt die Unabsehbarkeit der offenen blauen Weite des Meeres, das sich als hochemotionales Sinnbild des Fernwehs erweist, wie das Segel als Symbol der Möglichkeit. Die

Grundspannung entsteht aus dem dialektischem Verhältnis von zwei anscheinend unvereinbaren Lebens- und Daseinssphären: Auf der einen Seite das wirkliche Leben mit realisierbaren Vorhaben und erreichbaren Zielen, das Leben, welches sich Grenzen setzt und sich mit ihnen abfindet, und andererseits «das andere Leben», die unbegrenzte Weite der Möglichkeit, das Meer, die verblauende Ferne.

Diese seelische Grundgestimmtheit entspricht durchaus der romantischen Erfahrung, wonach Entfernung bis zum Schein des Unendlichen eine poetisierende und romantisierende Wirkung ausübe. Solche Ferne an sich ist auch Gegenstand der Sehnsucht verschiedener Gestalten von Max Frisch; sie erscheint voll durchgestaltet in der Romanze *Santa Cruz*. In der philiströsen Eingeschlossenheit des winterlichen Schlosses entsteht der immer wiederkehrende Traum: Traum der Erinnerung und Traum der Sehnsucht in eine unerreichbare zukunftsvolle Ferne. Elvira und der Rittmeister leben in einer urromantischen Situation, in der Spannung zwischen dem Heimweg nach dem Paradies der Frühe vor aller Individuation, als noch alles offen war, und dem Fernweh nach dem Paradies des künftigen großen Glückes; in der Spannung auch zwischen dem wirklichen Leben im Hier und Jetzt und dem Möglichen in offener Ferne. Im Rittmeister aktualisiert sich nun ein Vorgang von exemplarischer Bedeutung: in jähem Erkennen durchschaut er die existentielle Situation des Menschen. Zwischen einem zeit- und geistlosen Vorher und einem ebensolchen Nachher hat er die ungeheure Chance der Sterblichkeit, als wissendes Wesen hineingeworfen zu sein in die vergängliche Zeitlichkeit, in die Frist des Lebens; und so erwacht die unwiderstehliche Sehnsucht, zu reisen noch einmal in die «Weite alles Möglichen». (II, 43) Das Eingespanntsein zwischen Erwartung und Erinnerung gehört zu Frischs Grunderfahrungen. Im Tagebuch heißt es: «Die Gegenwart bleibt irgendwie unwirklich, ein Nichts zwischen Ahnung und Erinnerung, welche die eigentlichen Räume unseres Erlebens sind.» Und später erscheint derselbe Gedanke nochmals: «Was wir erleben können: Erwartung oder Erinnerung. Ihr Schnittpunkt, die Gegenart, ist als solcher kaum erlebbar.» Und im Zusammenhang mit der Erlebbarkeit der Gegenwart folgt dann die für dieses Ganze wichtige Feststellung: «Noch kein Mensch hat seinen Tod erlebt: jeder erlebt die Todesangst, die Erwartung.» (II, 452, 711) Jede Erwartung ist also letztlich eine Erwartung zum

Tode, und aus ihr entsteht die Sehnsucht nach erlösender Erfüllung. Für den Romantiker ist das Ferneerlebnis Vorgenuß der Ewigkeit, in der die Erlösung sich für ihn vollzieht. Aber es kann umschlagen in ein immanentes, dionysisch-ekstatisches Erlebnis und den Versuch, die Erlösung ins Leben hereinzuholen. Dieser vor allem von Novalis und Brentano vollzogene Vorgang kehrt wieder in den fernetrunkenen Gestalten in Frischs nicht mehr christlicher Welt.

Die Unwirklichkeit und Kaum-Erlebbarkeit der Gegenwart könnte noch von einem anderen Aspekt her als solche verstanden werden: die Gegenwart ist der Augenblick der Sehnsucht, erfüllt von der Sehnsucht, die aber das ganze Erleben in Zukunft und Ferne reißt und die Gegenwart dadurch entwertet und wesenlos werden läßt.

«Santa Cruz»: das ist das entfesselnde Zauberwort der Ferne; aber wenn dieser Ort erreicht ist, dann verliert es seinen Zauber, und ein neues erscheint: Hawai, kaum mehr Ortsbezeichnung, magische Chiffre der Ferne, der unerreichbaren, «sehr weit von hier»; sie darf gar nicht erreicht werden, denn «der Weg ist immer das Schönste» (II, 54f.) «Das Schiff mit dem roten Wimpel» ist Sinnbild der Fahrt, des Weges, der zu keinem Ziel führen darf, denn wenn die Ferne erreicht ist, hört sie auf Ferne zu sein und verliert den magischen Glanz, neue Ferne taucht auf. Diese romantische Grundtatsache wird paradigmatisch formuliert in Eichendorffs Roman *Dichter und ihre Gesellen*. Der fernetrunkene Dichter Otto, dessen magisches Sehnsuchtswort «Rom» heißt, muß in Rom feststellen: «Wunderbar, schon in meiner Kindheit, wie oft bei stiller Nacht im Traume hört ich der fernen Roma Glocken schallen, und nun, da ich hier bin, hör' ich sie wie damals aus weiter, weiter Ferne, als gäb' es noch eine andere Roma weit hinter diesen dunkeln Hügeln.»[48]

Die eigentlich romantische Figur in *Santa Cruz* ist Pelegrin. Er ist der Abenteurer, der Vagant, der nur im Möglichen lebt; dieses ist das andere Leben, ewig unvereinbar mit dem der Seßhaften, die in Ordnung und Bürgerlichkeit leben. Hier erscheint spät noch einmal die romantische Gestalt des Taugenichts, der sich als Günstling Gottes fühlt gegenüber den «Trägen, die zu Hause liegen». Die Auseinandersetzung zwischen Pelegrin und Elvira ist typisch. Sie sucht die Heirat und den festen Ort, der ihr Heimat sein kann. Ihr bedeutet Hawai nichts, «ein Name, ein Wort». Für

Pelegrin aber ist Hawai das Leben, die Ehe aber der «Sarg für die Liebe», in dem seine Sehnsucht sich gegen den geliebten Menschen wenden würde, der ihn fesseln will. Die Festlegung durch die Ehe wäre für ihn der Tod. Für Elvira ist Pelegrin der Feigling vor dem wirklichen Leben, aber Pelegrin will gar nicht dieses wirkliche Leben. Damit ergeben sich wiederum die bekannten Zusammenhänge: Elvira tritt durch das Kind in das wirkliche Leben ein, in die Existenz, in die verantwortliche, ethische Lebensform. Pelegrin aber verharrt im glorreichen Zustand der Präexistenz, im ästhetischen Stadium, das sich deutlich als die romantische Daseinsform erweist. Es erscheint ein weit gespannter Entwicklungsbogen, der von der Romantik in die zweite Hälfte des 20. Jahrhunderts führt. Der romantische Urtypus ist der Taugenichts, der etwas verändert wiederkehrt in Hofmannsthals Abenteurern, in Hermann Hesses Knulp und schließlich in Max Frischs Pelegrin. «Man kann nicht beides haben, scheint es. Der eine hat das Meer, der andere das Schloß; der eine hat Hawai – der andere das Kind . . .» (II, 72) Das ist die romantische Alternative; bei Eichendorff ist es die Wahl zwischen den Wundern der weiten Welt und dem Kinderwiegen zu Hause, bei Kierkegaard das Entweder – Oder zwischen dem ästhetischen Experimentieren und dem ethisch-christlichen Stadium, dessen Ausdruck die Ehe ist, und bei Hofmannsthal schließlich das präexistente Eingeschlossensein im künstlichen Paradies und das Abenteurertum, oder die Existenz «durch das Werk und das Kind».

Es wäre aber ein Irrtum, die romantischen Züge des Fernwehs und der Sehnsucht nur in Frischs Frühwerk zu suchen; sie ziehen sich weiter durch sein Werk, und auch die romantische Vision des anderen Lebens erscheint noch lange, immer wieder bezeichnet mit geographischen Namen, welche tatsächlich magische Chiffren der Ferne sind, einer Ferne an sich, wie die Roma des Dichters Otto in Eichendorffs Roman. Rom ist übrigens auch ein magischer Ort für den Taugenichts: «Die Stadt (Rom) stieg immer deutlicher und prächtiger vor mir herauf, und die hohen Burgen und Tore und goldenen Kuppeln glänzten so herrlich im hellen Mondschein, als ständen wirklich Engel in goldenen Gewändern auf den Zinnen und sängen durch die stille Nacht herüber.»[49] Eine Paradies-Vision! Aber auch Hawai ist ein paradiesischer Ort, wo ein alter niederländischer Knotenstock Blüten treibt. Und was anderes ist das Peking des Wanderers Bin, «mit all diesen Dächern und

Türmen und Brücken und Segeln darauf, mit blühendem Lotos, mit blauen Vögeln darüber, die kreisen». (I, 607) Öderlands Ferne-Ziel heißt Santorin, das Vehikel seiner Sehnsucht ist das Schiff Esperanza auf offener See; Santorin ist «eine Stadt wie aus Kreide, so weiß, so grell, emporgetürmt in den Wind und ins Licht, einsam und frei, trotzig, heiter und kühn, emporgetürmt in einen Himmel ohne Dunst, ohne Dämmerung, ohne Hoffnung auf Jenseits . . . alles ist jetzt». (III, 54) Das ist, wie des Taugenichts Rom, ein ewiges Jerusalem, Paradies, aber nicht mehr Jenseits-Vision, sondern in ein, zwar unerreichbares, Diesseits transponiert. Don Juan sucht das Paradies, und Stiller schwärmt vom verlorenen Paradies der schwimmenden Gärten von Mexiko, das geographische Bezeichnung aber ebensosehr magisches Zeichen der Ferne ist. Noch im *Gantenbein* erscheint ein solches Zauberwort der Ferne: «Peru, . . . das Land seiner Hoffnung!» (V, 62) Tief in Frisch selbst ist dieser romantische Zug in die Ferne, wenn er sein Tagebuch-Ich in der vertrauten Nähe des Pfannenstiel etwa sagen läßt: «Immer die verblauende Ferne hinter schwarzen Apfelbaumzweigen. Gebirge hangen jenseits über Räumen voll silbernem Dunst, ein Gleißen von schmelzendem Schnee; die Luft ist voll Verheißung, die Luft ist voll Ostern, und es ist mir, als wäre gestern erst Frühling gewesen –.» (II, 493) Auch dieses Ich: eingespannt zwischen Erwartung und Erinnerung, sich sehnend nach dem Jenseits von jetzt und hier.

Frisch selbst macht auf eine andere Beziehung zur Romantik aufmerksam. In einer Tagebucheintragung «Beim Lesen» spricht er vom Vollendeten und Unvollendeten in literarischen Werken und von der Vorliebe gerade für das Unvollendete. Es «ließe sich denken, daß ein spätes Geschlecht, wie wir es vermutlich sind, besonders der Skizze bedarf, damit es nicht in übernommenen Vollendungen, die keine eigene Geburt mehr bedeuten, erstarrt und erstirbt. Der Hang zum Skizzenhaften, der unsere Malerei schon lange beherrscht, zeigt sich auch im Schrifttum nicht zum erstenmal; die Vorliebe für das Fragment, die Auflösung überlieferter Einheiten, die schmerzliche oder neckische Betonung des Unvollendeten, das alles hatte schon die Romantik, der wir zum Teil so fremd, zum Teil so verwandt sind. Das Vollendete: nicht gemeint als Meisterschaft, sondern als Geschlossenheit einer Form». (II, 447f.) Es ist dies die einzige direkte, aber sehr gewichtige Äußerung zur Romantik im Tagebuch. In Frischs Vorliebe für das Unvollendete und für das Fragment als bewußt geübte Kunstform zeigt sich eine Gemeinsamkeit mit der Romantik, und es stellt sich die Frage, ob sich auch hierin eine innere Verwandtschaft ausdrückt. Ein spätes Geschlecht sind auch die Romantiker. Die Romantik bildet die Schlußphase der um die Mitte des 18. Jahrhunderts einsetzenden idealistischen Bewegung. Sie beginnt mit dem irrationalen Aufbruch des Strums und Drangs und führt über die Besonnenheit des klassischen Stils und der idealistischen Philosophie zu den Romantikern, die sich allein schon durch ihre Überwachheit und Überbewußtheit, wie sie sich in ihren philosophisch-ästhetischen Spekulationen und scharfen Selbstanalysen äußert, als spätes Geschlecht manifestieren. Mit ihrem kühnen und rücksichtslosen Griff nach dem Unendlichen überschreiten sie alle gesetzten Grenzen und sind sich zugleich bewußt, daß die erstrebte und ersehnte Unendlichkeit nie erreicht werden kann, daß sie das an sich Unerreichbare ist. Diese Grundtatsache romantischen Wesens findet ihren formalen Ausdruck im Unvollendeten im Fragment. Es ist die neueste und eigenste Form der Romantiker, die vor ihnen nur von Lichtenberg gepflegt worden ist. Aus der Zertrümmerung von geprägter Form geht bei ihnen das Fragment als neue Kunstform hervor.

In der eben zitierten Tagebuchstelle nennt Frisch als Beispiel einer in sich geschlossenen Form das Sonett und sagt anschließend von der Skizze, sie habe «eine Richtung, aber kein Ende; die Skizze als Ausdruck eines Weltbildes, das sich nicht mehr schließt oder noch nicht schließt; . . .» (II, 448) Das gilt gewiß auch vom romantischen Fragment, nur müßte es hier heißen, daß es es Ausdruck eines Weltbildes ist, das sich nur im Unendlichen schließt; es ist nach einem Wort von Novalis die Abbreviatur der Unendlichkeit. Von Novalis ist auch der folgende Passus: «Frey seyn ist die Tendenz des Ich – das Vermögen frey zu seyn ist die produktive Imagination – Harmonie ist die Bedingung ihrer Thätigkeit – des Schwebens, zwischen Entgegengesetzten. Sey einig mit dir selbst ist also Bedingungsgrundsatz des obersten Zwecks – zu Seyn oder Frey zu seyn. Alles Seyn, Seyn überhaupt ist nichts als Freyseyn – Schweben zwischen Extremen, die nothwendig zu vereinigen und nothwendig zu trennen sind. Aus diesem Lichtpunkt des Schwebens strömt alle Realität aus –»[50] Von diesem Standpunkt des geistigen Schwebens des absolut freien schöpferischen Ichs aus sind seine und die romantischen Fragmente überhaupt zu verstehen. Diese stehen nicht allein, sondern gruppieren sich mit andern um bestimmte thematische Zusammenhänge und bilden Zyklen. Das Endziel wäre eine Fragmenten-Enzyklopädie, die eine Universalwissenschaft begründen sollte; aber dieses Ziel liegt im Unendlichen, so daß auch die angestrebte Enzyklopädie unvollendet bleiben müßte.

Max Frisch setzt sich zwar nicht ein unendliches Ziel, aber seine Absichten mit dem Tagebuch sind dem Wesen der romantischen Fragmenten-Sammlung ähnlich. Als Vorbemerkung zu seinem *Tagebuch 1946–1949* schreibt er eine Bitte «An den Leser»: «– der Leser täte diesem Buch einen großen Gefallen, wenn er, nicht nach Laune und Zufall hin und her blätternd, die zusammensetzende Folge achtete; die einzelnen Steine eines Mosaiks, und als solches ist dieses Buch zumindest gewollt, können sich allein kaum verantworten.» (II, 349) Die einzelnen Eintragungen stehen wie die romantischen Fragmente in thematisch bestimmten Zusammenhängen und bilden Zyklen, welche sich wiederum zu größeren Einheiten zusammenschließen; das Ganze ist nicht abgeschlossen und will nicht vollendet sein, aber in Frischs Worten äußert sich ein klarer künstlerischer Formwille, wie er auch in der Fragmentenkunst der Romantiker Friedrich Schlegel, Novalis und Schleiermacher wirksam ist.

Frischs Äußerung über die «Skizze als Ausdruck eines Weltbildes» steht in einem Zyklus unter dem Titel «Beim Lesen»; er enthält auch eine Eintragung, in der Marion Zweifel äußert an den Künstlern, die heute vollendete Werke schaffen, als ob es noch ein geschlossenes Weltbild geben könnte. «Wir haben eine Quantenlehre, die ich nicht verstehe, und keiner ist aufzutreiben, der alles zusammen versteht, keiner, der unsere ganze Welt in seinem Kopf trüge; man kann sich fragen, ob es überhaupt eine Welt ist. Was ist eine Welt? Ein zusammenfassendes Bewußtsein.» (II, 450) Die Welt, geschaffen durch ein zusammenfassendes Bewußtsein: so ungefähr sagen es Friedrich Schlegel und Novalis in der Nachfolge Fichtes auch, die Welt als Erzeugnis der «produktiven Imaginationskraft des Ichs». Aber kann dieses Zusammenfassen überhaupt noch geleistet werden? – Frisch leiht Marions Welt-Schau dem Romeo der ersten Fassung der *Chinesischen Mauer:* «Was ist eine Welt? Ein zusammenfassendes Bewußtsein. Wer aber hat es? Es gab Zeiten, wo es eine Welt gab, ein Gehäuse menschlichen Geistes, ein Rundes, das untergehen konnte – Zeiten, deren

Kostüme wir tragen . . .» (CM I, 16) Die Welt als ein Ganzes, Rundes, in sich Geschlossenes: so etwa erschaute sie der Kosmismus der Renaissance in einem Weltbilde, das die Aufklärung weiter ausbaute und das bei Goethe in großartiger Vollendung gerade noch möglich war. Die Romantik mit ihrem radikalen Unendlichkeitsanspruch und der dadurch notwendig werdenden Entgrenzung gab die Ganzheit preis und öffnete das Runde auf das Unendliche hin. Der unvollendete, nicht vollendbare oder das Ende zu neuem Beginn gestaltende Roman, das alle Bühnengrenzen sprengende und jede Wirklichkeitsillusion aufhebende romantische Drama und das Fragment als Abbreviatur der Unendlichkeit, sie alle haben die Richtung vom Endlichen zum Unendlichen.

Die Welt, aus der Max Frisch durch Marion und Romeo seine Fragen stellt, ist unendlich kompliziert geworden und steht im Zeichen der Katastrophen, der Möglichkeit der Weltvernichtung. Romeo hat die Traumvision einer Erde, auf der das Leben vernichtet worden ist und die nun aufgeht wie ein Mond: «Namenlos, menschenlos, geistlos –», ohne zusammenfassendes Bewußtsein, ohne Geist, und damit aufgehört hat, eine Welt zu sein.

Friedrich Schlegel sagte einmal, die Französische Revolution, Fichtes Wissenschaftslehre und Goethes Meister seien die größten Tendenzen des Zeitalters.[51] Eine ähnlich lapidar apodiktische Aussage wäre von Max Frisch kaum zu erwarten; aber man kann wohl mit einiger Sicherheit behaupten, daß die von Kierkegaard herkommende moderne Existenzphilosophie, die Einsteinsche Relativitätstheorie und die Verfremdungsdramaturgie (im weitesten Sinne) des epischen Theaters für ihn zu den bedeutendsten Tendenzen seines Zeitalters gehören. Durch die modernen exakten Wissenschaften ist ein neues, säkularisiertes Unendlichkeitserlebnis entstanden und damit ein Weltbild, aus dem sich die von Frisch erwähnte Verwandtschaft mit der Romantik, über einen Abgrund von bald zwei Jahrhunderten, ergibt.

Verwandte Elemente ergeben sich auch im Verhältnis des Dichters zur Wirklichkeit. Immer wieder spricht Frisch von der Schwierigkeit, die Wirklichkeit zu erfassen, die Wirklichkeit der Welt, der Zeit, besonders der Gegenwart, aber auch die des eigenen Erlebens und Erfahrens. Bekannt ist Frischs Feststellung, daß Erfahrung nicht ein Ergebnis aus der Faktizität der Begebenheiten, sondern vielmehr ein Einfall ist, «nicht ein Schluß, sondern eine Eröffnung», deren Bezirk die Zukunft oder die Zeitlosigkeit ist.

Die Erfahrung hat also apriorischen Charakter. Damit ist der Dichtung (der Kunst überhaupt) Wiedergabe der äußeren Wirklichkeit nach dem Mimesis-Prinzip gar nicht mehr möglich. Die Dichtung gibt nicht Darstellung der Welt, «sondern unseres Bewußtseins von ihr», (VI, 78) und sie sagt mehr aus über den Schreiber als über die Welt. Der Mensch hat Erlebnisse und glaubt sie in Geschichten erzählbar zu machen, tatsächlich ist aber die Geschichte seine Erfindung. Jeder Versuch, die sogenannte objektive, materielle Realität wiederzugeben, verfängt sich im Netz, der Grundtatsache, daß die Mitteilung über die Wirklichkeit, daß die Erzählung einer Erfahrung nicht eine objektive Begebenheit wiedergibt, sondern das subjektive Erlebnismuster des Erzählenden.[52] Wenn dieser Grundsachverhalt einmal klar geworden und akzeptiert ist, wenn der Erzähler einmal darauf verzichtet hat, seine Geschichte als wirklich passiert aufzufassen und ausgeben zu wollen, dann ergibt sich für ihn eine unerhörte und faszinierende Möglichkeit. In ihm erwacht das Spielbewußtsein im Erzählen, «das Offen-Artistische» des freien Fabulierens, aus dem eine selbständige, eigengesetzliche Welt entsteht, deren Schöpfer der autonome Ich-Fabulierer ist. Welterschaffung durch den freien Akt des dichterischen Ichs: das steht in unmittelbarer Nähe der Poiesis-Auffassung der Romantik.

Der Poiesis-Gedanke gelangt zu lebendigster Verwirklichung in der romantischen Komödie. Diese will den Menschen in göttergleicher Freiheit vorführen. In ihr herrschen Regellosigkeit und Willkür, ihre Handlung wird bestimmt durch Witz, Scherz und Spiel des Zufalls, und sie vollzieht die Befreiung des Menschen aus den Fesseln von Konvention und irdischer Gebundenheit. Dies wird besonders in den Komödien von Ludwig Tieck deutlich. Sie sind Spiele der Illusion. Die Illusion, daß auf der Bühne Wirklichkeit nachgeahmt werden könnte, wird immer von neuen zerstört; kaum ist sie entstanden, wird sie wieder aufgelöst und als Schein entlarvt. Diese Komödie spielt mit den vernünftigen Elementen des Inhalts und des Handlungsablaufes und schafft willkürlich ein Durcheinander; jede Verfestigung in Realität ist der Freiheit unerträglich. Die absolute Freiheit ist indessen nicht den Personen des Stückes, sondern nur dem Dichter, dem selbstherrlichen Schöpfer dieser Welt eigen. Mit dem Mittel der Ironie erhebt sich der romantische Geist immer wieder über die selbstgeschaffene Welt, da sie ihn, kaum entstanden, auch wieder begrenzt. Die Ironie des Dichters ist das Bewußtsein, daß die eigene Schöpfung eben nur eine Phantasiewelt ist, die jederzeit wieder aufgehoben und zerstört werden kann. Der Schöpfergeist nimmt seine Gestalten und Welten nur zum Schein ernst, gibt ihnen nur scheinbares Leben und läßt sie in ihrer scheinbaren Wirklichkeit komisch erscheinen. Die Ironie ist so wesenhafter Bestandteil der romantischen Komödie; in ihr wird offenbar, was «klares Bewußtsein der ewigen Agilität, des unendlich vollen Chaos» bedeutet. Aus der Fülle des Chaos, des Ungeformten läßt die ewige Agilität des schöpferischen Ichs Welten emporsteigen, aber kaum sind sie entstanden, kann sich der souveräne Geist wieder über sie erheben, kann die endliche Schöpfung verlachen und zerstören und ihr eine neue folgen lassen. Zum Wesen der Ironie gehört der stete Wechsel von «Selbstschöpfung und Selbstvernichtung»,[53] er vollzieht sich unaufhörlich im Verlauf der Komödie.

Nach diesen Darlegungen über die romantische Komödie und aus ihrer Sicht muß nun Max Frischs Roman *Mein Name sei Gantenbein* betrachtet werden; es wird dann deutlich, wie nahe der Autor dieses Romans der Position des romantischen Komödiendichters steht.

Frisch setzt als Mittelpunkt seines Romans ein Ich, welches die Personen und das mit diesen wechselnde Szenarium erfindet und dann fabulierend deren Geschichten erzählt. Diese handeln vor allem von den drei Hauptgestalten und der Frau, um die sie kreisen. Das Ich läßt den Roman einsetzen mit der Miene des Beiläufigen, Unverpflichtenden; er beginnt mit einer an sich ernsten Angelegenheit, mit der Schilderung des Todes eines Menschen, der aber gleich wieder aufgehoben wird mit den Worten: «Ich stelle mir vor: So könnte das Ende von Enderlin sein. Oder von Gantenbein? Eher von Enderlin. Ja, sage ich auch, ich habe ihn gekannt. Was heißt das! ich habe ihn mir vorgestellt, . . .» (V, 8) Das Ich stellt sich Menschen vor mit den zu ihnen gehörenden Geschichten und den entsprechenden Situationen, und daraus entsteht die vielgestaltige Welt des Romans. Das durchgehende Leitmotiv lautet: «Ich stelle mir vor»: damit nie eine Unklarheit darüber entstehe, daß diese Welt eine bloß vorgestellte ist, bestehend in einem sie umfassenden Bewußtsein. Das Ich läßt seine Gestalten Geschichten erleben, an denen sie ihr Wesen und ihren Charakter enthüllen, und dem entsprechend verfolgt er sie weiter mit seiner Vorstellung oder läßt sie fallen. Er schaltet willkürlich mit ihnen: er läßt Gestalten entstehen und wieder verschwinden, je nachdem ob sie ihm passen oder nicht, ob sie ihm für seine Selbsterkenntnis aber auch für sein Vergnügen dienlich sind oder nicht.

Das Roman-Ich hat nicht immer dieselbe Sicht beim Erzählen: manchmal fabuliert es über eine Gestalt und steht berichtend über ihr, manchmal aber schlüpft es in eine Gestalt hinein, erzählt ihre Geschichte in der Ich-Form, bewahrt aber doch eine gewisse Distanz zu ihr, so daß es nun erlebendes und beobachtendes Ich zugleich ist. Auch die äußere Stellung des Ichs kann sich ändern; so erscheint es auf einmal als Besitzer einer großen Villa mit allen Requisiten des reichen Lebens, das ihm aber sichtlich selbst neu ist, da es sich zuerst daran gewöhnen muß; offenbar hat es selbst sich's nicht von Anfang an so vorgestellt. – Unmittelbar vor dem Schluß des Romans steht das Ich in einem Verhör vor einer höheren Instanz, und nachher sieht es eine verlassene Wohnung; aber es kennt das, es hat früher schon zweimal von derselben Situation gesprochen, und der Leser kennt das auch, denn es ist die bereits in «Zürich-Transit» beschriebene Situation, die Abschlußsituation, von der aus man neu beginnen könnte.[54]

An diesen Stellen wird deutlich, daß das Roman-Ich doch nicht ganz allein selbstherrlich ist in seinem Roman-Reich. Über dem Ich, tatsächlich als eine Art von Über-Ich, befindet sich der Autor, Max Frisch. Eigentlich ist er abwesend, spricht nicht direkt in das Geschehen hinein, aber er wirkt doch als geheimer Regisseur aus dem Hintergrund, dirigiert die Optik des Ichs, setzt es ein in bestimmte Umstände und Lagen und verleiht ihm auch eigene Erlebnisse, zum Beispiel das auf dem Piz Kesch, des Kanoniers Frisch aus dem Aktivdienst; er bringt das Ich auch in das Schluß-Verhör und damit in eine Situation, wo wie am Ende eines romantischen Romans alles in einem neuen Beginn weitergehen könnte.

Das stärkste Interesse des Ichs gilt der Gantenbein-Gestalt. Er als der sehende Blinde, der den Blinden spielt, der reflektierte Blinde: er ist die bewußteste Spieler-Gestalt, die vorstellbar ist; jede Bewegung, jede Handlung ist reflektiert. Er spielt sein eigenes Leben als hochbewußtes Spiel und spielt mit allen anderen Menschen, die ihn als Blinden sehen. Sein Leben spielt sich dauernd und ausschließlich im Bereich des Möglichen ab, er lebt ohne Verantwortung und Verpflichtung, als der raffinierteste Abenteurer. Trotz oder vielmehr gerade wegen seiner Blindheit ist er völlig frei.

Eine Gestalt allerdings hat eine noch vollkommenere Freiheit als er: das Roman-Ich. Es ist ganz radikal der Mensch des Möglichen. Alles was es erzählt und berichtet und spielen läßt, gehört in die Kategorie des Möglichen, seine ganze Haltung hat etwas Konjunktivisches, das sich schon im Roman-Titel ausdrückt. Es ist die Haltung, welche Kierkegaards «Herausgeber» dem Verfasser des «Tagebuchs des Verführers» zuschreibt. Und wie dieser ist auch Frischs Roman-Ich ein Experimentator und für den Leser fast nur als solcher erfaßbar; denn als eigentliche Person tritt es ja kaum hervor, und sein Wesen kann bloß erraten werden aus seiner Teilnahme an den erfundenen Gestalten und ihren Geschichten. Und da erweist es sich eben als Spieler und Experimentierer, der seine Gestalten nur um des Experimentes willen erfindet und agieren läßt. Es läßt ganze Welten entstehen um des Experimentierens willen, das es als artistisches Spiel betreibt. Und gerade darin offenbart sich seine fast unumschränkte Freiheit und Autonomie: im Erschaffen und Vernichten von Welten. Zweck und Ziel dieses Tuns ist ja wohl das Aussuchen der besten aller Möglichkeiten; da aber deren Anzahl unendlich ist, wird sie wohl nie gefunden werden können, sie kann nur mit vielen Geschichten-Fragmenten gleichsam umstellt werden. Das Entstehen- und Verschwindenlassen von Welten braucht aber auch gar kein Ziel, weil es einen Zweck bereits in sich selbst hat: es ist Manifestation und zugleich Genuß der Freiheit des eigenen Schöpfertums; das Ich genießt die selbstgeschaffenen Welten mit ihren kommenden und gehenden Gestalten, die sich alle wie ein Kosmos um den einen Mittelpunkt dieses Ichs drehen. Das ist die Vollendung der Egozentrik und der Egomanie.

In der Gestalt Gantenbeins wie auch in der des Roman-Ichs erscheint die ästhetische Existenz, von der Kierkegaard immer wieder spricht. Gantenbein und umfassender noch das Roman-Ich selbst schaffen sich ihre Kunstwelt, in der sie abgeschlossen von der wirklichen Welt leben. Sie gehören in die Kategorie des Ästhetischen, und die ästhetische Existenz ist für Kierkegaard nur eine Existenzmöglichkeit; der ästhetische Mensch ist aber für ihn weitgehend identisch mit dem romantischen Menschen, namentlich mit dem romantischen Dichter.

Auch in der *Biografie* wird experimentiert, und der Schöpfer dieser Welt, die jetzt auf die Bühne verpflanzt ist, hat für sie die denkbar größte Freiheit erfunden; aber nur er hat sie, nicht sein Geschöpf Kürmann. Kürmann ist Person in diesem Spiel; er kann sich von seiner schon gelebten Biografie distanzieren, nicht aber von sich selbst. So bleibt er der Gefangene seiner selbst und kann die Freiheit des Experimentierens nicht ausnützen. Volle Freiheit herrscht nur in der Gantenbein-Welt, hier ist Herrschaft der Willkür, des Witzes und der Ironie, Leichtigkeit und Schwerelosigkeit des Spiels, in dem sich die Selbstherrlichkeit des schöpferischen Ichs ausspricht. Und das ist eben, über dem Roman-Ich, das Ich von Max Frisch. In seiner «Büchner-Rede» sagt er, daß Büchner neben anderem auch «aus Lust an seinem Genie» geschrieben habe; und von sich selber bekennt Frisch, er schreibe, «um zu schreiben, . . . mit einer geradezu natürlichen Machlust, naiv und rücksichtslos, verantwortungslos».[55] Das gilt auch für den *Gantenbein*. Gerade dieses artifizielle, hochbewußte und zugleich spielerische Werk ist aus natürlicher Machlust, aus Lust am eigenen Genie entstanden. Und gerade in diesem Roman wird Frischs Verwandtschaft mit der Romantik vielleicht am deutlichsten.

Im sehenden Blinden Gantenbein tritt eine Gestalt auf, die sich in ihrer Rolle selbst schafft und autonom setzt. In umfassender Autonomie erscheint das Roman-Ich, in welchem sich das Dichtertum Max Frischs spiegelt. Der autonome Künstler als Erscheinungsform des sich autonom setzenden Menschen ist ein häufiges Thema der Romantik, gerade auch als Spiegelung des autonomen Schöpfertums des romantischen Dichters. Der Autonomiegedanke erreicht seine höchste Steigerung bei Novalis in der absoluten Selbstherrlichkeit des Dichters. Er ist nicht nur Wahrsager, Priester, Arzt und Gesetzgeber, sondern er steigert als magischer Idealist die Freiheit des Ichs zu göttlicher Allmacht und erhebt sich zum Herrn über Leben und Tod. Der aus der Aufklärung über Fichte in die Frühromantik gelangte Gedanke von der Autonomie des vernünftigen Menschen ist hier durch die Poiesis-Gewißheit zu der absoluten Eigenmacht des dichterischen Ichs geworden.

Die Gefahren einer solchen Übersteigerung des Ichs wurden von Zeitgenossen der Frühromantik schon bald erkannt. So spricht etwa Jean Paul in seiner 1804 beendeten «Vorschule der Ästhetik» von der «Willkür der Ichsucht» verschiedener junger Poeten und von der «gesetzlosen Willkür des jetzigen Zeitgeistes – der lieber ichsüchtig die Welt und das All vernichtet, um sich nur freien Spiel-Raum im Nichts auszuleeren.» Er nennt diese Dichter «poetische Nihilisten» und zählt auch Novalis zu ihnen: er nennt ihn «einen Seiten- und Wahlverwandten der poetischen Nihilisten».[56] Schon vorher hat Jean Paul eine Gestalt geschaffen, welche diesen poetischen Nihilismus bis in seine letzten Möglichkeiten und Konsequenzen durchspielt: es ist Roquairol im Roman *Titan*. Roquairol ist der ständig Spielende und Experimentierende, der geistige und sinnliche Abenteurer, der sein ganzes Leben zum artistischen Kunstwerk gestaltet und selbst seinen Tod als raffiniertes Spiel inszeniert. Er hat einen Vorgänger in Ludwig Tiecks William Lovell, der sich mit einer wahren Ichbesessenheit ausschließlich mit sich selbst befaßt, in den ausweglosen Kreislauf von Selbstgenuß und Selbstverlust gerät und der Verzweiflung anheimfällt. Lovell und Roquairol sind Überbewußte und Gespaltene, einer allmächtigen Phantasie zügellos preisgegeben, die sie in immer neue Abenteuer stürzt und in das Leben anderer Menschen zerstörend eingreifen läßt, bis sie am eigenen unseligen Selbst mit zerrüttetem Geiste und verwüsteten Herzen zugrundegehen. In Roquairol verkörpert Jean Paul die faszinierenden aber zugleich tief fragwürdigen, abgründig gefährlichen Möglichkeiten des Dichterischen und Menschlichen, die mit der entstehenden und sich entfaltenden Romantik um 1800 auftraten. Es ist die Emanzipation der poetischen Einbildungskraft, welche zu der Willkür der Ichsucht führt, die sich lieber in die Öde der Phantasterei verfliegt, wo sie keine Gesetze zu befolgen findet als eigene, statt sich an die harten, scharfen Gebote der Wirklichkeit zu stoßen.[57] In diesem freien Spielraum bewegt sich Friedrich Schlegel als «des Witzes lieber Sohn», in ihm entfaltet sich Novalis' «Schweben zwischen Entgegengesetztem».

Der entschiedenste Gegner und Kritiker der Eigenmacht des Ichs, dieser eigentlich romantischen Hybris, wird Josef von Eichendorff, der sich selbst durchaus als romantischen Dichter aber zugleich auch als christlichen Dichter sieht und versteht. Seine Kritik trifft vor allem die subjektive Eigenmacht des romantischen dichterischen Ichs, «diesen Veitstanz des freiheitstrunkenen Subjekts», die er kurzweg das Dämonische nennt. Diese usurpierte Autonomie ist für Eichendorff die seit dem Sündenfalle immer neu an den Menschen herantretende große Versuchung. «Es geht durch die ganze Geschichte, neben der unabweisbaren Sehnsucht nach Erlösung, eine Opposition des menschlichen Trotzes und Hochmuts, ein uralter, mehr oder minder verhüllter Protestantismus, der selbst und aus eigener Machtvollkommenheit das Erlösungswerk zu übernehmen sich vermißt.»[58] In Eichendorffs dichterischem Werk gibt es eine ganze Anzahl von Gestalten, die den Gefahren des romantischen Dichtertums erliegen und poetische Nihilisten werden. In ihrer Gestaltung entlädt sich seine Kritik der Romantik. Da sind etwa der Prinz Romano in der Novelle *Viel Lärmen um Nichts* und der Dichter und Musiker Dryander im Roman *Dichter und ihre Gesellen*. Beide sind sie Abenteurer des Geistes und der Sinne, Spieler, welche ihr ganzes Leben zum Experiment des Ichs und die Welt zum Experimentierfeld gestalten. Ihre Spiellust wird zu einer unseligen Getriebenheit, die sie in Selbstverlust und Selbstzerstörung treibt; aber sie können nicht untergehen, sondern verharren in einem entsetzlichen Kreislauf von Sünde und Reue, «wie rasend in verzweifelter Lust». Besonders Dryander ist der mit allen Hunden gehetzte Literat, der sich nur nach dem Untergang in die Ruhe des Nichts sehnt. Romano ist der Narziß, der in jedem Abenteuer nur sich selbst geliebt hat und ständig um sein eigenes Ich kreist; einmal glaubt er seine längst gesuchte Geliebte zu sehen, will sie in seine Arme fassen und umschlingt sich selbst, und sein gräßliches Ebenbild fängt «mit einer grinsenden Zärtlichkeit ihn zu liebkosen an».[59] Mit diesen abenteuerlichen Künstlergestalten schafft Eichendorff aus dem Abstand von knapp drei Jahrzehnten äußerst packende Verkörperungen jener Anlagen und Möglichkeiten, welche den Glanz und zugleich die tödliche Gefährdung der Romantik ausgemacht haben und die seiner Ansicht nach die Schuld an ihrem Untergang tragen. Er trifft mit ihnen vor allem gerade ihre faszinierendsten Erscheinungen: Novalis, Brentano und E. Th. A. Hoffmann.

Romano und Dryander sind Menschen, von denen Kierkegaard sagt, daß sie Herrgott und Schicksal zugleich sein wollen und in frivolem Experimentieren mit dem Leben die Seele verlieren.[60] Kierkegaard berührt sich in seiner Kritik der Romantik in den entscheidenden Argumenten mit Eichendorff. Sein Grundkonflikt besteht im unversöhnlichen Gegensatz der ästhetischen Existenz des Dichters und den Ansprüchen des Ethischen und des Religiösen; er verbietet ihm, zugleich Christ und Dichter zu sein, und trotzdem kann er innerlich nicht auf sein Dichtertum verzichten, auch wenn er weiß, daß das Religiöse ein höherer, ein absoluter

Wert ist. So versucht Kierkegaard den Ausweg, Gott als religiöser Schriftsteller zu dienen. Genau dieselbe Frage stellt sich Josef von Eichendorff; sie wird am deutlichsten und weitesten ausgeführt in seinem Roman *Dichter und ihre Gesellen*, in dem er «die verschiedenen Richtungen des Dichterlebens darstellen» will. Die vielleicht bedeutendste Gestalt des Romans ist der Dichter Victor von Hohenstein, als solcher zuerst durchaus ästhetischer Abenteurer, autonom in der Eigenmacht seines poetischen Ichs; aber er gerät nun in die Konfliktsituation, an der Kierkegaard fast zugrundegeht: er erkennt sein Dichtertum als Hybris, unterwirft sich Gott, wird Priester und als Dichter Diener Gottes, geistlicher Soldat. Was sich in ihm vollzieht, ist durchaus eine Metamorphose im Sinne Kierkegaards, der übrigens Eichendorffs Werke und besonders «Dichter und ihre Gesellen» kannte und von ihm wesentliche Anregungen empfing.[61]

Von der Frage der Autonomie des Menschen aus ergeben sich nun weitere Bezüge zwischen Max Frisch und der Romantik. Es ist bereits festgestellt worden, daß im Roman *Mein Name sei Gantenbein* sowohl die Hauptperson wie auch das Roman-Ich als autonome Menschen erscheinen. Die Autonomie des Menschen ist auch für die Thematik anderer Werke Frischs mitbestimmend, sie gehört zu den Grundproblemen seiner Anthropologie. Die Würde des Menschen besteht in der Wahl, durch sie ist er frei und kann verantwortlich handeln. Freiheit und Verantwortung machen die Autonomie des Menschen aus. Der Selbstwerdungsprozeß mit der Selbstsuche und der Selbstannahme führt zur Autonomie. Wesentlich für Frischs Denken ist die Selbstwahl: sie ist ein Akt des autonomen Menschen, geschieht also nicht mit Hilfe Gottes. Nicht eine höhere Autorität, sondern das Ich in seiner Autonomie und Selbstverantwortung vollzieht die Selbstwahl. Hier unterscheidet sich Frisch grundsätzlich von Kierkegaard und Eichendorff, nicht aber von den übrigen Romantikern.

Zu Frischs Begriff des autonomen Menschen gehört auch die Selbsterlösung. In seinem Werke gibt es einige wenige Gestalten, die das Wissen um die Selbsterlösung in sich tragen und auch aussprechen. Der erste ist Romeo, der als liebender Mensch die Welt der Bildnisse durchschaut und das Wesentliche erblickt; auch Mee Lan gelangt durch ihre Liebe zu Min Ko zu diesem Wissen. In der zweiten Fassung der *Chinesischen Mauer* fehlen die beiden betreffenden Stellen.[62] Die Umarbeitung ist unmittelbar nach der

Arbeit am Stiller erfolgt, dem nun Frisch das Erlebnis der Todesschau und die Erkenntnis der Selbsterlösung verliehen hat. In den späteren Werken wird das Thema der Selbsterlösung nicht mehr ausformuliert, ist aber implizit immer vorhanden. Der Mensch als autonomes Wesen ist nicht eine uranfängliche Selbstverständlichkeit. Die Autonomie wird ihm nicht als Geschenk in die Wiege gelegt, sie ist vielmehr eine Aufgabe, die mit der Selbstwerdung zu realisieren ist. Und immer wieder können Augenblicke eintreten, da die Autonomie des Menschen erschüttert wird: wenn er mit der Unabänderlichkeit des Todes konfrontiert wird. Solche Augenblicke gibt es sogar im Gantenbein-Roman. Ganz am Anfang stellt sich das Ich den Tod von Enderlin vor, der Tote aber braucht keine Geschichten mehr, die Welt der Vorstellungen geht mit dem Tode zu Ende und das vorstellende Ich erfährt die Grenze seiner Autonomie; ebenso gegen den Schluß des Romans, wo es sich einem Verhör durch den Tod stellen muß: die Sicherheit des autonomen Menschen schwindet dahin, Zweifel melden sich, das Ich ist nun selber blind. (V, 313 ff.)

Mit Frischs Forderung an den Menschen, «immer aufs neue wirklich zu werden», verbindet sich die andere, immer aufs neue autonom zu werden. Immer wieder bieten Erringung und Bewährung der Autonomie dem Menschen Schwierigkeiten, vor allem in der Auseinandersetzung mit den «harten, scharfen Geboten der Wirklichkeit». Don Juan brilliert in seiner frühen, juvenilen, noch präexistenten Autonomie. Sein Versuch einer absoluten Autonomie des Menschen in einem autonomen Reiche der Geometrie führt zum Solipsismus, zum Ich ohne Du, zum Ich ohne Gott, zur Autonomie des Mannes ohne Frau. Dieser absolut autonome Mensch, in die Sphäre des Lebens gefallen, wird zum Abenteurer. Um vor dem drohenden Selbstverlust seine Autonomie zu retten, flüchtet er aus dem Leben in die Verborgenheit. Eine absolute Autonomie ist eine vor dem existierenden Leben sich abschließende Autonomie, daher macht er den Sprung in die Kunstwelt, wie Claudio, in das abgeschlossene Paradies von Ronda. Er erkauft sich das durch Ehe und Vaterschaft, die aber für ihn natürlich nicht Durchdringen in das wirkliche Leben bedeuten können, die er vielmehr als quälenden Kreislauf erlebt. Dieser Kompromiß dessen, der absolut autonom bleiben möchte, übt eine komische Wirkung aus. Don Juans Scheitern ist komisch.

Der Homo Faber baut sich innerhalb der bestehenden Welt das

autonome Reich der Technik auf, dessen absoluter Herrscher der autonome Mensch als Mann und Techniker ist. Ähnlich dem magischen Idealisten der Romantik, doch auf seine Weise («Technik statt Mystik»), macht er sich daran, seine Herrschaft über Leben und Tod auszudehnen. Am Schluß ereignet sich das totale Scheitern des Homo Faber: der Zusammenbruch der Autonomie der technischen Welt und der Herrschaft des autonom gesetzten technischen Menschen vor den Geboten der Wirklichkeit der Welt und der unabänderlichen Majestät des Todes.

Der Stiller-Roman ist zum guten Teil aufgebaut auf dem Gegensatz zwischen der prätendierten Autonomie des Menschen Stiller und der tatsächlichen Nichtigkeit seiner eigenen Mediokrität. Er tritt deutlich hervor in der folgenden Stelle: «Wieder einmal das bekannte Gefühl: fliegen zu müssen, auf der Brüstung eines Fensters zu stehen (in einem brennenden Haus?) und keinerlei Rettung zu haben, wenn nicht durch plötzliches Fliegen-Können. Dabei die Gewißheit: es hilft gar nichts, sich auf die Straße zu stürzen, Selbstmord ist Illusion. Das bedeutet: fliegen zu müssen im Vertrauen, daß eben die Leere mich trage, also Sprung ohne Flügel, einfach Sprung in die Nichtigkeit, in ein nie gelebtes Leben, in die Schuld durch Versäumnis, in die Leere als das Einzigwirkliche, was zu mir gehört, was mich tragen kann . . .» (III, 436) Was Stiller versuchen müßte, ist nicht Fliegen (wie Wandeln über das Wasser) im absoluten Glauben an Gott, sondern aus der Allmacht des autonomen Ichs; aber zugleich gesteht er sich die eigene Nichtigkeit, aus der kein Glaube erstehen kann, ein. Aber trotzdem kommt er nicht los von der Verlockung, das luziferische Experiment des autonomen Ichs zu wagen (vgl. II, 392). Der Zusammenbruch von Stillers prätendierter Autonomie erfolgt unter der erdrückenden Last der Bildnisse; er ist unfähig zur Selbstwahl, unfähig zur Selbsterlösung. Es bleibt bei der sinnlosen Umkreisung des entleerten Ichs und bei der totalen Hilfslosigkeit.

Die Autonomie des Menschen kann fragwürdig werden oder gar völlig zusammenbrechen bei seiner Konfrontation mit der Wirklichkeit der Welt und des existierenden Lebens und vor allem mit dem Tode in seiner Unabweisbarkeit. Max Frisch hat aus dieser leidvollen Erfahrung die Konsequenzen gezogen mit dem Übergang in die vorgestellte Welt des Gantenbein-Romans, in diese Welt als Vorstellung eines total autonomen, fabulierenden Ichs, in dessen freiem Spielraum die harten Gebote der Wirklichkeit auf-

gehoben werden können und nur der Tod als Grenzposten angenommen werden muß.

Der Geometer und Abenteurer Don Juan, der Techniker Walter
Faber und der Bildhauer Anatol Stiller sind Menschen, welche im
Jean Paulschen Sinne der «Willkür der Ichsucht» preisgegeben
sind und sich daher in die Phantasiewelt ihrer selbstgemachten
Bildnisse verfliegen, wo sie keine Gesetze zu befolgen finden als
eigene, wo sie über ihren eigenen Spielraum verfügen. Auch sie
sind «poetische Nihilisten», wobei sich allerdings über den Abgrund der Jahrhunderte hinweg das Poetische, im Sinne von Poiesis, verwandelt hat: das Schaffende, Schöpferische ist jetzt die
Geometrie und die Technik. Bei Stiller allerdings bleibt nichts als
die versagende Bildhauerei und eine im eigenen Spielraum Ge-
schichten-schaffende Phantasie. Alle drei sind sie späte Nachfah-
ren jener romantischen Ich-Vergotter, der Spieler, Experimen-
tatoren und Abenteurer; die romantischen Typen von Lovell,
Roquairol und Dryander kehren hier wieder in neuer Erscheinungsform und moderner Konfiguration. Und noch eine andere
romantische Vorstellung kehrt bei Frisch wieder. Am Schluß
seiner Novelle *Das Marmorbild* schildert Eichendorff das Schicksal der Göttin Venus und der von ihr Verführten: «Auch sagt man,
der Geist der schönen Heidengöttin habe keine Ruhe gefunden.
Aus der erschrecklichen Stille des Grabes heißt sie das Andenken
an die irdische Lust jeden Frühling immer wieder in die grüne
Einsamkeit ihres verfallenen Hauses heraufsteigen und durch teuf-
lisches Blendwerk die alte Verführung üben an jungen, sorglosen
Gemütern, die dann vom Leben abgeschieden, und doch nicht
aufgenommen in den Frieden der Toten, zwischen wilder Lust und
schrecklicher Reue, an Leib und Seele verloren, umherirren und in
der entsetzlichsten Täuschung sich selber verzehren.»[63] Venus ist
die Unerlöste, die untergegangen ist und wiederkehren muß,
eingeschlossen in einen unaufhörlichen Kreislauf; und die von ihr
Verführten erfahren das entsprechende Schicksal, sie sind die
Verdammten, die eingebannt sind in das Kreisen um sich selbst.
Diese Vorstellung kehrt wieder in den kreisenden Masken in der
Chinesischen Mauer, in der Polonaise der Verdammten, die keine
Ruhe finden, weil sie falsch, nach falschen Bildnissen gelebt haben; sie kehrt wieder in der Spieluhr, deren Figuren immer die
gleichen Gesten machen und in den Toten im *Triptychon,* die «alles
noch einmal sagen», ohne daß sich etwas verändert, und im Kreis

herumgehen. Es ist die uralte Vorstellung, daß die Seelen derer, die ohne Sakramente gestorben sind, verdammt sind, bis zum jüngsten Tag auf der Erde zu bleiben und hier umherzuirren. Immer sind diese Ruhelosen die Unerlösten. Bei Eichendorff sind es jene, die in irdischer Lust aus eigener Machtvollkommenheit sich selbst erlösen wollten, bei Frisch aber sind es alle jene, die den einzigen Weg zur Erlösung, das Leben, versäumt haben, denen die Selbsterlösung mißlungen ist.

Von der Erlösungsproblematik aus soll zum Schluß nochmals die schon oft erörterte Frage nach Max Frischs Engagement gestellt werden. Seine häufig gehässige Kritik an der bürgerlichen Demokratie der Schweiz und am Staat und seinen Einrichtungen überhaupt lassen vermuten, daß er politisch und gesellschaftlich engagiert sei. Versucht man ihn aber irgendwo festzulegen, so wird deutlich, daß er sicher nicht dogmatisch oder ideologisch engagiert ist, daß ganz im Gegenteil sein lebendiger Widerspruch sich gegen alle Dogmen und Ideologien richtet. Oder ist er etwa nur negativ engagiert, wie es Jörgen Kjaer andeutet: «Durch die Bildnistheorie kann man nach Belieben jede Verantwortung für seine Identität auf die Umwelt, das Zeitalter, die Verhältnisse, die anderen (die Andorraner z. B.) übertragen. Dies ist unseres Erachtens das eigentliche Anliegen Frischs, sein Engagement, das sehr leidenschaftlich, persönlich, ja verbissen und daher völlig unironisch zum Ausdruck kommt.»[64] Das ist denn doch eine unhaltbare Unterschiebung, die nur durch Mißverständnisse entstehen konnte. Diese erklären sich wohl dadurch, daß Frisch zwar ein unerbittlicher Analytiker und Kritiker ist, aber sein Engagement nicht oder kaum hervortreten läßt, weil sein Kunstsinn ihn daran hindert. Und doch ist es, wenn auch verborgen, vorhanden.

In seinem Büchner-Vortrag spricht Max Frisch vom «individuellen Engagement an die Wahrhaftigkeit», einem Engagement an «jener bedingungslosen Aufrichtigkeit gegenüber dem Lebendigen». Das ist nichts anderes, als ganz lapidar das Engagement am Menschen als solchem, und damit gewiß auch am Politischen und Gesellschaftlichen, das ja durch den Menschen ist, und Frisch löst es auch nicht von ihm. Sein eigentliches Interesse, seine ganze Teilnahme gilt dem Menschen als Individuum, der sein einmaliges, wirkliches und unwiederholbares Leben lebt, für das er allein und voll verantwortlich ist, das auch einmal zuendegeht und ihn mit dem Tode verbindet. Der Gantenbein-Roman endet mit einem lebensvollen Schlußbild: es ist ein Mittag im September im Süden, alles ist Gegenwart, «Leben gefällt mir –» sagt das Ich abschließend. Diese lichte Lebensfreude strahlt über dem dunklen Untergrund der Gräber; die ganze heitere Fabulierwelt der Gantenbein-Geschichten spielt sich vor dem dunklen Hintergrund des Todes ab. Genau so ist es auch mit Kürmanns Variantenproben in der *Biografie,* diesem als Komödie gemeinten Spiel.

In der «Autobiographie» in seinem ersten Tagebuch schreibt Frisch von der Notwendigkeit, mit fünfundzwanzig Jahren nochmals auf die Schulbank zurückzukehren: «Immerhin war es ein Schock, zum erstenmal die ernsthafte Vorstellung, daß das Leben mißlingen kann.» (II, 587) Dieser Schock hat nachgewirkt, und die Vorstellung vom Mißlingen des Lebens verschwindet fortan nicht mehr aus Frischs Schaffen. So ist Kürmann «ein Jedermann, der mit seiner fehlenden Einsicht, seiner Unbeweglichkeit, und den grundlegenden Wiederholungen uns allen einen Spiegel vorhält».[65] Und hinter den Gantenbein-Spielereien verbirgt sich eine sehr ernsthafte Absicht: die Suche nach dem gelingenden Leben. *Don Juan oder Die Liebe zur Geometrie, Stiller, Homo Faber, Andorra* sind Werke des mißlingenden Lebens, und mit Ausnahme von Andri tragen die Scheiternden selbst die Schuld an diesem Mißlingen, und auch in *Andorra* ist es nicht eine anonyme Gesellschaft von Andorra, der die Schuld an Andris Untergang zugeschoben werden kann, sondern es sind einzelne, individuell hervortretende Menschen, welche daran schuldig sind. Frischs Engagement am Lebendigen ist ein Engagement am Leben des Einzelmenschen und an dessen Gelingen, denn die Entscheidung über das Leben ist auch Entscheidung über Tod und Erlösung. Die Romane und Bühnenstücke des scheiternden Lebens lassen die Fehler evident werden und sind eine Aufforderung an die Leser-Welt, sich deren bewußt zu werden, aber gerade auch die scheinbar spielerisch unverpflichtenden Geschichten weisen mit verborgenem Ernst ständig hin auf die Unwiederholbarkeit des Lebens, das zum Tode führt. Dieses Leben des einzelnen Ichs ist ein unentwegter Kampf gegen Bildnisse jeder Art und der sich wiederholende Versuch der Befreiung aus deren Fesseln; immer von neuem muß ihm die Selbstwahl gelingen, damit das wirkliche Leben daraus hervorgehe, welches die Voraussetzung ist für die Selbsterlösung des Menschen und für seinen wirklichen Tod. Diesem Lebensprozeß, der sich immer in der Ich-Form abspielt, gilt Max Frischs Engagement».

Anmerkungen

Zu 2. *Das Bildnis als Schicksal*

1 vgl. dazu Beda Allemann: «Die Struktur der Komödie bei Max Frisch», in: *Über Max Frisch I*, S. 261 ff. *Don Juan* läßt sich als einziges von Max Frischs Stücken mit dem historischen Begriff der Komödie vereinbaren, was zum Teil natürlich am überlieferten Stoff liegen mag; jedenfalls fehlt hier «die absolute Narrenfreiheit» der Verwirklichung einer neuen Art des Komödienhaften, wie auch die Dramaturgie des Zufalls und der «schlimmstmöglichen Wendung». Es ist daher die Frage nach der Weltordnung zu stellen.

2 Die Identifikation drückt sich aus in der immer wieder festgestellten Ähnlichkeit: «Ich sagte mir, daß mich wahrscheinlich jedes junge Mädchen irgendwie an Hanna erinnern würde. Ich dachte in diesen Tagen wieder öfter an Hanna.» (IV, 78) Bezeichnend ist die Vertauschung der Vergleichspersonen im folgenden Ausspruch: «Sie glich ihrer Tochter schon sehr.» (IV, 131) «Fürchterlich» ist die Vertauschung von Mutter und Tochter, von Vergangenheit und Gegenwart in jenen beiden Szenen, wo er eine Jugenderinnerung mit der Tochter und dann mit der Mutter wiederholt. Sabeth möchte wissen, wie es damals in der Studenten-Dachbude ihrer Mutter war: «‹Wie war es denn?› Ich hielt ihren Kopf so, daß sie sich nicht rühren konnte . . . Sie schloß die Augen. Ich küßte nicht. Ich hielt bloß ihren Kopf . . . ‹Du›, sagte sie, ‹du tust mit weh –› Meine Hände hielten ihren Kopf, bis sie langsam die Augen aufmachte, um zu sehen, was ich eigentlich will: ich wußte es selber nicht.» (IV, 119 f.) Und nach dem Wiedersehen mit Hanna: «‹Walter›, sagte sie, ‹du tust mir weh.› . . . Ich hielt ihren Kopf zwischen meinen Händen. Was ich wolle? Ich dachte nicht daran, Hanna zu küssen . . . ‹Walter›, sagte sie, ‹du bist fürchterlich›. Das sagte sie zweimal. Ich küßte sie.» (IV, 154)

3 Bienek, *Werkstattgespräche*, 24.

4 «Das Allerbeste ist für dich gänzlich unerreichbar: nicht geboren zu sein, nicht zu sein, nichts zu sein. Das Zweitbeste aber ist für dich – bald zu sterben.» (Fr. Nietzsche, *Die Geburt der Tragödie*, 3.)

5 «‹Andorra› ist kein guter Titel, der bessere fiel mir nicht ein», sagt Max Frisch im Gespräch mit H. Bienek (29); daß er ihn trotzdem gewählt hat, beweist, daß es ihm wichtig war, das Stück nicht nach seiner Hauptperson, sondern nach dem Ländchen zu benennen, in dem es spielt.

6 H. Bienek, *Werkstattgespräche*, 28.

7 Vgl. Schelling IV, 698 f.: «Daß ein Schuldloser durch Schickung unver-

meidlich fortan schuldig werde, ist an sich das höchste denkbare Unglück. Aber daß dieser schuldlose Schuldige freiwillig die Strafe übernimmt, dies ist das Erhabene in der Tragödie, dadurch erst verklärt sich die Freiheit zur höchsten Identität mit der Notwendigkeit.» *Philosophische Briefe über Dogmatismus und Kritizismus.*

Zu 3. Die Befreiung vom Bildnis

1 Beda Allemann, «Die Struktur der Komödie bei Max Frisch», in: *Über Max Frisch I,* 270.

2 Friedrich Dürrenmatt, «‹Stiller›, Roman von Max Frisch. Fragment einer Kritik». In: *Über Max Frisch I,* 12.

3 *Über Max Frisch I,* 11.

4 Bienek, *Werkstattgespräche,* 26.

5 Vgl. dazu Wolf R. Marchand, «Max Frisch, ‹Mein Name sei Gantenbein›», in: *Über Max Frisch I,* 232f. «Dieser Roman, der auf den ersten Blick so offen erscheint, ist viel geschlossener als Frischs frühere Bücher. Die Geschichten weisen immer wieder in das Buch zurück auf das fabulierende Ich und nicht wie früher über das Buch hinaus auf Gott oder Götter, Dämon oder Zufall.» Marchands Aufsatz, dem der Gantenbein-Abschnitt der vorliegenden Arbeit verpflichtet ist, ist m. E. das Beste, was über *Mein Name sei Gantenbein* bisher geschrieben worden ist und gehört zweifellos zum Besten über Max Frisch überhaupt. Ich möchte bei dieser Gelegenheit auch mit völliger Zustimmung hinweisen auf jene Partie (S. 227ff.), wo Marchand die Spiegelung als «Methode und Prozeß des Romans» bezeichnet: «Einen Menschen zu beschreiben, indem man ihn mit Spiegeln umstellt, indem man seine Vorstellungen aufprallen läßt auf das Sichtbare in den Spiegeln seiner Erfahrungen.» Marchand weist dann auf den Einfluß Goethes auf Max Frisch hin und zitiert die von uns auch schon angeführte Tagebuchstelle «Wirklich sein»; (II, 543) er erkennt in dieser Interpretation Goethes ein Prinzip von Max Frischs Schreiben überhaupt. «Im Gantenbein ist der Spiegel (ein sehr Goethescher Spiegel) der Drehpunkt, auf dem die äußerst labile Balance zwischen Schauen und Denken, zwischen Erfahrung und Entwurf aufliegt.»

6 Vgl. dazu Friedrich Schiller, «Über das Erhabene».

7 Vgl. oben S. 54, 55 und 57. – In diesem Zusammenhang soll hingewiesen werden auf die ausgezeichnete Arbeit von Adelheid Weise, *Untersuchungen zur Thematik und Struktur der Dramen von Max Frisch,* Göppingen 1972, in der mit aller wünschbaren Klarheit die oft verwischten Unterschiede zwischen Max Frisch und Bertolt Brecht dargestellt werden, v. a. S. 50ff., 165ff. und 179ff.

8 Vgl. oben, S. 52.

9 Die Theaterprobe heißt französisch la répétition, engl. rehearsal; beides bedeutet Wiederholung.
10 Vgl. II, 542, «Wirklich sein».
11 Ursprüngliche Fassung: «Zu ändern, noch einmal anzufangen, zu probieren, eine andere Biografie zu probieren . . .» in: Max Frisch: Biografie: Ein Spiel. Suhrkamp Verlag, Frankfurt a. M.: 1967, S. 28.
12 «Illusion zweiten Grades», Max Frisch, Gesammelte Werke, V, 479.

Zu 4. Max Frisch und die Schweiz

1 Vgl. dazu Paul Nizon, Diskurs in der Enge. 1970.
2 Karl Schmid, Unbehagen im Kleinstaat, 1963. Der darin enthaltene Aufsatz: «Andorra und die Entscheidung», S. 169–200, gehört immer noch zum besten, was über Max Frisch geschrieben worden ist.
3 Die Weltwoche, 16. März 1977, Nr. 11, S. 25.
4 Heimatschutz, 70. Jg. Nr. 1, 1. März 1975, S. 3.
5 Unbehagen . . . S. 188.
6 Über Max Frisch II, 177.
7 In einer marxistischen Abhandlung heißt es denn auch unmißverständlich: «Immer ist die Schweizer bürgerliche Demokratie konkretes Demonstrationsmodell für den Zustand der bürgerlichen Gesellschaft überhaupt . . . Stillers Identitäts- und Selbstverwirklichungsproblem steht in unmittelbarem Zusammenhang mit der allgemeinen Sterilität der Klasse, deren Gefangener er trotz aller Gegenaktionen geblieben ist.» Klaus Schimanski: «Der Konflikt zwischen Individuum und Gesellschaft in Max Frischs ‹Stiller›», Materialien zu Max Frischs «Stiller», I, 276f.
8 Vgl. dazu K. Marti, Die Schweiz und ihre Schriftsteller – die Schriftsteller und ihre Schweiz, 1966, S. 31ff.
9 In: Max Frisch, Wilhelm Tell für die Schule. Suhrkamp, Frankfurt a. M. 1971, 2.
10 I, 123, II, 588, III, 524, VI, 545f.
11 Neutralität. Kritische Schweizer Zeitschrift für Politik und Kultur, August 1964.
12 Vgl. dazu E. Leisi, «Die Kunst der Insinuation», Über Max Frisch II, 407ff.
13 Frisch denkt dabei an zwei völlig außergewöhnliche Grenzsituationen (Generalstreik 1918 und Genfer Krawall 1932, vgl. VI, 614), die er willkürlich verallgemeinert und überträgt und dabei erst noch in unzulässiger Weise Finanz- und Offiziersgesellschaft identifiziert.
14 Edgar Bonjour, Geschichte der schweizerischen Neutralität, Bd. IV, 1939–1945. (Vgl. VI, 608f.).
15 Bonjour, 193. (Vgl. VI, 594).

16 Bonjour, 193.

17 Alfred Ernst wurde 1965 Oberstkorpskommandant und kommandierte
   bis 1968 ein Feld-Armeekorps.

18 Vgl. *Dienstbüchlein,* VI, 556.

19 Bonjour, IV, 229.

20 Vgl. dazu Bonjour IV, 224–241 und Georg Kreis, «General Guisan und
   die Mission Burckhardt 1940/41», *Neue Zürcher Zeitung* 7./8. Februar
   1976, S. 31.

21 Diese Präzisierungen und Ergänzungen sind notwendig nicht nur um
   der historischen Wahrheit willen, sondern auch um deutlich werden zu
   lassen, daß Max Frisch in seinen Erinnerungen der Versuchung nicht
   widerstehen kann, die geschichtliche Wirklichkeit seinem späteren
   Bilde entsprechend durch Andeutung und Auslassung umzuformen
   und dadurch zu verfälschen.

   Die oben gemachten Feststellungen über die Handlungsweise von
   General Guisan werden neuerdings bestätigt durch die Studie von
   Oscar Gauye: «Le général Guisan et la diplomatie suisse 1940–1941»,
   in: *Schweizerisches Bundesarchiv, Studien und Quellen.* Heft 4, Bern
   1978. Gauye weist auf Grund von neu entdeckten Dokumenten ein-
   drücklich nach, daß der General Vorschläge zur Entspannung des
   Verhältnisses der Schweiz nicht nur zu Deutschland, sondern auch zu
   Großbritannien und den USA machte, daß also die Briefe an die
   Bundesräte Minger und Pilet-Golaz nur in diesem Gesamtzusammenhang verstanden werden können. Guisans Vorstöße offenbaren deutlich seine Konzeption einer schweizerischen Außenpolitik: «Aufgabe
   der ‹méthodes surannés›, Notwendigkeit, das Land aus seiner Isolie-
   rung herauszuholen, ‹Offensive› in der Außenpolitik, Erfordernis einer
   ‹politique de prestige et de propagande suisse› und Notwendigkeit,
   unserer diplomatischen Vertretung im Ausland ‹plus de poids et de
   relief› zu geben. Der General wollte mit anderen Worten nach außen –
   wie nach innen – die Idee einer ‹grandeur› der Schweiz zur Geltung
   bringen, im Gegensatz zu einer weniger spektakulären, konventionel-
   leren Diplomatie, die zudem nach seiner Meinung mit Diplomaten
   geführt wurde, welche nicht fähig waren, einem schweizerischen Standpunkt Gehör zu verschaffen.» (A.a.O., Seite 65).

22 Leisi, *Über Max Frisch II,* 409.

23 J. R. von Salis, «Schweigen war die Regel», *Über Max Frisch II,* 420.

24 Max Frisch, *Montauk,* VI, 624; 633.

25 Vgl. II, 703.

26 Hermann Burger, «Du sollst Dir kein Bildnis machen – auch nicht von
   der Schweiz». Literatur und Kritik N. II/9. September 1971, *Aarauer
   Tagblatt.*

27 Vgl. dazu E. Leisi: «Wie kommt Frisch zu seinem doch recht negativen
   ‹Geschichtsbild›? Wahrscheinlich aus Idealismus. Er mißt, wie viele

Idealisten, an dem utopischen Ideal einer absolut vollkommenen Gesellschaft. Damit verglichen wird dann alles Existierende schlecht, und zwar so schlecht, daß eine völlige Verhältnisblindheit eintritt: eine unvollkommene, aber immerhin humane Demokratie ist dann nicht besser als eine systematisch unmenschliche Diktatur. Beides wird zum ‹Faschismus›; ein grundsätzlicher Unterschied besteht nicht mehr. So bilden und gebrauchen heute viele ihren Faschismusbegriff.» (*Über Max Frisch II*, 414f.).

28 «Achtung: Die Schweiz. Ein Gespräch über unsere Lage und ein Vorschlag zur Tat.» 1954.

29 Max Frisch, «Heimat», *Heimatschutz*, 70. Jahrgang, Nr. 1, März 1975, VI, 509ff.

30 «Wir werden geboren und haben nicht um unser Leben gebeten, nicht unser Vaterland erwählt. Einmal im Leben aber, ja, wie hangen wir daran, und wie lieben wir auch das Land, das unser Vaterland ist, selbst wenn es nicht in aller Mund wäre, selbst wenn es uns schmerzt.» (I, 116).

Zu 5. Geistesgeschichtliche Bezüge

1 S. 21ff.

2 Hans Mayer, «Anmerkungen zu Stiller», in: *Materialien zu Max Frischs «Stiller»*, 1. Band.

3 Vgl. dazu Helmut Naumann, *Der Fall Stiller*. Antwort auf eine Herausforderung. Naumann weist überzeugend nach, daß Frisch Stillers Höhlenabenteuer weitgehend nach Einflüssen von C. G. Jung gestaltet hat. – Jung hat in gewisser Hinsicht auch Hesses Weg nach innen von *Demain* bis zum *Steppenwolf* mitbeeinflußt.

4 *Materialien zu Max Frischs «Stiller»*, S. 251.

5 H. Mayer, a.a.O., S. 251.

6 *Materialien zu Max Frischs «Stiller»*, II, 396.

7 Hugo von Hofmannsthal, *Aufzeichnungen*, S. 224.

8 a.a.O., S. 241.

9 a.a.O., S. 213.

10 a.a.O., S. 214.

11 a.a.O., S. 220.

12 a.a.O., S. 227.

13 a.a.O., S. 234.

14 a.a.O., S. 240.

15 a.a.O., S. 221.

16 a.a.O., S. 226.

17 R. Alewyn, «Hofmannsthals erste Komödie», in: *Über Hugo von Hofmannsthal*, S. 94f.

18 Hugo von Hofmannsthal, *Aufzeichnungen,* S. 228.
19 a.a.O., S. 222, 225.
20 Hugo von Hofmannsthal, *Lustspiele I,* S. 282, 261.
21 Hugo von Hofmannsthal, *Aufzeichnungen,* S. 214, 227.
22 Hugo von Hofmannsthal, *Gedichte und lyrische Dramen,* S. 210 f.
23 Hugo von Hofmannsthal, *Aufzeichnungen,* S. 100, 220.
24 a.a.O., S. 222, 225.
25 Kierkegaard wird zitiert nach «Søren Kierkegaard, *Gesammelte Werke*», Jena 1909 ff. Bde. I–XII.
26 Hugo von Hofmannsthal, *Gedichte und lyrische Dramen,* S. 149.
27 Kierkegaard, II, 133 f.; II, 71; II, 10.
28 Hugo von Hofmannsthal, *Gedichte und lyrische Dramen,* S. 218.
29 Kierkegaard, X, 67.
30 Kierkegaard, I, 70; I, 89.
31 Kierkegaard, VI, 302, 337.
32 Kierkegaard, II, 184.
33 Kierkegaard, III, 137.
34 Die wichtigsten Stimmen in dieser Diskussion:
   Braun, K., *Die epische Technik in Max Frischs Roman «Stiller».* 1959.
   Emrich, W., *Geist und Widergeist.* 1965, S. 45–65.
   Kjaer, J., «Max Frisch, Theorie und Praxis», in: *Orbis Litterarum* 27, 1972.
   Kohlschmidt, W., «Selbstrechenschaft und Schuldbewußtsein im Menschenbild der Gegenwartsdichtung», in: *Konturen und Übergänge,* 1977.
   Manger, Ph., «Kierkegaard in Max Frischs Novel ‹Stiller›», in: *German Life and Letters* 20, 1966/67.
   Mayer, H., «Anmerkungen zu ‹Stiller›», in: *Materialien zu Max Frischs «Stiller»,* 1. Bd.
   Wintsch-Spieß, M., *Zum Problem der Identität im Werk Max Frisch,* 1965.
   Die bisher letzte Arbeit in diesem Reigen:
   Naumann, H., *Der Fall Stiller.* Antwort auf eine Herausforderung. Zu Max Frischs «Stiller», 1978.
35 Kierkegaard, VIII, 72, 77.
36 Kierkegaard, *Entweder–Oder*, II, 184.
37 Kierkegaard, *Entweder–Oder*, S. 185, 205, 214, 226.
38 Kierkegaard, *Die Krankheit zum Tode,* DTV S. 90, vgl. VIII, 58.
39 Vgl. *Die Schwierigen* (I, 592 f.); *Stiller* (III, 698 f.).
40 Kierkegaard, *Die Krankheit zum Tode,* VIII, 62.
41 Max Frisch, *Die Chinesische Mauer,* 1. Fassung, S. 15 ff.
42 a.a.O., S. 129.
43 Bradley, Brigitte L., «Max Frischs ‹Biografie: Ein Spiel›», in: *Über Max Frisch II,* S. 366.

44 Die Thematik der Grenze zwischen Leben und Tod und der Bezüge
zwischen Lebenden und Toten ist so alt wie die Menschheit und seit den
klassischen Darstellungen der Antike immer wieder dichterisch gestaltet worden. Im Zusammenhang mit den eben behandelten Bezügen sei
hier noch an zwei Werke aus Frischs Zeitgenossenschaft erinnert, die
für ihn Bedeutung haben konnten. Das eine ist das Schauspiel *Unsere
kleine Stadt (Our Town)* (1938) von Thornton Wilder. Der dritte Akt
spielt auf einem Friedhof im Reiche der Toten, welche die Welt der
Lebenden aus ihrer Sicht betrachten. Sie warten auf das allmähliche
Verblassen der Erinnerung, die Auflösung der Identität und das Hervortreten des Ewigen. Erschütternd wirkt die kurze Rückkehr Emily's
in das Leben, das sie nun zugleich als Erlebende wie als Zuschauende
erfährt, woraus sich eine Beurteilung des vergänglichen zeitlichen
Lebens aus der Zeitlosigkeit des Todes ergibt. – Wilder war sicher für
Frischs dramatische Entwicklung sehr wichtig; (vgl. II, 626) er hat mit
Our town die Thematik Leben–Tod im zweiten Teil von *Nun singen sie
wieder* beeinflußt. (vgl. v. a. II, 123f.).

Dasselbe Thema behandelt der große surrealistisch-philosophische
Roman von Hermann Kasack: *Die Stadt hinter dem Strom* (1947).
Kasack gestaltet eine umfassende moderne Hades-Vision, die er in
ihren äußeren Konturen der Trümmerstadt Berlin des Zweiten Weltkrieges abgewonnen hat. – In der Totenstadt hinter dem Strom leben
die Gestorbenen den unerlösten Rest ihres individuellen Lebens zuende, sie vollenden ihr Schicksal, bevor sie vergessen und ihre Individualität sich auflöst. Als Ganzes gibt der Roman aus der Sicht der
Ewigkeit und im Sinne eines letzten Gerichts eine Darstellung der
modernen abendländischen Menschheit und entlarvt das Absurde ihres
Daseins.

45 VIII, 72.
46 Friedrich Schlegel, *Ideen,* Nr. 69.
47 Friedrich Schlegel, *Athenäum*-Fragment Nr. 116.
48 Eichendorff, *Werke,* II, 639f.
49 Eichendorff, II, 399.
50 Novalis, *Schriften* II, 266 (Nr. 555).
51 Friedrich Schlegel, *Kritische Ausgabe* II 198 (Nr. 216).
52 vgl. oben, S. 76ff.
53 Friedrich Schlegel, *Lyceum*-Fragment Nr. 37
54 vgl. *Gantenbein,* V, 19, 198, 314: «Zürich-Transit», V, 450.
55 Max Frisch, «Büchner-Rede», in «Öffentlichkeit als Partner» IV, 233;
«Öffentlichkeit als Partner» IV, 245.
56 Jean Paul, *Werke* (Hanser-Ausgabe), V, 31ff. («Vorschule der Ästhetik», I. Programm, Par. 2 «Poetische Nihilisten»).
57 Jean Paul, V, 31.
58 Eichendorff, IV, 75.

59 Eichendorff, II, 460 f.

60 Kierkegaard, *Entweder–Oder,* II, 12.

61 Der hervorragende Kierkegaard-Kenner Walther Rehm macht darauf
    aufmerksam, daß Eichendorff in verschiedenen Gestalten wesentliche
    Seiten der romantischen Menschennatur beschrieb, aber zugleich «mit
    ihnen auch bestimmte, scharf ausgeprägte Züge des Romantikers
    Kierkegaard» umschrieb. Ferner deutet Rehm darauf hin, daß Kierke-
    gaard bestimmte ihn besonders berührende Figuren aus Eichendorffs
    Hauptwerken «für seine symbolisch verschlüsselten Selbstbezeichnun-
    gen und Pseudonyme und für deren poetische Figuren verwertet» habe;
    so etwa für den Herausgeber von *Entweder–Oder* Victor Eremita die
    Figur des Theologen Viktor aus *Ahnung und Gegenwart.* Rehm sagt,
    daß Kierkegaard glauben mochte, mit seinem eigenen Wesen abge-
    schildert zu sein, wenn er von diesem Viktor las: «Seine Gemütsart war
    wirklich durchaus dunkel und melancholisch. Die eine Hälfte seines
    Lebens hindurch war er bis zum Tode betrübt, mürrisch und unbehülf-
    lich, die andere Hälfte lustig bis zur Ausgelassenheit, witzig, sinnreich
    und geschickt, so daß die meisten, die sich mit einer gewöhnlichen
    Betrachtung der menschlichen Natur begnügen, ihn für einen zweifa-
    chen Menschen hielten. Es war aber eben die Tiefe seines Wesens, daß
    er sich niemals zu dem ordentlichen, immer gleichförmigen Spiele der
    andern an der Oberfläche bequemen konnte, und selbst seine Lustig-
    keit, wenn sie plötzlich losbrach, war durchaus ironisch und fast schau-
    erlich.» (Eichendorff, II, 100.) (In diesem Victor verewigte übrigens
    Eichendorff seinen und seines Bruders Wilhelm Jugendfreund Paul
    Ciupke, Kaplan in Lubowitz.)
        Rehm nimmt also an, der «einsame Victor» habe Victor Eremita den
    Namen geliehen. Es erscheint aber viel wahrscheinlicher, daß Kierke-
    gaard den Namen für den Herausgeber von *Entweder–Oder* von Victor
    von Hohenstein aus *Dichter und ihre Gesellen* genommen hat, der in der
    Entweder-Oder-Situation steht, als Eremit in tiefster Einsamkeit sich
    überwindet und Gott unterwirft, nachdem er durch die Verzweiflung
    gegangen ist, und dann entschieden in das religiöse Stadium eintritt
    (vgl. dazu Walther Rehm, «Jacob Burkhardt und Eichendorff», in:
    Walther Rehm, *Späte Studien* (1964), S. 279 ff.).

62 *Chinesische Mauer* I, S. 17 f., S. 92 (O ja, . . .). Beide Partien fehlen in
    der 2. Fassung.

63 Eichendorff, II, 344.

64 J. Kjaer, «Max Frisch, Theorie und Praxis», in: *Orbis Litterarum* 27
    (1972), S. 289.

65 Brigitte L. Bradley, «Max Frisch, ‹Biografie: Ein Spiel›», in: *Über Max
    Frisch II,* S. 366.

Bibliographie

Berücksichtigt werden nur die hier benützten Werke.

1. Quellen
Die im Text benützten Siglen stehen hinter den bibliographischen Angaben.

Eichendorff, Joseph Freiherr von: *Werke*. Hrsg. von Gerhart Baumann in Verbindung mit Siegfried Grosse. Stuttgart: 1953 ff.

Frisch, Max: *Gesammelte Werke in zeitlicher Folge*. Hrsg. von Hans Mayer unter Mitw. von Walter Schmitz. 6 Bde. Frankfurt a. M.: 1976 (Es wird nach dieser Ausgabe zitiert: *Bandzahl römische, Seitenzahl arabische Ziffer.*)

– *Die Chinesische Mauer*. Eine Farce. 1. Fassung (1946). Basel: 1947 (Sammlung Klosterberg). *CM I*

– *Die Chinesische Mauer*. Eine Farce. 2. Fassung (1955). In: M. F.: Stücke. Frankfurt a. M.: 1962, Bd. I. *St I*

– *Dramaturgisches*. Ein Briefwechsel mit Walter Höllerer. Berlin: 1969 (LCB-Editionen, 15). *Dram*

– «... es ist aber das Unbehagen in einer verlogenen Gesellschaft.» Der Briefwechsel Karl Schmid/Max Frisch: Ein Gespräch über die Schweiz. In: *Die Weltwoche,* 16. März 1977/Nr. 11, S. 25.

– *Triptychon*. Drei szenische Bilder. Frankfurt a. M.: 1978. *Tr*

– «Über ‹J'adore ce qui me brûle oder die Schwierigen›.» In: *Über Max Frisch II*. Hrsg. von Walter Schmitz. Frankfurt a. M.: 1976, S. 177.

– Paul Ignaz Vogel: «Und die Schweiz? Ein Interview mit Max Frisch.» In: *Neutralität*. Kritische Schweizer Zeitschrift für Politik und Kultur. August 1964, S. 2–6.

Hesse, Hermann: *Gesammelte Dichtungen*. 7 Bde. Frankfurt a. M.: 1952.

Hofmannsthal, Hugo von: *Gesammelte Werke in Einzelausgaben*. Hrsg. von Herbert Steiner.

– *Gedichte und lyrische Dramen*. Stockholm: 1947.

– *Lustspiele I*. Stockholm: 1947.

– *Aufzeichnungen*. Frankfurt a. M.: 1959.

Kierkegaard, Søren: *Gesammelte Werke*. Übers. von Hermann Gottsched und Christoph Schrempf. 12 Bde. Jena: 1909 ff.

– *Die Krankheit zum Tode und anderes*. München: 1976 (dtv-bibliothek, 6070).

Novalis: *Schriften*. Die Werke Friedrich von Hardenbergs. Hrsg. von Paul Kluckhorn und Richard Samuel. 4 Bde. (2. Aufl.) Stuttgart: 1960.

Jean Paul: *Werke*. Hrsg. von Norbert Miller. 6 Bde (I. Abt.) Darmstadt: 1970–75.

Schelling, Friedrich Wilhelm: *Sämtliche Werke*. Hrsg. von F. K. A. Schelling, Stuttgart, Augsburg: 1856 ff.

Schlegel, Friedrich: *Werke*. Kritische Ausgabe. Hrsg. von Ernst Behler unter Mitw. von Jean-Jacques Anstett und Hans Eichner. München, Paderborn: 1958 ff.

2. Sekundärliteratur

A. Sammelbände

Auf folgende Sammelbände wird in dieser Bibliographie mit Siglen verwiesen.

Materialien zu Max Frischs «Stiller». Hrsg. von Walter Schmitz. Frankfurt a. M.: 1978, Bd. I. *Materialien*

Über Max Frisch I. Hrsg. von Thomas Beckermann. Frankfurt a. M.: 1971 (^{6}1976). *Über MF I*

Über Max Frisch II. Hrsg. von Walter Schmitz. Frankfurt a. M.: 1976. *Über MF II*

B. Monographien

Alewyn, Richard: «Hofmannsthals erste Komödie.» In: R. A.: *Über Hugo von Hofmannsthal*. Göttingen: 1958. (Kleine Vandenhoeck-Reihe, 57).

Allemann, Beda: «Die Struktur der Komödie bei Max Frisch.» In: *Über MF I*, S. 261–273.

Bänziger, Hans: *Zwischen Protest und Traditionsbewußtsein*. Arbeiten zum Werk und zur gesellschaftlichen Stellung Max Frischs. Bern, München: 1975.

Bienek, Horst: *Werkstattgespräche mit Schriftstellern*. München: 1962

Bonjour, Edgar: *Geschichte der schweizerischen Neutralität*. Vier Jahrhunderte eidgenössische Außenpolitik. Bd. IV: 1939–1945. Basel: 1970.

Bradley, Brigitte.: «Max Frischs ‹Biografie: Ein Spiel›.» In: *Über MF II*, S. 345–367.

Braun, Karlheinz: *Die epische Technik in Max Frischs Roman «Stiller», als Beitrag zur Formfrage des modernen Romans*. Diss Frankfurt a. M.: 1959.

Burger, Hermann: «Du sollst dir kein Bildnis machen – auch nicht von der Schweiz». In: *Aarauer Tagblatt,* N II/ 9. September 1971 (Literatur und Kritik).

Dürrenmatt, Friedrich: «Stiller», Roman von Max Frisch, Fragment einer Kritik. In: *Über MF I*, S. 7–15.

Emrich, Wilhelm: «Zerstörung und Aufbau der Person in der modernen Literatur.» In: W. E.: *Geist und Widergeist*. Wahrheit und Lüge der Literatur. Frankfurt a. M. 1965, S. 45–65.

Gauye, Oskar: «Le général Guisan et la diplomatie suisse 1940–1941». In: *Schweizerisches Bundesarchiv*, Studien und Quellen, Heft 4, Bern: 1978.

Kjaer, Joergen: «Max Frisch, Theorie und Praxis». In: *Orbis Litterarum* 27 (1972), S. 264–295.

Kohlschmidt, Werner: «Selbstrechenschaft und Schuldbewußtsein im Menschenbild der Gegenwartsdichtung. Eine Interpretation des ‹Stiller› von Max Frisch . . .» In: W. K.: *Konturen und Übergänge*. Zwölf Essays zur Literatur unseres Jahrhunderts. Bern: 1977, S. 173–188.

Kreis, Georg: «General Guisan und die Misson Burckhardt 1940/41». In: *Neue Zürcher Zeitung*. 7./8. Februar 1976.

Leisi, Ernst: «Die Kunst der Insinuation». In: *Über MF II*, S. 407–415.

Mangel, Philipp: «Kierkegaard in Max Frisch's Novel ‹Stiller›». In: *German Life and Letters* 20 (1966/67), S. 119–131.

Marchand, Wolf R.: «Max Frisch, ‹Mein Name sei Gantenbein›». In: *Über MF I*, S. 205–234.

Marti, Kurt: *Die Schweiz und ihre Schriftsteller – die Schriftsteller und ihre Schweiz*. Zürich: 1966 (Polis, 28; Evangelische Zeitbuchreihe).

Mayer, Hans: «Anmerkungen zu ‹Stiller›». In *Über MF I*, S. 24–42.

Naumann, Helmut: *Der Fall Stiller*. Antwort auf eine Herausforderung. Zu Max Frischs «Stiller». Teil I. Rheinfelden: 1976.

Nizon, Paul: *Diskurs in der Enge*. Aufsätze zur Schweizer Kunst. Bern: 1970 (Edition Materialien, 2).

Rehm, Walther: «Jacob Burckhardt und Eichendorff». In: W. R.: *Späte Studien*. Bern: 1964, S. 276–343.

Salis, J. R., von: «Schweigen war die Regel»: In: *Über MF II*, S. 410–423.

Schimanski, Klaus: «Der Konflikt zwischen Individuum und Gesellschaft in Max Frischs ‹Stiller›». In: *Materialien*, S. 275–281.

Schmid, Karl: «Max Frischs Andorra und die Entscheidung». In: K. S.: *Unbehagen im Kleinstaat*. Untersuchungen über Conrad Ferdinand Meyer, Henri-Frédéric Amiel, Jacob Schaffner, Max Frisch, Jacob Burckhardt. Zürich: 1963, S. 169–200.

Weise, Adelheid: *Untersuchungen zur Thematik und Struktur der Dramen von Max Frisch*. Göppingen: 1972 (Göppinger Arbeiten zur Germanistik, 7).

Wintsch-Spieß, Monika: *Zum Problem der Identität im Werk Max Frischs*. Zürich: 1965.